진정한 자유를 얻으면,
살고 싶으면 영원히 살고,
죽고 싶으면 언제라도 죽을 수 있어서
생사에 자유롭다.
이른바 조물주가 나를 어떻게 할 수 없다.
일체의 만물은 천지가 만든 것이고,
천주(天主)가 만든 것이라고 말하는데,
이 천주도 그때에는 모두 내가 만든다.
-선화상인

본래의 자기 집을 찾아라

선화상인(宣化上人) 법문

각산(覺山) 정원규 편역

宣化上人

선화상인 영결식 때 촬영된 원상(圓相)과 무지개 서상(瑞像).

慶輪禪師法像

선정과 계율, 염불, 간경수행으로 서양불교의 일대종사(一代宗師)가 된 선화 상인.

선화상인은 1959년 법계불교총회를 설립한 이래로 샌프란시스코 북부에 세운 만불성성(사진 위)을 주축으로 하여 미국, 아시아, 호주, 대만, 베트남 등지에 20여 곳의 도량을 세웠다.

선화상인은 허운(虛云)선사의 법맥을 이어 중국 위
앙종(潙仰宗)의 제9대 법손(法孫)이 되었다.

대만의 고승 광흠 큰스님(위)과 달라이 라마와 교류한 선화상인.

선화상인은 중생제도를 위해 평생 동안 강경(講經) 설법을 쉬지 않아 방대
한 저술을 남겼다.

목 차

본래의 자기 집을 찾아라

불가사의한 경계

　이곳 선실(禪室)에는 어떠한 사람도 다 있으며, 이러한 다양한 사람들이 있는 선실에서 함께 수행을 하면, 서로 광명을 빌릴 수 있다. 광명이 없는 사람은 곧 광명이 있는 사람의 빛이 (광명이 없는 사람을) 비춘다. 광명이 있는 사람이 크게 광명을 비추면 일체의 어둠을 깨트린다. 어둠은 즉 어리석은 사람이며, 광명은 바로 지혜로운 사람이다. 지혜를 가진 사람이 수행하면 어리석은 사람의 수행을 도울 수 있다.

말법시대에 사람의 마음은 모두 변했으며, 어떻게 변하였는가? 당신이 남에게 좋은 방향으로 배우게 하는 것이 매우 어려우며, 좋지 않은 방향으로 배우게 하는 것은 매우 쉽다는 것이다. 내가 어려서 공부할 때를 기억해보면, 한 번 읽어도 기억하지 못하고 두 번 읽어도 기억하지 못하였다. 내가 처음 글을 배울 때는 매우 어리석었으며, 어느 정도까지 어리석었는가 하면, 〈삼자경(三字經)〉에 "人之初, 性本善. 性相近, 習相遠. 苟不教, 性乃遷."이라는 여섯 구절이 있는데, 아무리 읽어도 외울 수가 없었다. 그때는 책을 배울 때 외워야 하는데, 책을 가지고 선생님에게 가서 책을 선생님에게 건네주고는 외우려고 하였다. 그런데 눈이 책을 보지 않으니 한 글자도 생각이 나지 않았으며, 심지어 처음의 "人"자도 생각나지 않았다. 이렇게 이상하였다.

그러나 내가 사람들이 노름하는 것을 보았는데, 노는데 가서 32장의 마작패를 한 번 보고 5분도 되지 않아서 모두 기억하게 되었다. 여러분 보세요, 글을 배울 때는 기억할 방법이 없었는데, 마작패 32장을 스승의 가르침도 필요 없이 그들이 노는 것을 보고는 5분도 지나지 않아 모두 기억이 된 것이다. 따라서 도박하는 것을 배우는 것은 가르치는 사람이 없어도 할 줄 아는데, 글을 배우는 것은 가르치는 사람이 있어도 기억하기 힘들고 읽는 게 잘되지 않았다.

지금의 말법시대에서 사람들이 불법을 배우는데 언제나 의혹을 가진다. 부처님이 있는가? 부처님을 설명하면 부처님이 정말로 있는가라고 의혹한다. 부처님께서 이 불법을 설하셨는데, 이 불법이 사람들에게 손해보게 하는 것인가? 여러분은 불교를 믿자 "사람에게 공양해야 하고, 또 삼보에 공양해야 한다."는 말을 듣고, '아, 나에게 공양하는 사람이 있으면 얼마나 좋아, 그런데 왜 내가 남을 공양해야 하지? 왜 내가 삼보에 공양해야 하지?' 이렇게 의심하는 마음이 나온다. 본래 이것이 옳은 것이라고 알지만 그는 의심을 품고, 그것이 옳지 않은 것이라고 알지만 그는 의심하지 않는다. 보세요, 마약을 가지고 설명하자면, 일반의 청년들 중에서 총명하고 지혜가 있는 사람들도 마찬가지로 이런 물건을 사용한다. 그들은 이 물건을 먹는 것이 아무런 의의가 없다는 것을 분명하게 안다. 아, 이 물건을 먹으면 혹은 깨달으려고 하는지, 특별한 경계가 있다고 느낀다. 이 물건이 소용없다는 것을 분명히 알지만 그는 여전히 사용한다. 아마도 이것이 쓸모가 있다는 것을 분명히 알면 그는 곧 사용하지 않을 것이다. 따라서 말법시대의 사람은 바로 이러한 것처럼 어리석다.

정법(正法)시대의 사람은 해탈이 견고하여 사람마다 수행의 과위를 증득하였으며, 초과, 2과 3과, 4과를 증득하는 것이 평상적인 일이었다. 부처님께서 법을 한

번 설하시면 사람들은 한 번 듣고 과를 증득하였으니,
이것이 해탈견고한 것이다. 상법(像法)시대에는 선정(禪
定)이 견고하였는데, 그때는 선정을 수습하여 많은 사
람들이 정에 들어갈 수 있었다. 그럼 지금의 말법시대
는 즉 투쟁이 견고하며, 투쟁이 견고하기 이전에는 바
로 다문(多聞)이 견고하였다. 지금 이렇게 투쟁이 견고
한 것은 사람과 사람이 다투기를 좋아한다. 따라서 이
말법시대에 우리와 같이 이렇게 많은 사람이 와서 정
법을 학습하며, 참선·좌선을 배우면서 모든 힘듦을 겁
내지 않고 열심히 수행하는데, 이것도 불가사의한 경계
라고 할 수 있다. 이런 불가사의한 경계는 불가사의한
고통으로부터 오는 것이며, 따라서 우리는 지금 정신을
차려서 이런 불가사의한 고통과 끝까지 맞서 싸워 반
드시 이겨야 할 것이다.

모든 부처의 어머니

　선(禪)은 모든 부처의 어머니로서 시방의 모든 부처
는 선정으로부터 탄생하는 것이다. 그대가 만약 선정의
공부가 없으면 깨달을 수 없으며, 성불할 수 없다. 선
정의 공부를 닦는데 있어서는 우선 인욕을 닦아야 한
다. 남들이 참을 수 없는 것을 참아야 하며, 일반인이
할 수 없는 것을 할 수 있어야 하며, 일반인이 수행할
수 없는 이 수행문을 수행할 수 있어야 할 것이다.

선정을 닦으려면 남이라는 상[人相], 나라는 상[我相], 남자라는 상, 여자라는 상, 옳다는 상, 그르다는 상, 있다는 상[有相], 없다는 상[無相]을 떠나야 한다. 그대가 있다는 상[有相], 없다는 상[無相]을 떠나야 비로소 정(定)에 들 수 있으며, 그대가 단지 있다는 상[有相]을 떠날 수 있으나 없다는 상[無相]은 떠날 수 없으면, 여전히 정에 들 수 없다. 그대가 비록 없다는 상[無相]을 말하지만 여전히 하나의 없다는 상[無相]이 존재하면, 이것은 곧 해탈의 경계에 이를 수 없으며, 그대는 여전히 집착하는 바가 있는 것이다. 남이라는 상[人相], 나라는 상[我相]을 떠나면 나가 없는데, 만약 남이라는 것이 있으면 그것도 떠나지 못한 것이다. 그대에게 남이라는 상이 없어도 여전히 나라는 상이 있으면 떠나지 못한 것이다. 따라서 남이라는 상[人相], 나라는 상[我相]도 모두 떠나야 한다. 남자라는 상, 여자라는 상을 떠나면, 남자라는 상이 있는 것을 모르며, 여자라는 상이 있는 것을 모른다. 이미 남자라는 상, 여자라는 상이 없다면 욕심도 없을 것이며, 욕심이 없으면, 이것이 비로소 청정한 본원의 묘진여성(妙眞如性)이다. 그대의 청정한 본원의 묘진여성은 하나의 옳다는 상도 없고 하나의 그르다는 상도 없다. 따라서 옳고 그른 두 가지의 상도 전혀 얻을 수 없다.

그러면 "일체의 상을 떠나면 일체의 법이다[離一切相,

即一切法]"라는 이치로써 그대가 만약 일체의 상을 떠날 수 없으면, 곧 일체의 법과 상응할 수 없다. 따라서 우리 수도(修道)하는 사람이라면 닦을수록 더욱 집착이 커지지 않아야 할 것이다. 즉 인상도 떠나지 못하고 아상도 떠나지 못하며, 유상도 떠나지 못하고 무상도 떠나지 못하며, 남상도 떠나지 못하고 여상도 떠나지 못하는 이것이 바로 집착이다. 더욱 집착이 깊어지고 더욱 집착이 중해져서 이리 저리 집착하면 해탈을 얻을 수 없다. 해탈을 얻지 못하면 그대는 깨달을 수 없을 것이다. 따라서 수행을 할 줄 아는 사람은 자기 스스로 회광반조(廻光返照)하여 자기에게 물어야 한다. '내가 2주 동안 좌선하여 나의 집착심이 아직 얼마나 있는가? 나의 아상이 아직 얼마나 있는가?' 스스로 계산하고 사유하여 닦은 것이 버린 것보다 많은지, 또한 얻은 것이 잃은 것보다 많은지를 특별히 주의하고 특별히 사유해야 할 것이다.

이 법은 반드시 그대 스스로 수련하고 수행해야 비로소 상응함을 얻을 수 있으며, 노력하지 않으면 다른 사람이 그대를 도와줄 방법이 없다. 다른 사람이 도와줄 수 있는 것은 단지 그대에게 보리심을 발하게 하고, 용맹정진의 마음을 발하게 하는 것이다. 보리심을 발하고 발하지 않는 것은 그대 자신이 해야 하는 것이고, 용맹정진의 마음을 발하고 발하지 않는 것도 그대가 해야 하는 것이다. 그대에게 한 분량의 수행을 하면 한 분량의 장점을 얻고, 열 분량의 수행을 하면 열 분량의 장점을 얻을 것이다. 이것은 또한 학교 공부하는 것과 같아서 자기가 공부하지 않으면 선생님은 도와줄 방법이 없으며, 선생님은 단지 그대에게 어떻게 공부하는지를 가르칠 뿐이며, 공부하고 하지 않고는 그대에게 달려있다. 이 참선도 이와 같아서 우리가 불법이 없는 이곳 미국에서 이러한 불법을 수행하는 것은 쉽지 않은 일이며, 또한 마치 모래 속에서 금을 채취하는 것과 같다. 모래 속의 금은 매우 적어서 많은 공력을 들여야 비로소 금을 채취해낼 수 있다. 우리가 지금 이곳에서 열심히 수행하며 참선하고 선정을 수습하는 것도 이와 같이 자기가 열심히 노력해야 한다. 이 말법시대에 우리는 정법을 수행하는데, 이것은 만나기 어려운 일이다.

맹목적으로 수행하지 말라

　우리가 수행을 하는데 있어서는 꾸준한 마음을 가져야 한다. 오늘 수행하고 내일은 쉬는 그런 것이 아니다. 수행은 휴식할 수 없으며, 하루 수행하고 하루 쉬고 하면, 영원히 성취할 수 없을 것이다. 반드시 매일매일 수행하고, 시시각각 수행해야 하며, 이 무상(無常: 죽음)이 언제 이를지 모른다는 것을 언제나 생각해야 한다. 그대가 만약 수행하지 않으면 죽음이 올 때 그것을 따라갈 것이다. 무상을 피할 수 없어 그대의 생사는 자유가 없고, 그대 자신이 주인이 될 수 없다. 그러므로 수행에서는 반드시 꾸준한 마음을 가져야 한다. 휴식하지 않은 이 시간에 그대는 깨달을 수 있으며, 차이가 나는 것은 결코 많지 않으며, 아주 짧은 1초의 시간 차이로 깨닫거나 깨닫지 못할 것이다. 내가 항상 말하지만, 우리의 수행은 마땅히 무엇과 같아야 하는가? 마땅히 식사하고 옷 입는 것과 같아야 한다. 우리가 매일 밥 먹고, 옷 입듯이 그렇게 매일 수행해야 한다. 이 수행은 물이 언제나 흐르듯이 끊어짐이 없이 수행해야 한다.

이미 3주의 시간이 지나갔으며, 남은 시간은 많지 않다. 이 좌선의 기간에 그대는 매우 길다고 여기지 말아야 하며, 방금 앉은 것처럼 그렇게 생각해야 할 것이다. 조금 좌선하고 허리가 아프고 다리가 아프다고 느끼면 무슨 성취가 있겠는가? 따라서 중요한 것은 이 1분간이며, 이 1분이 생사의 중요한 시점으로서 죽음의 가장 중요한 한 때를 피할 수 있다. 하루 좌선해도 무슨 재미가 없고, 이틀 좌선해도 아직 깨닫지 못한다고 생각하면 안 된다. 지금 이미 3주가 지나도 여전히 얻은 것이 없다. 그대는 왜 얻은 것이 없는가? 왜냐하면 이 1분을 앉지 못하고 게으르기 때문이다. 게으르면 성취가 없다. 천당과 지옥은 이 일념의 분별에 달려있다.

수행을 하면서 외도의 법을 닦아서는 안 되고 자성 (自性)을 닦아야 한다. 자성 상에서 공부하고, 식(識)의 먼지 위에서 공부하면 안 될 것이다. 그대가 식의 먼지 위에서 공부하면 궁극의 공부가 아니다. 그대가 비상비비상천(非想非非想天)에까지 닦아도, 그것은 여전히 식이 있으며, 반본환원하여 자성에 이른 것이 아니다. 그러므로 여전히 타락하고 생사를 마치지 못하였다. 자성은 원융무애하고 법계에 두루하여 이러한 공능은 말할 법이 없다. 따라서 정말로 불가사의하다.

어떤 것을 외도법을 닦는다고 하는가? 인도에서 외도는 바라문교가 닦는 것이며, 중국에서는 일부 도교가 닦는 것이다. 도교가 닦는 것은 무엇인가? 그들이 닦는 것은 "출현입빈(出玄入牝)"으로서 머리(정수리)로부터 아이가 나오는 법이며, 도교에서는 이 아이를 원신(元神)이라고도 부르고, 식신(識神)이라고도 부른다. 그 원신도 또한 자성이며, 그 식신은 바로 제8식이다. 이식은 그대가 수행하여 번뇌가 끊어지고 무명이 타파되면 그것이 바로 자성이다. 그대가 만약 번뇌를 끊지 못하고, 무명을 깨트리지 못하면, 식이 지혜로 전환되지 못한 것이며, 게다가 진한심(瞋恨心)을 가지고 있으면, 더욱 큰일이다.

이전에 어떤 바라문교의 사람이 "출현입빈"의 공부

를 닦았다. 이 공부는 매우 위험한 것으로서 쉽게 천마외도(天魔外道)의 무리에 떨어져 마왕의 권속이 된다. 이 바라문은 이 "출현입빈"의 공부를 좋아하여 한 번 앉으면 머리에서 하나의 아이가 나가는데, 이 아이는 구름을 타고 허공 속을 함부로 날아다니다가, 망상을 짓기를 '뉴욕에 가보자' 그러면 곧 뉴욕에 도달하고, 다시 '인도로 가보자'라고 생각하면 인도에 이르게 되었다. 인도의 거리는 매우 더럽다. 무슨 일을 불문하고 그는 이곳에 앉아서 알았으며, 어느 곳이든지 볼 수 있었다. 심지어 그가 만약 천이통(天耳通)을 얻었으면 현지인의 말도 들을 수 있었을 것이다. 그는 이것이 작은 신통이 아니라고 생각하였다. 그러면 이러한 법을 닦을 때는 언제나 이 아이가 도처로 가서 놀게 한다.

어느 날 그가 도처로 여행을 다니다가 저녁에 여관을 잘못 들어갔다. 그는 어떤 절에서 숙박하게 되었다. 이 절에는 노스님과 사미(沙彌) 한 명이 살고 있었다. 그가 절 문을 두드리자, 사미가 나와 말하였다.

"무슨 일이 있습니까?"

"나는 이곳에서 하룻밤 숙박하고자 합니다."

어린 사미가 말하였다. "내가 스승님께 물어보고 올게요."

들어가서 노스님께 물었다. "바깥에 한 분의 바라문이 와서 이곳에서 하룻밤 유숙하고자 하는데, 그래도 되겠습니까?"

노스님이 말하였다. "우리 출가인은 자비를 근본으로 하고 방편을 문으로 삼는데, 당연히 가능하지. 그가 식사를 하였는지 물어보고 안 먹었으면 먹을 것을 찾아 주게."

어린 사미는 나와서 바라문에게 말하였다. "숙박이 가능합니다. 스승님이 허락하셨습니다. 만약 식사를 안 하셨으면 먹을 것을 준비하겠습니다."

이 바라문이 말하였다. "밥은 먹지 않겠습니다. 이곳에서 자기만 하면 됩니다."

머물면서 그는 밤중에 좌선하면서 "출현입빈"의 공부를 수련하였으며, 그의 신식은 또 도처로 다녔다. 대략 아주 멀리 놀러가서 날이 밝아도 그는 돌아오지 않고 바깥의 경계에 탐착하여 신통으로 유희하다가 돌아오지 않은 것이다. 이 노스님이 사미를 불러 말하였다. "그 사람을 불러와서 식사하라고 해라." 사미가 그의 방에 가서 보니 그 바라문은 앉아서 기가 끊어져 있었으며, 이미 죽어있었다. 돌아가서 노스님께 말하였다. "그 바라문은 이미 죽었습니다. 앉아서 죽었네요."

노스님이 말하였다. "아이구, 정말로… 우리는 그에게 편리함을 주려고 했다가 생각지도 않게 우리를 힘들게 하네. 좋아, 우리는 나무를 모아 그를 화장하고 끝내자." 그래서 그를 화장하였다.

화장을 한 것은 괜찮으나, 귀찮은 일이 더욱 많아졌다. 매일 태양이 지면 그가 이곳에 나타나서 싸우기 시작하였다. 무엇을 싸웠는가? 그는 그의 집을 요구하는 것이었다. "내 집은 어디 갔는가?" 바로 그의 집을 찾는 것이었다.

노스님은 이것이 죽은 사람이 귀신소동을 하는 것임을 알고는 그에게 다라니, 즉 왕생주(往生呪), 능엄주(楞嚴呪) 등을 독송해 주었다. 이렇게 매일 귀신소동 하기를 대략 한, 두 달 하자 노스님도 다라니를 독송해주지 않았으며, 어린 사미도 무척 두려워하였다. 그래서 두 사람은 상의하기를 "우리 이사를 가자, 이 절은 버리고 내일 아침 바로 이사를 가자." 이렇게 상의하고 난 후 다시 어떤 스님이 와서 하룻밤 유숙하기를 요구하였다.

그 절에 와서 문을 두드리길래 사미가 나가서 물었다. "무엇을 하시렵니까, 노(老) 수행자님?"

"나는 잠잘 곳을 지나쳤기 때문에 오늘 저녁 이곳에서 하룻밤 묵고 가려고 합니다."

사미가 말하였다. "하룻밤 묵어요? 이곳은 지금 사람을 유숙하지 않습니다. 우리는 이사하려고 합니다."

"그대가 지금은 유숙하지 않는다고 하는데, 그럼 이전에는 반드시 유숙하게 하였군요?"

사미가 말하였다. "그럼요, 우리가 이전에 한 사람을

자게 하였더니, 그가 이곳에서 죽었으며, 지금은 귀신 소동을 벌이고 있습니다. 그래서 우리는 내일 이사하려고 합니다. 그래서 당신을 재워줄 수 없으며, 당신과 인연을 맺을 수 없네요."

"당신들 이곳에 귀신소동이 난다고 하니, 내가 곧 그 귀신을 다스려주겠소. 나는 귀신을 잡을 수 있어요, 무슨 귀신이든지 내가 당신에게 다스려줄 수 있습니다."

사미가 듣고는 말하였다. "그럼 들어가서 스승님과 상의해보겠습니다."

사미는 안으로 뛰어들어가 그의 스승에게 말하였다. "바깥에 한 분의 스님이 오셨는데, 그가 귀신을 잡을 수 있으며, 귀신을 다스릴 수 있다고 말합니다. 어떻게 하는 것이 좋겠습니까?"

노스님이 말하였다. "귀신을 다스린다고, 그건 사람을 속이는 것이야! 나도 귀신을 다스릴 수 없는데, 그가 어떻게 귀신을 다스리겠는가? 우리 모두 같은 출가인으로서 나도 방법이 없는데, 그는 방법이 있다고? 나는 안 믿는다. 하지만 그가 이곳에 하룻밤 자려고 우리를 속이려고 귀신을 다스린다고 말할 거야. 비록 이렇게 말해도 그에게 하룻밤 자게 하자, 어쨌든 우리도 내일 이사할 것이니까." 그래서 그에게 하룻밤 자게 하였다.

그럼 그는 어떻게 귀신을 다스렸는가? 그 스님이 말하였다. "당신은 나에게 이 방 안에 물이 담긴 항아리를 준비해 주시고, 다시 불이 타는 횃불이 있으면 되며, 나 혼자 이곳에 있으면 됩니다." 저녁에 하나의 물항아리, 하나의 횃불을 준비하고 노수행자가 이 방안에 앉아 좌선하고 있는데, 그 귀신이 왔다. 그리고 말하였다. "내 집은 어디로 갔는가? 내 집을 내놔라!"

그 스님이 말하였다. "그대의 집은 물속에 있으니, 그대는 물속에 들어가 찾아봐라!"

그 귀신은 그 항아리의 물속에 들어가 찾아봐도 없자, 말하였다. "이 물에는 없습니다."

이 스님이 말하였다. "그럼 저 불 속에 있는 모양이네."

그 바라문의 귀신은 다시 불 속에 들어가 그의 집을 찾아보고 말하기를 "이 불 속에도 없습니다."

이때 노수행자는 큰 소리로 말하였다. "그대는 물속에 들어가도 빠지지 않고, 불속에 들어가도 타지 않으니, 그대는 무슨 집을 찾는 것인가?" 이 소리에 바라문 귀신은 깨달았다. 깨닫자 집을 찾지 않았다.

그러므로 이러한 "출현입빈(出玄入牝)"의 공부를 닦는 것은 많은 위험이 있다. 이 바라문 귀신은 다행히도 선지식을 만나 깨달았지만, 만약 선지식을 만나지 못했으면, 그는 여전히 미혹하여 깨닫지 못할 것이다.

결과적으로 노스님과 사미는 이사 가지 않아도 되었으며, 귀신은 더 이상 소란을 피우지 않았다. 이렇게 보면 수행은 이러한 "출현입빈(出玄入牝)"의 공부는 닦을 필요가 없다.

그리고 또 다른 어떤 바라문도 "출현입빈(出玄入牝)"을 닦았는데, 그는 좌선하는 도중 어떤 작은 사람이 밖으로 나가는 것을 느꼈다. 하지만 그의 경계는 앞의 경계와는 다른 것이었다. 그리고 또 다른 어떤 한 스님은 그 바라문의 머리에서 나가는 것은 작은 사람이 아니라 한 마리의 뱀인 것을 보았다. 이 뱀은 나가서 똥오줌을 누는 곳에 이르렀으며, 그곳에는 더러운 물이 많았는데, 그 뱀은 그 물을 마시고 기쁘게 돌아왔다.

돌아오자 그 스님이 그에게 물었다. "당신은 어디에 갔다 왔습니까?"

그 바라문이 말하였다. "나는 나가서 먼저 천상에 갔으며, 천상의 하천에 이르러 목욕한 후 다시 다른 곳에 가서 감로수를 마시고 돌아왔습니다."

그 스님이 그에게 알려주었다. "당신이 말하는 천상은 땅에서 백 보도 가지 못한 어떤 곳이며, 당신의 머리에서 나간 것은 한 마리의 긴 뱀이었습니다. 그 뱀은 그대의 몸에서 나와 방으로 들어갔다가 다시 밖으로 나왔습니다. 당신이 천상이라고 여기는 곳은 바깥으로 나간 것이며, 당신은 앞에 더러운 물이 있는 곳을 보고 그곳에서 목욕을 한 것으로 생각하였습니다. 그리고 다시 다른 한 곳에 갔는데, 그곳의 물을 마시고 당신은 감로수를 마셨다고 생각한 것입니다. 당신이 만약 믿지 못하겠으면, 지금 그대의 뱃속에 더러운 물이 들어있을 것이니, 지금 시험해보세요…"

이 바라문은 말하기 전에는 뱃속에 더럽고 냄새나는 그런 물을 마셨다는 것을 알지 못하고 느끼지 못했으나, 이런 말을 들은 후 과연 뱃속에서 더럽고 냄새나는 냄새가 올라와 마침내 토하게 되었다. 토해보니 토한 물건이 말한 바와 같이 더러운 물이었다.

그 이후에 그는 자기가 수행하는 것이 잘못되었음을 알았다. 그는 왜 한 마리의 뱀으로 변한 것일까? 왜냐하면 그는 성미가 매우 사나웠기 때문이다. 이 바라문은 성미가 대단하고 성내는 마음이 커서 사람을 보면 언제나 성내는 마음이 올라왔다. 사람에게 성내는 마음이 많으면 뱀으로 변할 수 있으며, 사람이 만약 자비심을 가지면 보살이 될 수 있다. 따라서 보살이 되느냐, 뱀이 되느냐는 자기가 짓고, 자기가 선택하는 것이다. 그래서 우리 사람은 무릇 성미가 많은 사람은 마땅히 그 성질을 바꾸어야 할 것이다. 성미가 없으면 장래 독사로 떨어지지 않을 것이다.

따라서 "수행은 맹목적으로 닦지 말고, 가는 길을

알아야 하네. 길을 만약 안다면, 자연스럽게 소요자재 할 수 있네."라고 한 것이다. 맹목적으로 수행하면, 어떻게 하는 것이 수행인지를 몰라서 수행할수록 도와는 더욱 멀어지고, 자기에게 괴로움을 안겨준다. 그러므로 "수행은 맹목적으로 닦지 말라"고 말하며, 즉 수행을 잘 이해하지 못해서 어지럽게 수행하는 것이다. 그래서 그대가 수행하는 길은 그대가 인식해야 한다. 이 길을 만약 인식한다면, 자연스럽게 중도에 부합하여 소요자재 할 수 있다. 만약 그렇지 않으면 자기에게 많은 어려움을 안겨주고, 앞으로 한 발자국 떼는 것도 맞지 않으며, 뒤로 한 발자국 물러나는 것도 옳지 않다. 이리해도 맞지 않고 저리해도 맞지 않다. 마치 발과 입이 소송을 하는 것과 같다. 한 번은 발이 법원에 입을 고소하였는데, 무엇을 고소하였는가? 말하기를 "이 입은 나에게 너무 불공평합니다. 길을 갈 때도 내가 가고, 맛있는 것을 먹는 것은 그가 먹으니, 나를 죽도록 힘들게 합니다. 그가 어느 곳에 가서 무슨 맛있는 것이 있으면 그는 그것을 먹습니다. 나는 조금도 누리지 못합니다. 따라서 이것은 불공평한 일이므로 나는 지금 그를 고소합니다."

그래서 입은 법원에 가서 말하였다. "좋습니다. 나는 먹지 않을 수 있으며, 그러나 내가 먹지 않으면, 그도 걸을 방법이 없을 것입니다. 그럼 발 당신도 먹으면 됩니다." 그러나 이 발은 먹을 수도 없으나, 입은 먹을

수 있다. 발은 다시 승복하지 못하였다. 따라서 이것이
자기가 자기에게 많은 괴로움을 찾는 것이다. 자기는
기왕 먹지 못하는데, 또 남이 먹는 것을 질투하니, 어
떻게 될 일인가? 마치 자기는 수행하지 않으면서 남들
이 열심히 수행하면, 그들을 질투하는데, 이것은 옳지
못한 것이다. 그대는 왜 수행하지 못하는가? 당신 자
신이 마땅히 수행해야 할 것이며, 남을 질투하면 안
될 것이다.

그리고 수행에는 반드시 선지식이 필요하며, 반드시
선지식을 친근해야 한다. 만약 선지식이 없이 자기가
맹목적으로 수련하면, 앞으로 한 발 진보했다가 뒤로
두 발 퇴보하며, 흐리멍덩한 것이 자기가 무엇을 하는
것인지를 모른다. 지금 이 나라(미국)에서 불법이 크게
흥하려고 하니, 사람마다 마땅히 진정한 불법을 이해해
야 하며, 사람마다 불법을 이해하여 어떻게 수행하는지
를 알면, 다시는 맹목적인 수행을 하지 않을 것이며,
진리를 인식하지 않을 수 없을 것이다. 여러분 모두
불교의 기본인재라고 말하지 않던가? 각자 모두 하나
의 뜻과 원을 세워 그 목표를 향하여 실천한다면, 장
래 불교를 도와 일체중생을 제도할 것이며, 일체중생이
괴로움을 벗어나 즐거움을 얻게 하고, 반본환원(返本還
原)하여 자기가 본래 갖춘 지혜를 얻어 모두가 함께 성
불할 것이다. 이것이 우리 사람마다 마땅히 특별히 주

의해야 할 일이다. 그럼 정신을 차려 자기의 공부를 하도록 하자.

제자 : 스님께서는 "출현입빈(出玄入牝)"의 도리에 대해서는 가르쳐주지 않습니까?

스님 : 왜 가르쳐주지 않던가? 물에 들어가도 빠지지 않고, 불에 들어가도 타지 않는 경계는 "출현입빈(出玄入牝)"에 이른 공부가 여전히 하나의 식신(識神)의 경계이기 때문에 그는 진정으로 큰 지혜를 열지 못했고, 큰 깨달음을 얻지 못했다. 그러므로 이것은 여전히 집착함이 있는 것이다. 아울러 그에게는 아직 하나의 나[我]가 있는 것이다. 이 수도(修道)는 나가 없어야 하며, 나가 없는데, 어떻게 "출현입빈(出玄入牝)"하는 것이 있는가? 그대가 나가면 어디로 가며, 들어오면 또 어디로 가는가? 나가 있으면 이것은 시종 일종의 집착이다.

불법은 평등하여 높고 낮음이 없다

　오늘 저녁에는 너희들에게 수행의 도리를 이야기하려고 한다. 이 수행의 도리는 "이 법은 평등하여 높고 낮음이 없다"라는 것으로, 이것은 좋고 저것은 좋지 않다고 말하는 것이 아니다. 선종, 교종, 율종, 밀종, 정토종 이 다섯 종이 모두 제일이며, 두 번째가 없는 것이다. 이 다섯 종이 모두 제일일 뿐 아니라 팔만사천의 법문이 제일이다. 어째서인가? 법문 그 자체를 논

한다면 바로 제일이나, 단지 중생의 근기에 맞으면 제일이고 맞지 않으면 제일이 아니기 때문이다. 따라서 선종은 교종이 틀렸다고 말할 수 없으며, 교종도 율종이 맞지 않다고 말할 수 없고, 율종도 밀종이 틀렸다고 말할 수 없으며, 밀종도 정토종이 맞지 않다고 말할 수 없을 것이다.

비록 틀렸다고 말할 수 없다고 말하지만, 그러나 아직 많은 사람들이 전문적으로 어떤 종이 잘못되었다고 말한다. 예를 들면 선종의 사람은 말하기를 "아이, 교학을 배우는 것은 소용없으며, 그 입의 구두선은 아무런 쓸모가 없어! 하루종일 시끄럽게 강의하지만 이것이 무슨 의미가 있는가? 이 수행은 좌선을 해야 하며, 앉은 그 자리에서 힘을 쓰고 참선하며, 어리석음을 배워야지!" 그들은 경을 강의하는 것을 잘못이라고 말하는데, 사실 경을 강의하는 사람이 틀린 것이 아니라 그들의 마음 속에 하나의 편견을 가지고 있으며, 한쪽으로 기울어져서 그들은 단지 참선만 알고 다른 종은 모른다. 마치 어린애같이 자기의 엄마·아빠만 있는 줄 알고 모든 아이에게 엄마 아빠가 있는 줄은 모르는 것과 같다. 우리가 불법을 배우는 것도 마치 이런 어린애와 같아서 선종을 배우면 이 선종이 우리의 아빠이고, 저 교종은 좋지 않다고 생각하는데, 왜냐하면 그는 교종도 그것의 기연(機緣: 근기에 맞는 인연)이 있다는 것을 모르기 때문이다. 그래서 오랫동안 산에 머무르는 수행자는 도시에 머무는 수행자를 맞지 않다고 말하며, 도시에 오랫동안 머무는 수행자는 산속 수행자를 좋지 않다고 말한다. 경을 강의하고 법을 설하는 법사는 선종을 경시하고, 참선하는 수좌는 또 경을 강의하는 법사를 하찮게 본다. 이렇게 서로 편견을 가지고 있다.

사실 원융무애(圓融無礙)하여 매 법문마다 모두 제일이라고 여겨야 할 것이다. 그대가 만약 이 법문이 제일이라고 이해하면, 이것은 옳고 저것은 그르다고 말할 수 없다. 마치 운문종, 법안종, 위앙종, 조동종, 임제종 다섯 종파는 "한 꽃에 다섯 잎이 피어 열매를 맺는 것이 저절로 이루어지네[一花開五葉, 結果自然成]"과 같아서 모두 선종을 설하지만, 단지 이들 제자들이 명백히 알지 못할 따름이다. 각 종파마다 자기의 가르침이 최고라고 생각한다. 법은 한곳에 있는 것이 아니라 있는 곳도 없고 없는 곳도 없는 것이다. 따라서 집착하는 수행자는 그들이 닦는 법문을 집착하면서 다른 법문이 좋다고 말하면 그는 믿지 않는다. 만약 하나의 법문을 요구한다면 부처님은 왜 팔만사천의 많은 법문을 설하셨겠는가? 이 팔만사천 법문은 중생의 병을 대치하기 위한 것으로서 우리의 중생의 병이 너무 많기 때문에 법문도 적게 설할 수 없는 것이다. 이미 법문을 적게 설할 수 없다면 그대는 어떤 법문이 옳고 어떤 법문은 옳지 않다고 말할 수 없을 것이다.

　　이빨이 없는 사람은 부드러운 음식을 좋아하는데 무엇 때문인가? 그는 딱딱한 것은 씹기 힘들기 때문이다. 그래서 그는 딱딱한 것을 먹는 사람을 잘못되었다고 말할 수 없다. 그대 생각은 어떠한가?

어쨌든 어떤 사람에게 상응하는 법이 법이고, 상응하지 않으면 법이 아니다. 따라서 〈금강경〉에서 분명하게 설하기를 "이 법은 평등하여 높고 낮음이 없다." 그러나 편견을 가지고 있는 사람은 이것이 잘못되었다고 말하지 않으면 저것이 잘못되었다고 말하며, 하루 종일 언제나 남들이 옳지 않다고 보면서 자기는 어떠한지는 모른다. 마치 촬영기와 같이 남의 모습은 촬영하지만, 그 촬영기로 자기의 모습은 찍지 못한다. 이와 같이 과학이 아무리 발전하더라도 다른 기기가 있어야 비로소 그 기기를 촬영할 수 있다. 편견을 가진 사람과 촬영기도 같은 도리이다. 따라서 우리 수도하는 사람은 촬영기가 되어 도처로 가서 남의 결점을 찾지 않아야 할 것이며, 그것은 가장 의의가 없는 일이다.

오직 무상을 생각하여 방일하지 말라

"오늘은 이미 지나갔고 수명도 그에 따라 줄어드니, 마치 적은 물속의 물고기와 같으니, 무슨 즐거움이 있겠는가? 대중들이여! 마땅히 부지런히 정진하여 마치 머리에 붙은 불을 끄듯이 할 것이며, 오직 무상(無常)을 생각하여 삼가 방일하지 말라!" 이 몇 구절의 게송은 보현보살이 대중들에게 경책하며 하신 말씀이다.

말씀하시기를 오늘 하루가 지나갔으니, 우리의 이수명도 하루 적어졌다. 또한 서재(西齋)의 정토시(淨土

詩)에서 말한 것과 같다. "시간이 줄어든 곳에 목숨의 빛이 약해지고, 눈앞의 부귀영화는 순식간에 사라지네.[時光減處命光微, 到眼榮華轉眼飛]" 지금 이때의 시간이 적어지면 이 목숨의 빛도 적어진다. 이것은 또한 "오늘은 이미 지나갔고 수명도 그에 따라 줄어드네."와 같은 뜻이다. 어떤 사람은 돈 벌기를 좋아하고, 어떤 사람은 관리가 되기를 바라는데, 이것을 영화(榮華)라고 한다. 이런 부귀영화도 눈앞에서 매우 빨리 지나간다. 순식간에 없어지는 것이다. 여러분은 얼마나 많은 부유한 사람들이 짧은 기간에 가난한 사람으로 변하는 지를 보았을 것이며, 고위 관리에 있다가 어느 순간 보이지 않는 사람을 보았을 것이다.

이러한 일로 보건대 사람에게 깨달음의 마음을 발하게 하는데, 이런 부귀영화를 진짜라고 여기지 말아야 하며, 이 모든 것은 허망한 것이다. 우리 사람은 수명이 감소하는 것이 마치 물속의 물고기같이 물이 하루하루 감소하면 갈수록 수명도 줄어들며, 죽을 때가 가까이 온 것을 알아야 한다. 따라서 "마치 적은 물속의 물고기와 같으니, 무슨 즐거움이 있겠는가?"라고 한 것이다. 그래서 "대중들이여, 마땅히 부지런히 정진하라"고 하였다. 모든 중생은 용맹정진해야 한다. 몸도 정진하고 마음도 정진하여 물러나면 안 된다. 단지 앞으로 나아가 후퇴하지 말고 보리심을 발하여 위없는 도를 구해야 한다.

여러분 생각해 보세요. 이 세계에 탐하고 미련을 가질만한 게 무엇이 있는가? 각각의 사람은 모두 많은 어려움을 가지고 있는데, 어느 가정이 진정한 즐거움을 가지고 있는가를 보라. 사람과 사람 사이에서 서로 질투하여 장애하며, 그대는 나를 장애하고, 나는 그대를 장애한다. 당신은 나를 질투하고 나는 당신을 질투한다. 하루 종일 얼마나 많은 괴로운 일이 발생하는지 모른다. 어떤 사람이 진정한 즐거움을 누리고 있는가를 생각해 보세요. 그대가 가장 높이 대통령이 되었다고 치자, 대통령이 되면 괴로운 일이 더욱 많으며, 더욱이 지금은 과학기술이 발달하고 진보하여 대통령이 되면 전세계의 문제를 알아야 한다. 그대가 만약 한 발 잘못 내디디면 마치 바둑을 두는 것과 같이 그 판을 질 것이다. 소위 "단지 한 수 잘못 두었는데, 전 판의 바둑을 졌네."라는 것이다.

정진하여 어느 정도까지 이르러야 하는가? 우리는 정진하려면 마치 이 머리를 보호하듯이 해야 한다. 우리는 어떤 사람도 자기의 머리를 보호하려는 것을 안다. 만약 어떤 사람이 그대의 머리를 베려고 말한다면, 이런 상황 하에서 머리를 보호할 방법이 없다면 모를까, 만약 방법이 있으면 반드시 자기의 머리를 베지 못하게 할 것이다. 따라서 정진하는 것이 마치 자기의 머리를 보호하듯이 그렇게 노력해야 하며, 또한 마치 자기의 머리에 불이 붙은 듯이 재빨리 머리의 불을 끌 방법을 생각해야 한다. 우리는 무상이 언제 올지를 모른다. 소위 무상은 즉 죽음이며, 죽는 그날이 언제 이를지 모른다. 그래서 대충대충 방일하면 안 될 것이다. 방일은 바로 규칙을 지키지 않는 것이다. 따라서 시시각각 정진수행해야 한다. 만약 수행하지 않는다면 보살이 그대를 관여하지 않는다면 모를까, 만약 이전에 약간의 성심이 있었다면, 보살은 반드시 와서 그대를 보호할 것이다. 그래도 그대가 다시 규칙을 지키지 않는다면 그대에게는 괴로운 일이 많아질 것이다.

그러면 어떻게 해야 하는가? 스스로 용맹정진하여 크게 보리심을 발해야 한다. 진지하게 수행하는 것이야말로 모든 불교도들이 마땅히 알아야 한다. 불교도가 불교를 믿은 후 다시 규칙을 지키지 않는다면, 큰 괴로움이 있을 것이다. 나의 이 말은 결코 어떤 사람을 겁주는 것이 아니라, 이것은 진실한 도리이다. 따라서 각자는 특별히 이 점을 주의해야 할 것이다.

선정쌍수(禪淨雙修)

이전에 중국에 영명(永明) 연수(延壽)선사가 있었는데, 그는 아미타불의 화신이다. 그분은 하루에 10만 성(聲)의 염불을 하면서도 여전히 손님을 맞이하고 출입하였다. 정식의 예불을 다 마친 후 그렇게 10만 성의 염불을 하신 것이다. 그분이 한 번 염불을 하면, 눈이 열린 사람은 그의 입에서 한 분 화신불의 부처님 모습이 나타나오는 것을 볼 수 있었다. 그분의 염불공부는 가장 좋았다.

　영명 연수선사가 다음과 같이 말씀한 적이 있다. "선이 있고 정토가 있으면, 마치 호랑이가 뿔을 단 것 같이 현생에는 사람의 스승이 되고, 내생에는 불조가 되리라.[有禪有淨土,　猶如帶角虎,　現世爲人師,　來生作佛祖.]" 즉 참선을 하면서 또한 염불을 하거나, 염불을 하면서 참선하는 것을 선정쌍수라고 한다. 참선은 염불을 장애하지 않고, 염불도 참선을 장애하지 않는다. 참선이 염불이고, 염불도 참선이다. 왜냐하면 참선은 바로 실상의 부처를 참구하며, 실상의 부처를 염하는 것이다. 그대가 진정으로 참선을 이해하는 사람이라면 정토(염불)을 반대하지 않을 것이다. 진정으로 정토를 이해하는 사람도 참선을 반대하지 않을 것이다.

　따라서 이것을 "선이 있고 정토가 있으면, 마치 호랑이가 뿔을 단 것과 같다."고 한 것이다. 호랑이는 본래 기세가 대단한데 만약 머리에 뿔이 더 난다면 얼마나 더 대단할 것인가? 그대가 만약 이렇게 수행한다면 바로 "선이 있고 정토가 있는" 것으로서 현생에서 사람의 스승이 될 수 있고, 인천(人天)의 인도자가 될 수 있다. 그리고 그대는 내생에는 반드시 부처를 이루거나 조사를 이룰 것이다. 따라서 참선과 염불은 가장 좋은 것이다.

　우리가 지금 참구하는 화두는 "염불하는 자가 누구인가[念佛是誰]?"이며, 이것은 근본상에서 문제를 해결하는 것이고, 모든 생사의 근본을 찾아내는 것이다. 그래서 비로소 "염불하는 자가 누구인가?"를 말하고, "염불하는 자가 누구인가?"를 찾는다.

진정한 자유

　우리가 불법을 배우며 불법에 따라 수행하는 것은
무엇을 위한 것인가? 각자 회광반조(廻光返照)하여 무엇
을 위한 것인가를 자기에게 물어보아야 할 것이다. 어
떤 사람은 말하기를 "내가 불법을 배우는 것은 불법은
일종의 학문이기 때문이며, 나는 나의 학문을 늘리고
싶어서 불법을 배웁니다." 어떤 사람은 말하기를 "내가
불법을 배우는 것은 수행하려고 불법을 배웁니다. 왜냐

하면 내가 불법을 배우지 않으면 나는 어떻게 수행할지를 모르기 때문입니다." 이 두 사람의 말은 모두 약간의 도리가 있으나 단지 조금의 도리는 있지만 완전한 것은 아니다. 완전한 것은 무엇을 위함인가? 바로 진정한 자유를 얻기 위하여, 진정한 해탈을 얻기 위함이다.

무엇을 진정한 자유라고 하는가? "저는 압니다. 우리 나라는 자유국가로서 부모는 자식을 관여하지 않고, 자식도 부모의 말을 듣지 않으려고 하니, 따라서 자기가 원하는 대로 하는데, 이것이 바로 자유입니다." 이것은 자유를 오해한 것이다.

진정한 자유는 먼저 자유롭지 않아야 한다. 당신이 만약 먼저 자유를 원한다면 뒤에 남는 것은 부자유이다. 그대가 먼저 부자유를 원하면 뒤에 오는 것은 비로소 자유롭다. 내가 말하는 이 자유는 그대가 말하는 자유와는 같지 않은 것이다. 그대가 아는 그 자유는 먼저 자유롭고 뒤에 부자유한 것이며, 내가 말한 이 자유는 먼저 자유롭지 않지만 뒤에는 자유롭다. 어떠한 것이 먼저 자유롭지 않은 것인가? 먼저 수행을 하고, 불법을 배우며, 규칙을 따르고 지키면서 나쁜 짓을 하지 않으며, 선(善)은 따르고 불선함은 고치는 것이다. 그러면 불법에 따라 수행하여 걸림이 없고 막힘이 없으며, 남도 없고 나도 없으며, 크고 작은 것도 없고, 안과 밖이 없으며, 시작도 끝도 없는 경계에 이르러

반본환원(返本還原)하면 우리의 본래면목을 얻고, 진정한 자유를 얻는다.

진정한 자유를 얻으면, 살고 싶으면 영원히 살고, 죽고 싶으면 언제라도 죽을 수 있어서 생사에 자유롭다. 이른바 조물주가 나를 어떻게 할 수 없다. 일체의 만물은 천지가 만든 것이고, 천주(天主)가 만든 것이라고 말하는데, 이 천주도 그때에는 모두 내가 만든다. 천주가 나를 만들 수 없을 뿐 아니라 내가 그를 만들 수 있는 것이다. 내가 이 천지와 허공을 만들어 변화시킬 수 있고, 이 대각(大覺)을 만들 수 있다.

오늘 하나의 우스운 말을 해야겠는데, 무슨 우스운 이야기인가? 이 세계의 천지 사이에서 큰 것은 작은 것을 먹는다는 것이다. 마치 사람이 돼지, 소 등을 잡아먹는 것처럼, 사람보다 작은 것을, 사람보다 어리석은 것을 잡아먹는다. 요약하면 큰 것은 작은 것을 먹는 것이 마치 물고기의 무리와 같다. 중국에 이런 말이 있다. "큰 물고기는 작은 물고기를 먹고, 작은 물고기는 새우를 먹고, 새우는 푸른 진흙(플랑크톤)을 먹는다." 이 말은 비록 평이하지만, 확실히 이러한 모습이다. 큰 물고기를 잡아서 배를 갈라보면 그 속에는 작은 물고기가 많이 들어있는 것을 보는데, 모두 이러한 것으로서 고기가 고기를 먹는다. 그럼 사람은 모두 같은 동류이기 때문에 서로 잡아먹으면 안 된다는 것을 안다. 그래서 서로 잡아먹는 물고기처럼 그렇게 악하지 않다.

그럼 이 천지는 무엇을 먹는가? 천지는 사람을 먹는다. 여러분 보세요, 사람은 태어나서 성장하고 늙어 죽으며, 죽어서는 땅에 묻히는데, 땅에게 먹히는 것이다. 이 땅이 먹어서 하늘에 준다. 천지는 사람을 먹는데, 그럼 무엇이 또 천지를 먹는가? 공(空)이다. 천지는 너무나 크므로 공이 그것을 먹는다. 마치 철, 돌은 너무 딱딱하지만 바람에 노출되면 그것도 작아진다. 이 모두는 허공이 천지를 먹는 것이다. 그럼 무엇이 허공을 먹는가? 대각(大覺)이다. "공은 대각 가운데 생기는 것이 마치 바다에서 거품이 일어나는 것과 같네.[空生大覺中, 如海一漚發]" 공은 너무 크지만 깨달음의 그 각(覺)과 비교하면 마치 바다에서 하나의 물거품과 같은 것이다. 그러므로 가장 큰 것은 바로 이 각(覺)이다.

그럼 이 큰 것이 작은 것을 먹고, 작은 것도 또 큰 것을 먹는다. 보세요, 이 냄새나는 가죽주머니 속에 얼마나 많은 세균이 있는지 모른다. 수량이 없다. 한량이 없는 세균은 매일 당신의 피를 마시고 당신의 고기를 먹지만, 그대 자신은 알지 못하고, 이 세균이 모두 다 먹어서 큰 이후에 그대도 죽는데, 이 세균에게 잡아먹히는 것이다. 오늘 우리는 이렇게 웃기는 이야기를 하였는데, 이것이 참인지 거짓인지를 불문하고 그대들은 생각하고 연구해 보세요. 과학이든 철학이든 막론하고 이러한 도리가 그 안에 있다. 그러므로 연구해서 화학 실험을 통해서 한 사람의 몸에 얼마나 많은 세균이 있는지를 봐야 할 것이다. 그것이 바로 사람을 먹는 것이다. 작은 것은 큰 것을 먹고, 작은 충(蟲)은 큰 벌레를 먹고, 큰 벌레는 또 작은 벌레를 먹으면서 이렇게 서로 잡아먹는다. 지금은 이 세균이 우리를 먹는데, 우리는 장래에 또한 균으로 변하여 이 균을 먹으며, 이 것도 서로 윤회하면서 먹는다. 그대는 나를 먹고, 나는 그대를 먹으면서 서로 잡아먹으며, 어느 때 그칠 것인가? 바로 그대가 진정한 자유를 얻을 때이다. 진정으로 해탈하면 이러한 문제는 없어질 것이다.

사욕이 없어지면, 천리(天理)가 드러난다

　　도를 닦는 것은 시시각각 수행해야 하며, 일 초라도 게으름을 피울 수 없으며, 진지하게 수행하는 것이 또한 진실로 실천하는 것이다. 참선하는 사람은 한 번 참선하고 잠을 자서는 안 될 것이며, 정신을 차려 부지런히 자기의 화두를 조고(照顧: 마음으로 반조하여 새기는 것)해야 한다. 그대가 자기의 화두를 조고할 수 있고, 화두의 일념을 들 수 있으면, 만 가지의 생각이 놓아진다. 만 가지의 생각이 놓아지면 한 생각도 일어나지 않는데, 이것을 "한 생각이 일어나지 않으니 전체가 드러난다[一念不生全體現]"는 것이다.

그럼 한 생각이 일어나지 않으면 화두의 일념도 끊어지는 것인가? 아니다. 이것은 이 한 생각의 당체 상에서 일어나지 않고 멸하지 않는 것이다. 이 공부는 면밀하고 면밀하게 하여야, 생하지 않고 멸하지 않으며[不生不滅], 이 경계 상에서 선도 생각하지 말고 악도 생각하지 않으며, 남과 내가 모두 없어진다. 이때 법계와 하나로 합해진다. 즉 내가 곧 법계이고, 법계가 곧 나다. 법계가 비록 클지라도, 나는 법계와 비교하여 작지 않으며, 미진이 비록 작더라도 나는 미진보다 크지 않다.

이것은 "크지만 바깥이 없고, 작지만 안이 없다[大而無外, 小而無內]"라는 경계로서 그대가 이러한 경계에 이르러야 비로소 활연히 관통할 수 있다. "활연히 관통한다[豁然貫通]"는 것은 즉 갑자기 깨닫는 것이다. 그대가 이러한 경계에 이르려면 평소 열심히 노력해야 비로소 이러한 정도에 도달할 수 있을 것이다. 그대가 만약 노력하지 않으면 이러한 깨달음을 얻을 수 없을 것이다.

따라서 그대가 물을 마시고 싶으면 먼저 우물을 만들어야 한다. 비록 우물을 만들지는 못하더라도, 강물을 이용하여 마시려면 또한 반드시 수도관을 안장하여야 하며, 수도관을 설치하여야 비로소 물을 마시고 싶을 때 수도꼭지를 열면 물을 마실 수 있다. 당신이 만약 평소에 미리 수도관을 설치하지 않거나, 혹은 우물을 만들지 않으면, 물을 마시고 싶어도 쉽게 마실 수 없을 것이다.

수행도 이와 같아서 그대가 깨달으려고 하면 반드시 매일 수행해야 하며, 만약 수행하지 않으면 깨달을 수 없을 것이다. 그대가 말하기를 "나는 몇 년간 오래 수행했지만 왜 깨닫지 못합니까?"라고 한다면, 그것은 나에게 묻지 말고 그대 자신에게 물어보아야 한다.

왜 깨닫지 못하는가? 바로 그대의 망상이 아직 끊어지지 못했기 때문이다. 그대의 망상은 여전히 참된 생각으로 바뀌지 못했기 때문이다. 그대의 망상이 참된 생각으로 바뀌면 곧 깨달을 수 있을 것이다. 그대는 왜 바뀌지 못하는가? 즉 그대는 마땅히 간파해야 할 것을 간파하지 못하고, 놓아버려야 할 것을 놓지 못하기 때문이다. 사사로운 욕심이 뱃속에 가득차 있으면, 도덕을 담을 수 없을 것이다. 그대의 사욕(私欲)이 깨끗이 다하면 천리(天理)가 비로소 드러날 수 있을 것이다. 천리는 또한 자성(自性)으로서 자성이 비로소 드러나는 것이다.

그대는 왜 깨닫지 못하는가? 바로 그대의 탐하는 마

음, 성내는 마음, 어리석은 마음, 날뛰는 마음, 거친 마음 등 이러한 마음을 깨트리지 못하고, 아직 사사로운 마음, 이기적인 마음, 남을 해치는 마음, 자기를 이롭게 하려는 마음이 남아있기 때문이다. 이러한 마음이 많이 남아있는데 어떻게 깨달을 수 있겠는가? 그러므로 우리는 수행하면서 반드시 대승의 보살심을 발하여 자기는 손해보더라도 남을 이롭게 해야 한다. 보살의 발심은 중생을 돕는 것으로서 그가 중생을 돕는 것은 중생이 자기에게 보답하기를 바라는 것이 아니다. 보살은 이러한 마음이 없다. 보살은 오직 남을 돕지만 남이 자기를 돕기를 바라지 않으며, 단지 남을 이롭게 하되 남이 자기를 이롭게 하기를 바라지 않는다. 그러므로 그대는 대승의 보리심을 발하여야 비로소 깨달을 수 있고, 그대의 도덕이 비로소 존재할 수 있을 것이다.

도덕(道德)이라는 두 글자를 설명하자면, 도덕은 바로 천지간의 정기(正氣)이며, 천지의 생명으로서 우리는 사람마다 도덕을 닦기를 마땅히 밥을 먹듯이 해야 할 것이다. 사람마다 밥을 먹듯이 사람마다 반드시 수행해야 하고, 사람마다 도덕이 있어야 한다. 그럼 이 도덕은 어떻게 해야 생길 수 있는가? "도는 수행해야 하는 것이며, 수행하지 않으면 무슨 소용이 있는가?" "덕은 스스로 짓는 것이며, 짓지 않으면 어디에 덕이 생기겠는가?"

비유하면 어떤 사람의 부친은 발심하여 이 절을 지으려고 하는데, 이것이 덕행이 있는 것이다. 만약 발심하여 이 절을 짓지 않으면 덕행은 생기지 못한다. 그에게 다른 덕이 없다는 것을 말하는 것이 아니라 이 절을 짓는 덕은 없다는 것이다. 따라서 도덕이 가장 중요한 것이다.

공함[能空]과 공해지는 것[所空]도 공하다

　　오늘 나는 무슨 도리를 설명하려고 하는가 하면, 공
(空)을 설하려고 한다. 아무 것도 없는 것이다. 아무개
(果某)가 그가 올 때도 '아무 것도 없으며' 갈 때도 '아
무 것도 없다'고 말하였다. 내가 말하였다. 그대는 아
직 "아무 것도 없다"는 것이 하나 있네. 그대는 이런
"아무 것도 없다"는 것조차도 없어져야 할 것이다. 그
것이 바로 궁극의 경계이다. 그대에게는 아직 "아무 것

도 없다"는 것이 하나 남아있으니, 그것은 여전히 집착하는 것이 있으며, 집착하는 것이 있으면 아직 진정한 놓아버림이 아니다. 그러므로 가정에서도 괴로움이 있고, 밖에서도 문제가 있는 것이다.

만약 정말로 아무 것도 없게 된다면, 심지어 "없다"는 것조차도 없어지면, 그것이 근본적으로 "아무 것도 없다"라고 말할 수 없을 것이다. 그대가 "아무 것도 없다"는 것을 말하는 것은 여전히 하나의 "있음(有)"을 가지고 있으며, 하나의 있음이 있으면, 이것은 아직 "공함과 공해지는 것도 없는[空無所空]" 경지에 이를 수 없다. 정말로 아무 것도 없어지면, 자기의 신체도 없어져 내가 없어진다[無我].

이렇게 되면 마음조차도 없다. 안으로 마음을 찾아도 찾을 수 없어 무심(無心)이다. 바깥으로 이 형상을 찾아도 하나의 형상도 찾을 수 없다. 마음도 없고, 몸도 없으며, 멀리 산하대지와 집과 건물같은 것들도 없으며, 아무 것도 없다. 이미 아무 것도 없어졌는데, 그대가 만약 "나는 이것이 아무 것도 없다는 것이라고 안다"라고 말하면, 그대에게는 "안다"라는 것이 존재하여 아직 "아무 것도 없다"는 경지에는 이르지 못하였다.

그러므로 그대는 안으로 마음이 있고, 밖으로는 형상이 있으며, 멀리는 일체의 만물이 있게 될 것이다.

마음도 공하고, 몸도 공하고, 사물도 공하여 이 세 가지의 경계가 모두 공함을 깨달으면, 공의 궁극 즉 "공함과 공해지는 것도 없는" 경지에 이른 것이다. 비유하면 "아무 것도 없다"고 말하면, 이것은 소공(所空: 공해지는 것, 객관, 대상)이라고 한다. 그러면 그대가 없다고 느끼는 것은 능공(能空)이라고 부른다. 그대가 공함(能空)을 끊지 못하면 아직 "할 수 있는 자[能: 주관, 주체]"가 남아 있다. 그래서 이것을 공하지 않음이라고 한다. 그대가 만약 능공(能空)조차도 없어지면, 소공(所空)도 없어진다. 이것을 "능소가 함께 없어짐[能所雙亡]"이라고 한다.

그런 없음조차도 없어지면, 그때에 비로소 "묘하고 담적한 다라니를 지니어 흔들림이 없으신 세상에서 희유한 수능엄왕이 된다.[묘담총지부동존(妙湛總持不動尊), 수능엄왕세희유(首楞嚴王世稀有)]" 그대가 이러한 경계에 이르면 비로소 무량겁의 전도된 생각을 소멸할 수 있다. 그대가 이러한 경계에 이르면 비로소 "아승기의 겁을 지나지 않고 법신을 얻을 수 있다[不歷僧祇獲法身]". 따라서 이러한 경계에 그대가 공하지 못하면, 여전히 집착하는 것이 있으며, 집착하는 바가 있으면 우리의 대각, 진여불성(眞如佛性)을 원만히 할 수 없을 것이다.

생각 생각에 진리를 비추다

생각 생각에 진리를 비추고
마음 마음에 망념을 쉬어야 하네.
제 법성을 두루 관하니
더욱 한 법도 새로운 것이 없네.
念念照眞理, 心心息妄塵
遍觀諸法性, 更無一法新

우리는 도를 닦는데 있어서 생각 생각의 가운데에서 각조(覺照: 알아차리고 비춤)가 있어야 한다. 이러한 각조가 바로 반야(般若)이며, 이 반야의 지혜는 항상 밝은데, 이것을 "진리를 비춘다"라고 한다.

마음 마음에 망념을 쉬다[心心息妄塵], 우리의 이 마음, 도를 닦는 이 마음은 망상과 잡념을 쉬어야 한다. 망상과 잡념은 모두 일종의 먼지(번뇌)의 경계이고, 모두 오염된 법이다. 그대가 수행하면서 허망함[妄]을 제거하지 못하면 참됨[眞]이 드러날 수 없다. 따라서 "망념을 쉬어야 한다." 그대가 이 망념이 쉬고 멈추면, 참된 마음[眞心]도 드러난다.

진심이 드러나면, 이 진심은 결코 우리가 어떤 곳에서 얻어온 것이 아니다. 그래서 "제 법성을 두루 관하니"라고 말했는데, 그대가 모든 일체의 법성을 두루 관찰하니, "하나의 법도 새로운 법이 없고", 모두 본래 가지고 있던 것이다. 그대가 "그것은 새롭다"고 말한다면, 이것은 단지 그대의 생각에서 그것이 새로운 것이라고 말하는 것이지, 사실 법은 새로운 것도 없고 오래된 것도 없다. 그대가 새로운 것이라고 말해도 그것은 또 오래된 것으로 변한다. 따라서 "더욱 한 법도 새로운 것이 없다"고 하였다.

법에는 새롭고 오래됨이 없고, 늙고 젊음도 없으며, 길고 짧음도 없고, 희고 검음도 없으며, 옳고 그름도 없다. 이것은 본래 갖추고 있는 청정한 원류(源流: 근원의 흐름)이며, 본래부터 있던 천진한 불성(佛性)이다. 또한 육조(六祖)대사가 말씀한 것과 같다. "자성은 본래 움직이지 않음을 비로소 알았고, 자성은 만법을 생할 수 있음을 비로소 알았으며, 자성은 본래 청정함을 비로소 알았네." 바로 이러한 경계이다. 그대가 이러한 경계를 얻는다면, 옳음도 없고 그름도 없으며, 새로움도 없고 오래됨도 없다.

가장 웃기는 것은 미국에서 새로운 법이 나왔다는 것이다. 이 새로운 법은 들으면 재미있는 것 같은데, 실제로 불법을 이해하는 사람이 한 번 들으면, '아, 이것은 그야말로 자기가 자기의 뺨을 때리는 것이네!'라고 생각할 것이다. 참된 법에 어떻게 새로운 것이 있을까? 이것은 바로 어린애를 속이는 것이다. "애야, 너봐, 내 이것은 새로운 것이야!"

당신의 이 새로운 것이 또 어떻게 새로운 법인가? 그 어린애는 이해하지 못하고 말하기를 "아, 이것은 새로운 것이구나." 어른은 한 번 보고 그것을 안다. "아, 원래 그것은 오래된 것이고, 쓸모없는 것이며, 그가 지금 그것을 가지고 좋은 물건이고 쓸모 있는 것이라고 여기는군." 그래서 이 신법(新法)은 많은 사람들이 찾기를 원하며, 그의 그것은 반드시 같지 않은 것이라고 말한다. 그러나 이렇게 많은 해가 지나도록 새로운 것이라고 한 것도 또한 오래된 것으로 변하였다.

따라서 내가 말하기를 "그대가 새로운 것이 있다고 한 번 말하자, 곧 오래된 것으로 변하였다." 왜냐하면 이 새로운 법은 몇 년 새로워도 또 오래된 것으로 변하며, 장래 또 새로운 것이 나오면서 바뀐다. 이것을 신진대사(新陳代謝)라고 한다. 그대가 오늘 새롭다고 말하자 내일 그것은 낡은 것으로 변한다. 그래서 "제 법성을 두루 관하니, 더욱 한 법도 새로운 것이 없다."고 한 것이다.

지금 이 세계에는 새로운 것을 말하는데, 지금의 새로움은 바로 장래의 오래됨이며, 장래의 오래됨도 즉 지금의 새로움이다. 그러므로 새롭고 오래됨은 사람의 심리라고 할 수 있다. 우리 불교에서 말하는 도리는 가장 좋은 것이다. 말하기를 "그대가 불교를 믿으면 당연히 불교가 가장 좋은 것이라고 말한다." 당신이 불교를 믿지 않아도, 또한 반드시 불교가 가장 좋다고 말해야 하는데, 무엇 때문인가?

불교에서 말하는 것이 논리에 맞기 때문이며, 그대로 하여금 질문을 하여 말문이 막하게 하는 것이 하나도 없어 마치 말한 것이 "이루어지고 머물며 무너져서 공하게[成住壞空]"하기 때문이다. 누가 먼지가 낀 유리창에 썼는지는 모르지만, 그곳에 성주괴공(成住壞空)이라고 중국어로 쓰여져 있었는데, 이 글자를 쓴 사람은 아마도 반드시 약간의 깨달음이 있었거나, 그렇지 않으면 불법의 강의를 듣고 이것을 썼을 것이다. 우리가 지금 이 도량을 만드는 것은 이루는[成] 것이고, 다 완공되고 나면 장래 한동안 머물[住] 것이며, 오랫동안 머문 후 어느 때가 되면 무너질[壞] 것이고, 다 무너지고 나면 아무 것도 남지 않은 텅 빈[空] 상태가 될 것이다. 오백년 후 우리의 이 도량이 남아있을지 모르겠다. 혹은 천년 후에는 반드시 없어질 것이라고 나는 믿는다. 그 후 다시 새로 짓거나 하겠지만, 이것도 성주괴공(成住壞空)이다.

지금 스리랑카에서는 다시 "새로운 승가"가 출현하

였는데, "새로운 부처"가 출현하지 않은 곳이다. 이전에 제바달다가 새로운 부처가 되기를 원하였기 때문에 이미 지옥에 떨어져서 지금 어떤 사람이 감히 새로운 부처가 되기를 원하지 않는다. 무릇 불교도라면 석가모니부처님을 교주로 존중한다. 따라서 "새로운 승가"라는 이 명사는 사람의 생각을 바꾸고 동요하게 한다. 사람의 생각은 어떤 때는 좋은 방향으로 움직이지만, 어떤 때는 나쁜 방향으로 움직인다. 어떤 때는 수도하려고 하지만, 어떤 때는 도를 비방하려고 한다. 금생에 수도하려고 하면서 불평하는 생각을 팔식에 심는다면, 내생에는 불도를 비방하려고 한다.

그러므로 도를 비방하는 사람도 수도한 사람이며, 수도하는 사람도 이전에 도를 비방하던 사람이다. 지금 수행하고 수행하지 않는 것은 모두 시간의 문제이다. 어떤 사람은 금생에 수행하지 않지만 전생에는 수행하였고, 어떤 사람은 금생에는 수행하지 않지만 내생에는 수행할 것이다. 이것은 또한 절에서 봉사하는 것도 마찬가지다. 도를 닦는 데에도 팔만사천의 법문이 있는데, 각 사람은 단지 하나의 법문을 닦을 수 있으며, 일생 가운데 하나의 법문을 닦는다. 금생에는 이 법문을 닦다가 내생에는 다시 저 법문을 닦으며, 팔만사천 법문을 전부 닦으면 부처를 이룰 것이다.

"그것은 너무 많은데요."라고 말한다면, 그대는 하나의 법을 닦아도 된다. 단지 그대가 하나의 법을 닦아

원만하고 무루(無漏)의 경지에 이르면 그것도 또한 가능하다. 방금 말한 "마음 마음에 망념을 쉬어야 한다"라는 것은 그대의 망념을 쉬게 하고 망상을 짓지 않게 하며, 맛있는 것을 생각하지 않게 하고, 좋은 옷을 입으려고 생각하지 않게 하고, 좋은 집에 살려고 생각하지 않게 하고, 일체의 편안함을 생각하지 않게 하여 이러한 일체의 경계를 전변(轉變: 바뀌고 변하게 함)시키려는 것이다. 그러므로 좌선은 어떻게 해야 하는가? 바로 집착하는 것이 없어야 한다.

누가 나이며, 나는 누구인가?

태어나기 전에는 누가 나이며
태어난 후에는 나는 누구인가?
성장하여 성인이 되면 내가 있는 것 같은데
눈 깜짝할 사이 몽롱하여 다시 누구인가?
未生以前誰是我, 生我之後我是誰
長大成人似有我, 轉眼朦朧又是誰

미생이전수시아(未生以前誰是我) : 부모가 나를 낳기 전에는 누가 나인가? 나는 누가 온 것인가? 나는 혹은 개가 변하여 사람이 된 것인가? 혹은 고양이가 변하여 사람이 된 것인가? 혹은 쥐가 변한 것인가? 이 모두 일정하지 않은 것이다. 혹은 부처가, 혹은 어떤 보살이, 혹은 망상을 지은 어떤 아라한이 변한 것인가? 알 수 없다. 이것은 정말로 알지 못한다. 태어나기 이전에 누구인가?

생아지후아시수(生我之後我是誰) : 태어난 후에는 나는 또 마땅히 누구인가? 나는 다시 마땅히 어떻게 해야 하는가? 나는 이전의 나가 누구인지를 모른다. 그럼 지금

태어난 후 나는 또 누구인가?

장대성인사유아(長大成人似有我) : 성장하여 어른이 되면 수염도 나고, 키도 커진다. 20세 이후를 성인이라고 한다. 흐리터분하여 마치 내가 있는 것 같은데, 그러나 도대체 이 나는 어떻게 온 것이며, 어떻게 갈 것인지 아직 모른다. 따라서 얼떨떨하여 내가 있는 것 같기도 하고 없는 것 같기도 하다. 하지만 내가 누구인지를 모른다. 나는 누구인가?

전안몽롱우시수(轉眼朦朧又是誰) : 눈 깜짝할 사이에 마치 한바탕 꿈을 꾼 것 같다. 몽롱하다는 것은 명료하지 않다는 뜻이다. 내생이 되면 금생의 일을 또 잊어버린다. 본래 금생에 나를 거의 다 찾았는데, 머리가 몇 가닥 남지 않았을 때 나는 누구인지를 거의 다 알았지만, 잠을 자버렸다. 잠은 잤다는 것은 즉 죽었다는 뜻이다. 내생이 되면 나는 또 무엇이 될 것인가? 혹은 고양이로, 혹은 독수리로, 혹은 개로, 혹은 쥐로 변할 것인가? 이것은 그대가 무엇을 좋아하는가를 봐야 할 것이다. 그대가 만약 부처를 좋아한다면 내생에 불법을 수행할 기회가 있을 것이며, 보살을 좋아한다면 내생에 보살도를 행할 것이고, 망상을 짓는 아라한을 좋아한다면 그런 아라한이 될 것이다. 그대가 만약 말, 소, 양, 닭, 개, 돼지를 좋아한다면, 그대가 원하는 대로 될 것이다.

따라서 내가 말하는데, 그대가 사람의 일을 하면 사람이고, 부처의 일을 하면 부처이며, 보살의 일을 하면 보살이고, 아라한의 일을 하면 아라한이며, 귀신의 일을 하면 귀신이고, 축생의 일을 하면 축생이다. 그대가 힘써 악을 행하면 지옥에 떨어지고, 힘써 선을 행하면 천상에 오르는 것은 당연한 일이다. 그러므로 "누가 나인가?", "나는 누구인가?"는 분명하게 알기 어렵다.

정적광통달(靜寂光通達)

이 세계에는 왜 전쟁이 발생하는가? 사람들의 마음 속에 전쟁이 너무 많기 때문에 이 세계에 전쟁이 갈수록 많아진다. 마음속에서 일어나는 전쟁은 볼 수 있는 형상이 없는 전쟁이지만, 바로 이것이 원인이다. 바깥 의 전쟁은 마음속의 전쟁이 밖으로 드러나 사람과 사람의 전쟁, 가정과 가정의 전쟁, 국가와 국가의 전쟁으로 변하면서 이 전쟁은 할수록 더욱 커진다. 이 전쟁은 어디에서 오는 것인가? 바로 사람의 마음이 조성하는 것이다. 사람의 마음속에 전쟁이 많기 때문에 비로소 세계에 전쟁이 일어나는 것이다.

그래서 말하기를, "사람의 마음이 화평하면 천하가 안녕하고, 천하가 안녕하면 만국이 평화롭다." 당신이 만약 모든 국가가 평안하고, 세계가 평안하고, 법계가 평안하기를 원한다면, 우선 그대 마음을 평안하게 해야 한다. 마음이 평안하려면 어떻게 해야 하는가? 바로 참선하고 선정(禪定)을 닦아야 한다. 그대가 선정을 수습하면, 마음속에 본래 일어났던 전쟁이 없어진다.

선정을 수습하지 않으면 곧 망상을 짓게 된다. '아, 중국에서는 참선할 때 저녁에 만두를 먹는데, 이곳 미국에는 먹을 만두가 없으니, 무엇을 먹지? 아, 치즈를 먹을까, 시골 치즈가 괜찮지!' 좌선을 해도 앉아있지 못한다. '아, 치즈를 먹어야겠는데, 그렇지 않으면 공부가 잘 안 되고, 정에 들어갈 수 없을 거야. 치즈를 조금만 먹는다면 정에 들 수 있을 텐데.' 그래서 어떻게 해서 치즈를 얻었다. 이렇게 치즈의 문제가 참선하면서 참구한 것이다.

이 참선은 그대는 모르지만 쉽게 망상을 짓게 된다. 망상이 한 번 일어나면, 그대는 그것을 억제할 방법이 없다. '아, 안돼, 안돼, 안돼!' 그대는 어떻게 그것을 통제하려고 해도 통제할 수 없다. 이 날뛰는 마음이 한 번 발동하면 '당신이 나에게 이 물건을 먹지 못하게 어떻게 해도, 나는 지금 먹고 싶은데.' 여러분이 만약 믿지 못하겠거든, 우리 이곳 선배들에게 물어보면 될 것이다. 선배들은 이 길을 지나온 사람들이니까. 물어보면 그는 상세하게 설명해 줄 것이다.

좌선하려면 마음을 평안하게 하고 기를 가라앉혀야 이 망상을 통제할 수 있을 것이다. 그것을 통제하여 일어나지 않게 해야 한다. 근본적으로 그것이 일어나지 않게 하면, 아무 일이 없게 된다. 그대가 한 번 그것(망상)이 일어나게 하면, 그것은 마치 무엇과 같은가? 마치 산이 무너지는 것 같고, 또 마치 홍수가 나 제방이 갈라지는 것 같다. 제방이 터져 물이 파열하면 그대는 막을 방법이 없다. 이것은 즉 그대가 평소 망상을 짓지 않게 하기 때문에 그것은 망상을 짓지 않으나, 한 번 망상이 일어나면 더욱 대단하다. 마치 말[馬]과 같아서 그대가 말을 우리 속에 가두면 얌전하나, 일단 그대가 조심하지 않아서 문이 열리면 그는 뛰쳐나간다. 뛰쳐나가서 뒷 발차기를 하고 앞발을 치켜들면서 다시 잡으려고 하면 감당할 수 없다. 이것은 왜 그런가 하면, 우리 속에 갇혀있는 시간이 오래되어 밖에 나가면 힘껏 이리 뛰고 저리 뛰려고 하는 것이다. 사람의 마음도 그런 말과 비슷하다.

그러므로 우리는 이 마음을 평안하게 안정시켜야 진정한 청정에 이를 수 있으며, 이런 청정을 얻으면 마치 "천 개의 연못 물에 천 개의 달이 비치고, 만리의 하늘에 구름이 없어 만리의 하늘이 보이네.[千潭有水千潭月, 萬里無雲萬里天]"와 같은 경계이다. 그대는 이때 마치 맑은 바람이 서서히 불어오는 것 같고, 물의 파도가 일어나지 않는 듯 하다. 그대의 마음에 망상이 많으면 마치 물의 파도와 같다. 이러한 점으로부터 그대는 앞의 원인과 뒤의 결과가 어찌 된 일인지를 알게 될 것이다. 이것은 반드시 숙명통을 얻어야 비로소 알 수 있다고 말하면 안 된다. 숙명통을 얻으면 당연히 알 수 있지만, 숙명통을 얻지 못해도 알 수 있는 방편 법문을 지금 그대에게 가르쳐준다.

우리의 과거의 생각은 즉 전생이고, 현재의 생각은 금생이며, 미래의 생각은 내생이다. 그대가 만약 이런 도리를 이해하면, 이 일생 가운데 삼생(三生)을 갖추고 있음을 알 것이다. 만약 이해하지 못하면 이 한 생도 태어나지 않은 것이다. 왜냐하면 이해하지 못하기 때문에 헛되이 사는 것이며, 이 생이 조금의 의의도 없기 때문이다.

그러므로 우리는 수행해야 하며, 어떻게 수행해야 하는가? 어떻게 하든 모두 수행이다. 그대가 만약 열심히 공부한다면, 어떻게 해도 모두 수행이다. 그러나 열심히 하지 않으면 어떻게 해도 모두 망상을 짓는 것이다. 그대는 이곳에서 앉아있는 것을 수행으로 여긴다면, 이미 망상을 짓는 것이다. "나는 명상을 하고 있

다"고 말한다면, 이미 그것은 망상이며, 상(相)에 집착
한 것이다.

　오늘 어떤 사람이 관세음보살의 이근원통(耳根圓通)과
반문문자성(反聞聞自性)의 법문을 묻길래 법문시간에 설
명하겠다고 말하였다. 당시 바로 그에게 답을 하지 않
은 것은 이 문제는 매우 복잡하기 때문이다. 즉 마치
방금 우리의 마음속에 전쟁을 말했는데, 반문(反聞)이란
바로 반청(反聽)이며, 또한 반관(反觀), 즉 회광반조라고
도 말할 수 있다. 또한 〈반야심경(般若心經)〉에서 "관자
재보살이 깊은 반야바라밀다를 행할 때 오온이 모두
공함을　조견하였다.[觀自在菩薩行深般若波羅蜜多時,　照見五
蘊皆空]"고 하였는데, 이것은 반문문자성(反聞聞自性)이라
고 한다.

　그러면 이 자성을 그대는 잘 관찰해 보라, 그 속에
무슨 전쟁이 일어나는지? 그대는 회광반조하여 반야의
지혜로 그것을 비춰서 모든 어둠을 비춰 깨트리면, 이
것도 반문문자성(反聞聞自性)이라고 한다. 그대의 자성은
청정하여 오염이 없는 것이나, 그대의 이 마음은 오염
된 것이다. 이 마음은 진심(眞心)을 말하는 것이 아니고
연려심(緣慮心)을 말하는데, 반연하고 사려하는 마음이
다. 이 마음은 마치 원숭이가 하루 종일 위로 뛰고 아
래로 뛰어다니듯이 얌전하지 못하다. 우리 사람의 마음

도 그와 같다.

지금 반문문자성(反聞聞自性)을 설명하는데, 한 사람을 놓고 그 사람의 마음을 보고, 그 사람의 본성을 보면, 그 사람의 마음이 본성으로 돌아가려는 것을 본다. 본성은 부동(不動)하고 마음은 움직인다. 본성은 고요한 것이며, 고요함이 극에 이르면 광명이 나타난다. 그대가 돌이켜 듣고 자성을 들으면[反聞聞自性], 광명이 통달하게 되는데, 이것이 바로 "본성이 무상의 도를 이룬다[性成無上道]"는 것이다.

이 반문문자성(反聞聞自性)은 즉 관세음보살이 닦은 회광반조의 공부로서 자기에게서 구하는 것이다. 그대가 자성 속에 탐심, 진심(瞋心), 치심(癡心)이 있는지 없는지를 들어보라. 만약 있으면 이것은 삼독이고, 없으면, 이것은 바로 세 가지 무루학(無漏學)으로서 계정혜로 변한다. 이것이 반문문자성(反聞聞自性)의 개략적인 뜻으로서 나는 오늘 간단하게 설명하였다.

생사는 자기가 주재해야 한다

석가모니부처님께서 파사닉왕에게 물었다. "그대가 어렸을 때와 지금 60여 세가 되었을 때와 비교하여 갠지스강을 보면 그 모습이 바뀐 것이 있습니까?"

파사닉왕이 말하였다. "바뀐 것이 없습니다. 제가 어렸을 때 본 갠지스강이나 지금의 모습이나 변함이 없습니다."

사실 이 갠지스강도 변하는 것이나, 사람이 변하는 것을 느끼지 못할 뿐이다. 그 강도 물길이 남쪽으로 이동하든지 북쪽으로 이동한다. 우리 사람은 갠지스강이 아니기 때문에 변하지 않는다고 느끼며, 더욱 매일 그 강을 보면 그것이 변하는 것에 주의하지 않는다. 세계에서 갠지스강이 변할 뿐 아니라 심지어 천지도 변한다.

이 천지는 어떻게 변하는가? 지진이 일어나면 곧 땅이 변한다. 그럼 하늘은 어떠한가? 하늘의 변화도 갠지스강과 마찬가지로 사람들이 느끼지 못한다. 천지는 하나의 큰 생물이고, 사람은 작은 생물이다. 마치 땅 위에 강이 흐르고, 바다가 있는 것과 같이 우리의 몸에 혈액이 흐르는 것과 같은 것이다. 우리 몸의 머리는 산과 같고, 바다와 강은 혈맥, 진액과 같다. 사람도 변하고 천지도 변하며, 만약 그것이 변하지 않으면 파괴되지 않을 것이다. 따라서 "성주괴공(成住壞空)"을 말하는데, 천지도 성주괴공이 있는 것이다. 하지만 천지가 파괴되면 다시 천지가 생겨난다. 이 세계가 없어지면 저 세계가 출현한다.

우리 이 세계에서 당신은 알 수 있을 것이다. 어떤 국가가 망하여 없어지면 다른 새로운 국가가 생겨나 그 위에 다시 사람들이 모여 새로운 국가가 나타난다. 하지만 당신이 주의깊게 관찰하지 않으면 그 변화를 느끼지 못한다. 당신이 만약 주의해서 관찰해 보면, 세상의 모든 것은 변하는 것이며, 모두 성주괴공(成住壞空)의 네 단계를 거치면서 변화하는데, 그대는 이런 도리를 이해해야 한다. 우리 사람은 생로병사하고 생주이멸(生住異滅)하면서 변화한다. 우리 인생은 이 몇 십년

이 긴 시간이라고 느끼지만, 사실 이 시간도 길고 짧은 것이 없으며, 단지 사람의 느낌일 따름으로서 그대가 길다고 느끼면 긴 것이고, 짧다고 느끼면 짧은 것이다.

이전 중국 당나라 시기 순우분(淳于棼)이라는 사람이 있었다. 그는 산동 지방에 살았는데, 그의 문 앞에 홰나무 한 그루가 있었다. 이 사람은 자주 술을 마셨으며, 술에 취하여 홰나무 아래에서 잠을 잤다. 어느 날 하루 잠을 자다가 꿈을 꾸었다. 무슨 꿈을 꾸었는가 하면, 꿈속에서 두 명의 관리가 그를 청하여 어느 곳으로 데리고 갔다. 어떤 곳인가 하면 괴안국(槐安國)이었다. 그곳에 가서 국왕을 만나자 왕은 그를 환대하고 매우 좋아하였다. 그래서 공주를 그에게 시집보내 부마가 되었다. 그를 남가군(南柯郡)에 파견하여 군수로 삼았다. 마치 지금의 성장에 해당한다. 그는 그곳에서 20여년 간 관리를 하면서 3명의 아들과 2명의 딸을 낳았다. 국왕을 그를 특별히 좋아하여 무슨 일이 있으면 그를 불러 상의할 정도로 신임이 두터웠다. 그의 부귀영화가 극에 다다랐다고 할 수 있다.

그러나 좋은 상황은 오래가지 못하였다. 공주, 즉 그의 부인이 병이 죽었으며, 죽자 부인을 반룡강이라는 곳에 묻었다. 그 후 그는 곧 조정으로 돌아갔으나, 왕은 그를 이전과 같이 그렇게 잘 대하지 않았다. 그러 나 자주 그의 좋고 나쁜 점을 이야기하고 그의 잘못된 점을 말하는 사람이 있게 되었다. 또한 다른 나라에서 반란을 일으켜 그는 군대를 이끌고 평정하러 가서 이 기고 돌아왔다. 그러나 왕은 여전히 그를 믿지 못했으 며, 그를 잡아 참수하려고 하였다. 참수하려고 칼이 그 의 목을 치려는 찰나, 그는 꿈에서 깨어났다.

꿈에서 깨어나자 그는 꿈속에서 겪었던 곳을 찾아갔 더니, 원래 이 괴안국이라는 곳은 바로 홰나무였으며, 그 나무 남쪽에 개미굴이 하나 있었다. 개미들 가운데 왕이 있고, 개미왕은 네 마리의 개미가 앞뒤로 호위하 고 있었는데, 그는 이 개미를 보고 '아, 원래 이것이 바로 괴안국왕이었구나!'라고 생각하였다. 그는 생각하 기를 '아, 이 인생은 정말로 한바탕의 꿈이구나! 이 모 든 것은 성주괴공(成住壞空)하니 탐하고 미련을 가질 것 이 하나도 없구나! 아, 내가 꿈을 꿀 때는 20여년 동 안 관리가 되어 아들, 딸 낳고 잘 살았는데, 지금은 모 두 없어지고 공으로 변했구나!' 그래서 그는 출가하여 스님이 되어 도를 닦았다. 수도한 이후로 그는 다시는 꿈을 꾸지 않았다.

따라서 내가 항상 말하지만, 인생은 바로 꿈을 꾸는 것과 같은 것이다. 하지만 이것이 꿈을 꾸는 것이라고 아무리 말해도 그대는 믿지 않는다. 그대가 꿈을 깨야 꿈이라는 것을 알 수 있을 것이다. 마치 이 순우분이라는 사람이 꿈을 꾸면서 부마가 되고 태수가 되고, 적국과 전쟁을 할 때에도 그는 그가 꿈을 꾸고 있다는 사실을 몰랐다. 국왕이 그를 죽이려고 할 때 비로소 그는 꿈에서 깨어났다. 꿈에서 깨어나자 그는 인생을 간파(看破)하고 놓을[放下] 수 있었으며, 이 모든 것이 허망하고 거짓이라는 것을 알게 된 것이다. 일체가 거짓이라는 것을 알자, 집착함이 없어졌다.

그러나 거짓된 속에 또한 참된 것이 있다. 무엇이 참된 것인가? 우리의 자성(自性)이 비로소 참된 것이며, 자성은 마땅히 스스로 닦아 스스로 깨닫는다. 자기 스스로 수행을 하는 것은 바로 명심견성(明心見性)하려는 것이다. 어떠한 것을 명심견성이라고 하는가? 마음이 밝은 사람은 어떤 일을 하든지 곤란하지 않으며, 견성한 사람은 근심을 모르고 두렵지 않다. 지진이 와도 걱정하지 않고, 이 생과 사를 근심하지 않고 두려워하지 않으니, 그는 삶과 죽음을 같은 것으로 본다.

"생사에 자유롭고, 운명과 목숨을 내가 주재한다.[生死自由, 性命由我]" 살기를 원하면 살고, 죽기를 원하면 죽는다는 것은 "생사에 자유롭다"는 말이다. 성명유아(性命由我)란 것은 어떠한 것인가? 사람의 이 운명과 목숨을 사람은 자기가 주재(主宰)하지 못한다. 어째서 주재하지 못하는가? 사람은 태어나 어려서 장년이 되고,

장년에서 늙으며, 늙어서 죽는데, 하루하루 변천하고 하루하루 같지 않다. 마치 나무가 자라는 것처럼 생장을 시작하면서 자라고 무성하게 된다. 그렇게 세월이 많이 흐르면 늙어 죽는데, 나무도 오래되면 천천히 고사하기 시작한다. 그러나 왜 그렇게 되는지는 모른다. 사람도 그렇게 되어가지만, 왜 그렇게 되는지 모르고, 자기가 주재하지 못한다.

그대가 도를 닦아 만약 명심견성하면 그대는 진정으로 생사에 자유롭게 되며, 그래야 비로소 진정으로 생사를 주재할 수 있다. 만약 생사에 자유로운 경지에 이르지 못하면, 어째서 태어나고 어째서 죽는지를 모른다. 오늘은 이것을 두려워하고 내일은 저것을 겁내며, 보관한 돈이 도둑맞을까 근심하고 집이 불에 탈까를 걱정하면서 언제나 두려워하고 겁내는 마음이 있게 된다. 이것이 바로 진정한 주재를 얻지 못한 것이다. 진정한 주재를 얻게 되면, 아무 것도 두렵지 않고, 아무런 괴로움도 없게 된다. 이것이 우리가 수도하여 명심견성하고, 진정한 자유를 얻으려고 하는 목적이며, 이때 비로소 인생은 꿈을 꾸는 것이 아니다. 오케이, 여러분이 꿈을 꾸고 싶다면 꿈을 꾸러 가고, 꿈을 꾸기를 원하지 않으면 깨어나라.

생사를 마치지 못하는 것이 병이다

　어떤 노스님이 말하였다. "우리 사람들 모두 큰 병을 가지고 있으므로 비로소 선원에 와서 참선한다." 그분이 말하는 것은 무슨 병인가 하면 "생사의 큰 병"이다. 지금 그분은 왕생하였지만, 만약 그가 왕생하지 않앉으면 이곳으로 왔을 텐데, 그랬으면 내가 반드시 당신의 말이 맞지 않다고 반박했을 것이다. 하지만 그는 이미 왕생하여 지금은 관여할 필요가 없을 것이다. 그의 말에 왜 반박하려는가? 이 생사를 그는 큰 병이라고 말하였는데, 생사는 근본적으로 병이 아니다.

무엇이 병인가? "생사를 마치지 못하는 것이 비로소 병이다." 그대가 만약을 생사를 마치면 곧 병이 없다. 따라서 당신은 생사가 병이라고 말할 수 없으며, 생사를 마치지 못하는 것이 병인 것이다. 마치지 못하기 때문에 비로소 생이 있고 죽음이 있다. 마치면 생(生)도 없고 사(死)도 없다. 그러면 왜 생사를 마치지 못하는가? 즉 무명(無明) 때문이다. 무명이 있으므로 비로소 생사가 있으며, 무명이 없으면 생사가 없다. 그러므로 생사가 큰 병이 아니라, 무명이 큰 병이라고 말할 수 있다.

지금 이곳에 와서 불법을 배우는 사람은 각자 모두 회광반조하여 자기에게 물어야 한다. "이 무명이 어떠한가? 깨달았는가, 깨닫지 못했는가?" 그대가 무명을 깨달았으면 생사를 마쳤다고 할 것이고, 깨닫지 못했으면 생사를 마치지 못한 것이다. 생사를 마치지 못하면 육도에서 윤회할 것이고, 생사를 마치면 원만한 대각으로 변할 것이다. 우리가 원만한 대각을 성취하려면 무명을 따라가지 않아야 하고, 육도윤회에 구르지 않아야 할 것이다.

그러므로 지금 우리가 생사를 마치려거든 진지하게 수행하고, 착실하게 수행할 것이며, 대충대충 수행하면 안 되고, 시시각각 느슨해지지 말아야 할 것이다. 반드시 무명을 깨트려 법성이 드러나도록 해야 한다. 법성이 드러나는 그때 그대의 본래 갖추어진 반야지혜도 구족될 것이다. 그대가 본래 가진 반야지혜가 이미 구족되면, 그때 모든 번뇌도 없어지고, 모든 괴로움도 없어질 것이다.

지금이 바로 무명이 우리를 찾아 해치려고 하는데, 어떤 때는 머리 맑다가 어떤 때는 머리가 흐리멍덩하여 아무 것도 이해하지 못한다. 심지어 오역죄도 저지르려고 시험하니, 이것은 바로 무명에 덮여있기 때문이다. 이 무명은 탐하는 마음이 대단하여 그것을 얻지 못하면 얻으려고 하며, 이미 얻었으면 또 잃어버릴까 걱정한다.

이전에 이런 사람이 있었는데, 이 사람의 탐심이 어떠했는가? 그는 농사를 지었는데, 밭을 갈다가 밭 속에서 한 분의 금으로 만든 나한상(羅漢像)을 발견하였다. 그는 이 나한상을 얻고는 어떻게 했는가 하면, 쇠로 된 망치를 가지고 나한의 머리를 두드리면서 "어이, 어이, 당신들 17분의 나한은 어느 곳에 있는가? 말해

봐, 17분의 나한은 어디에 있는가?" 그는 하나의 금으로 만든 나한상을 얻어도 만족하지 못하고 17개 나한상을 더 얻으려고 생각하였다. 그래서 마침 나한상의 머리를 두드리고 있을 때 한 무리의 토적들이 와서 그 나한상을 빼앗아 가버렸다. 그러면서 그에게 말하기를 "그 17개 나한상은 우리에게 있어! 너와는 인연이 없어, 이 하나는 당신이 훔쳐온 것이지." 여러분 생각해 보세요. 그가 만약 탐하는 마음을 내지 않고 금 나한상을 거두고 나한상의 머리를 두드리지 않았으면, 그는 큰 돈을 벌지 않았겠는가? (이 나한상의 크기는 대략 높이 30센티미터, 폭 15센티미터 정도 되었음)

우리 불법을 배우는 사람은 시시각각 자기를 성찰해야 하며, 이것은 또한 회광반조하는 것이며, 크게 참회하고 부끄러워하는 마음을 내는 것이다. 나는 왜 보리심을 발하지 못하는가? 나는 왜 수행하려는 마음을 내지 않는가? 나는 왜 다른 사람이 보리심을 발하는 것을 질투하는가? 나는 왜 다른 사람이 수행하려는 마음을 질투하는가? 항상 참괴심(慚愧心)을 내야 할 것이다.

왜 남들은 경을 읽는데 나는 읽지 않는가? 왜 남들은 다라니를 독송하는데 나는 독송하지 않는가? 왜 남들은 절을 하는데 나는 절하지 않는가? 항상 회광반조해야 한다. 그대가 회광반조하면 이것이 바로 자성이 항상 지혜를 내는 것이고, 이것이 바로 자성이 항상 청정한 것이고, 이것이 바로 자성이 본래 동요하지 않은 것이다. 그대가 이렇게 할 수 있으면 비로소 가치를 알 수 없는 보배구슬이 밖에서 얻는 것이 아니라 그대 자신에게서 얻는 것임을 알 것이다. 자신이 수행하지 않으면 이 보배구슬을 얻을 방법이 없으며, 자신이 보리심을 발하지 않으면 무상의 깨달음을 성취할 방법이 없다.

그러므로 언제나 정진심을 내고, 보리심을 발해야 한다. 정진하지 않을 때 자기는 왜 나는 정진하지 않는가를 생각해 봐야 한다. 아, 정진하지 않기 때문에 육도의 윤회 속에 있으면서 무량겁으로부터 지금까지 쉬지 않고 윤회하고 있구나. 오늘 발심하여 수행하지만, 내일이면 또 게으름을 낸다. 이 시간에는 정진심을 내지만, 저 시간에는 또 게으름을 낸다. 그래서 이러한 게으른 마음을 각성해야 한다. 이 게으름 때문에 깨닫지 못하고, 깨닫지 못하기 때문에 미혹하며, 미혹하니 가련한 것이다.

그럼 자기가 수행하지 않으면, 또한 다른 사람의 수행을 방해하지 말아야 한다. 자기가 보리심을 발하지 않으면 또한 다른 사람이 보리심 발하는 것을 장애하지 않아야 한다. 보리심을 발하는 것은 사람마다 모두 발해야 하며, 사람마다 모두 수행해야 한다. 그리고 보

살심도 발해야 하는데, 보살심은 자기도 이롭게 하고
남도 이롭게 하는 것으로서 내가 보살심을 발하면 남
도 보살심을 발하길 희망하고, 자기가 수행하면 남도
수행하길 바라야 한다. 왜냐하면 남과 나는 같기 때문
이다. 이것은 또한 내가 즐거움을 얻으면 다른 사람도
즐거움을 얻기 바라는 것이다. 내 한 사람 생사를 마
치고 자기만 돌보는 사람이 되어서는 안 될 것이다.
대승의 보리심을 발하고, 보살심을 발한 연후에 비로소
보살의 열매[菩薩果]를 맺을 수 있다. 보살과는 무엇인
가? 바로 부처의 과[佛果]이며, 부처의 과도 즉 보살의
과이다.

　여러분 중에서 〈유마경(維摩經)〉을 보지 못한 사람은
모를 것이다. 만약 〈유마경〉을 본 사람은 그 속에서
말하는 도리가 매우 묘함을 알 것이다. 그대가 수행을
할 때 만약 계율을 수행하면 보리의 과를 성취할 때,
계율수행을 좋아하는 중생이 그 국토에 와서 태어나[來
生其國] 당신과 친구가 된다. 만약 인욕 닦기를 좋아하
면 보리의 과를 원만히 성취할 때 인욕을 닦는 중생이
그 국토에 태어나 당신과 친구가 된다. 무엇 때문인
가? "사람은 무리로써 모인다[人以類聚]"고 한다. 당신과
성향이 같은 사람들이 당신의 국가에 태어난다. 당신과
성향이 다른 사람들은 오지 않을 것이다.

　그대가 만약 인지(因地)에서 보시를 전문적으로 닦으
면 보리의 과를 원만히 이룰 때 보시의 마음을 닦으려

는 중생이 그대의 국가에 와서 태어나 그대의 백성이 되거나 친구가 된다. 인지에서 정진의 행문을 닦으면 불과를 성취할 때 시방에서 정진을 닦는 중생이 그 나라에 와서 태어난다. 그대가 선정을 닦아 성불하면 선정을 닦거나 선정을 닦으려는 마음을 발한 시방의 일체중생이 그대의 국가에 와서 태어나며, 만약 반야의 법문을 닦아 불과를 성취하면, 장래 시방세계에서 반야를 닦는 중생이 와서 당신의 국가에 태어나 당신을 따라 반야법문을 배운다.

따라서 그대가 인지에서 어떤 수행문을 닦으면 장래 과지(果地)에 이르렀을 때 그와 같은 과보를 얻게 된다. 그러면 그대가 인지에서 어지럽게 닦는다면, 즉 오늘은 보시를 수행하고 내일은 지계를 닦으며, 모레에는 인욕을 수행하는 것과 같이 하나를 전문적으로 닦는 것이 아니라 여러 행문(行門)을 어지럽게 닦는다면, 하나의 행문도 전일하게 수행하지 못하여 그 행문의 삼매를 얻지 못하고 성취하지 못할 것이다.

날뛰는 마음을 쉬면, 쉼이 바로 깨달음이다

　선지식이여! 부처님께 말씀하시기를 "일체중생은 모
두 불성을 가지고 있으며, 모두 부처가 될 수 있다."라
고 하였는데, 어떠한 종류의 중생도 성불할 수 없는

중생은 없으며, 또한 모든 중생은 성불의 기회를 가지고 있다. 왜 성불하지 못하는가? 바로 망상이 있고, 집착이 있기 때문이다. 이 망상은 얻지 못한 것은 얻으려고 하고, 이미 얻은 것은 잃어버릴까 걱정한다. 이러한 망상은 쉴 수가 없어 사람으로 하여금 취생몽사(醉生夢死)하게 하고, 흐리멍덩하게 일생을 보내게 한다.

사람은 일생에 도대체 무엇을 얻는가? 하나도 얻는 것이 없으며, 빈손으로 와서 빈손으로 간다. 비록 살아있을 때 부귀, 영화, 공명, 이익을 마치 참된 것같이 느끼지만, 무상(無常: 죽음)이 자기에게 이르렀을 때는 정말로 거짓된 것으로 변하며, 거짓된 것은 더욱 실재하지 않은 것이다. 따라서 취생(醉生)이라고 말하는데, 살았을 때 마치 술에 취한 것 같다는 것이다. 몽사(夢死)란 죽을 때 마치 꿈을 꾸는 것 같다는 뜻이다.

그래서 소위 이렇게 말한다. "물고기는 물속에서 뛰어다니고, 사람은 세상에서 시끄럽네. 착한 덕은 지을 줄 모르고, 부끄러운 마음으로 죄업을 짓네. 금과 은이 산처럼 쌓였어도, 눈 깜짝할 사이에 전부 잃어버리고, 빈손으로 염라왕을 만나면 후회하며 눈물을 흘리네."

그러나 이때에는 후회해도 소용이 없다. 그럼 어떻게 해야 소용이 있는가? 살아있을 때 이 인생이 꿈과 같고 환화(幻化)와 같음을 알아야 한다. 마치 연극, 영화와 같아서 실재하는 것이 아무 것도 없다. 모든 것이 실재함이 없다고 알아야 하며, 그러면 집착하는 것이 없고, 집착함이 없으면 그대의 날뛰는 마음은 쉬어질 것이다.

무엇이 날뛰는 마음[狂心]인가? 명예를 구하는 마음, 이익을 구하는 마음, 이러한 갖가지의 탐하는 마음을 날뛰는 마음이라고 한다. 그대가 만약 날뛰는 마음을 쉴 수 있으면, 이것이 바로 보리심(菩提心: 깨달음)이다. 이 보리심과 날뛰는 마음은 둘이 아니며, 그대가 놓아버리면 보리심이고, 놓아버리지 못하면 날뛰는 마음이다. 이 날뛰는 마음을 사람들은 아직 이해하지 못하는데, 또한 정신병이 없는데도 정신병을 내려고 하는 모양이다. 또한 지금 어떤 청년들은 결점이 없는데도 스스로 결점을 찾으려고 한다. 술을 마실 줄 모르는 사람이 남들이 술마시는 것을 보고 따라서 술을 마시려고 하며, 담배를 피울 줄 모르는 사람이 남이 담배 피우는 것을 보고 그들을 배워 담배를 피운다. 본래 규칙을 잘 지키는 아이가 다른 아이가 규칙을 지키지 않는 것을 보고 배워서 규칙을 지키지 않는다. 이러한 것들을 날뛰는 마음이라고 한다.

그러므로 "주사를 가까이하는 자는 붉어지고, 먹을 가까이하는 자는 검어진다.[近朱者赤, 近墨者黑]"고 한다. 그대가 어떤 사람과 같이 있으면 그러한 사람의 모습으로 변해가는 것이다. 그래서 소위 "선은 한 알이나, 악은 한 무리이며, 사람은 자기와 같은 사람을 찾는다."고 한 것이다.

방금 날뛰는 마음과 보리심이 하나라고 말했는데, 그러면 왜 하나가 또 두 개의 명사가 되었는가? 그대가 미혹할 때는 날뛰는 마음이고, 그대가 깨달을 때는 보리심이기 때문이다. 보리심과 날뛰는 마음은 본래 하나다. 우리 사람은 놓지 못하는데, 집착이 생하면 날뛰는 마음이고, 놓아버려서 집착이 없으면 바로 보리심이다. 결코 보리심 밖에 다른 날뛰는 마음이 있는 것이 아니며, 또한 날뛰는 마음 밖에 다시 보리심이 있는 것이 아니다. 이렇게 말하면, 어떤 사람은 이런 도리를 믿지 못하고 이렇게 말할 것이다.

"날뛰는 마음은 날뛰는 마음이지, 보리심을 어째서 날뛰는 마음이라고 말할 수 있습니까? 만약 날뛰는 마음을 말한다면, 보리심이라고 말할 수 없으며, 만약 보리심이라고 말한다면, 날뛰는 마음이라고 말할 수 없습니다."

그대의 견해는 맞다, 그대가 이곳에 법을 들으려고 온 것이 이상한 것은 아니지. 그대가 만약 이러한 지혜가 없었으면 이곳에 법을 들으려고 오지 않았을 것이며, 또한 법을 들을 기회가 없었을 것이다. 왜냐하면 그대가 말하는 것이 옳기 때문에 나는 지금 그대에게 상세하게 설명하는 것일세. 그대는 이런 도리가 그대의 논리에 맞으면 믿고, 맞지 않으면 우리는 다시 연구하고 연구해야 할 것이다.

무슨 논리인가? 나는 그대에게 하나의 예를 들고자 한다. 어떤 한 사람이 있다고 하자, 이 사람을 장삼(張三: 장씨 집의 셋째 아들)이라고 부르거나, 혹은 이사(李四: 이씨 집의 넷째 아들)이라고 부를 수 있다. 가령 이 한 사람이 일생에 살생을 좋아하여 사람을 죽여 감옥에 들어가게 되었다. 몇 년간 감옥에서 지내다가 출소한 이후부터 개과천선하여 그는 다시 사람을 죽이지 않고 도처로 다니면서 곤란한 사람을 돕고 구하며, 다시는 해치지 않았다. 전에는 악인이었다가 지금은 선인으로 변하였는데, 같은 한 사람이지만 그의 행위가 같지 않은 것이다. 하지만 여전히 그 사람이다.

이 날뛰는 마음과 보리심도 같은 이치다. 그대가 이해하여 법에 맞지 않는 일은 짓지 않는 이것은 보리심이며, 그대가 이해하지 못하여 법에 맞지 않는 일을 힘써 짓는다면, 이것은 날뛰는 마음이다. 따라서 우리는 좋은 사람이 되려고 생각하면 날뛰는 마음을 내려놓아야 한다. 그렇지 않고 좋은 사람이 되려고 생각하지 않으면 자기가 하고 싶은 일을 하는 것이다. 하지만 언젠가 과보가 올 때는 여전히 스스로 받아야 한다. 즉 "인연이 모일 때 과보는 여전히 자기 스스로 받아야 하네.[因緣會遇時, 果報還自受]"

지금 매우 동요하고 불안한 시국이다. 사실 이 시국이 동요하고 불안한 것이 아니라, 사람의 마음속이 동요하고 불안하기 때문에 이 세계도 동요하고 불안하게 된다. 우리의 마음이 평안하면 세계도 평안하다. 마음은 어떻게 해야 평안한가? 바로 불법을 배워야 한다. 그대가 불법을 배워 진리를 이해하면, 곧 탐하는 마음, 성내는 마음, 어리석은 마음이 없어질 것이다. 탐진치(貪瞋痴)가 갈수록 적어지면, 계정혜(戒定慧)는 갈수록 많아져서 그대의 마음속은 곧 평안해질 것이다. 그대는 왜 평안하지 못하는가? 그렇게 큰 지혜가 없기 때문이다. 큰 지혜가 없기 때문에 자기가 지혜가 없음을 인정하지 않으며, 자기는 어떠한 사람보다 지혜가 높고 크다고 생각한다.

평상심이 도다

"무정한 세월은 증가하는 가운데 감소하고, 유익한 불법은 쓰디쓴 후에 달다." 무엇이 가장 무정한가? 시간이 가장 무정하다. 시간은 당신이 누구인가 불문하고 봐주지 않으며, 시간을 멈출 수 없으며, 당신과 한때만 만날 수 있다. 오늘이 지나가면 당신이 다시 오늘을 찾아도 없고, 곧 내일이다. 그리고 그대의 나이가 증가하면, 그대가 죽을 시간, 즉 당신이 이 세계에 남을 시간은 감소한다.

이 불법은 가장 유익한 것이지만, 먼저는 쓰고 뒤에

는 달다. 그대는 먼저 힘든 수행을 해야 한다. 무슨 힘든 수행을 하는가? 무슨 수행을 해도 괜찮다. 그대가 밥을 먹지 않는 고행을 닦으려면, 밥을 안 먹는 것을 시험할 수 있으며, 옷을 입지 않는 고행을 하려면 옷을 입지 않을 수 있다. 옷을 입지 않고 거리에 나가면 사회의 질서를 어지럽힌 죄로 경찰이 그대를 잡을 것이다. 이것은 옷을 입지 않는 것이 아니라 좋은 옷을 입지 않는 것이다. 지금 미국에는 많은 사람들이 이런 고행을 하고 있는데, 멀쩡한 옷에 구멍을 내어 입고 다니는 것이 유행이다. 이것은 고행이라고 할 수 없을 것이다.

어제 어떤 거사가 밥을 먹지 않는 법과 잠을 자지 않는 법을 물었다. 이 법은 결코 무슨 다른 법이 있는 것이 아니라, 단지 그대 자신이 계율을 잘 지키면 가능하다. 정(精)이 충족하면 춥지 않고, 기(氣)가 충족하면 배고프지 않고, 신(神)이 충족하면 졸리지 않는다. 그대의 기가 충족되면 며칠 밥을 먹지 않아도 아무런 문제가 없으며, 말을 해도 여전히 큰 소리가 나온다. 왜냐하면 그대의 진기(眞氣)가 올라오기 때문이며, 이 기는 끊임없이 흘러나오는 것이 마치 전기와 같이 언제나 흐르는 것이다. 그대가 만약 이 신이 충족되면 졸리지 않아서 그렇게 많은 잠을 자지 않을 것이다. 왜 잠을 많이 자는가? 음기가 성하면 잠이 많으며, 양기가 성하면 그렇게 많이 자지 않는다.

따라서 이것은 결코 무슨 특별한 방법이 있는 것이 아니며, 그대 자신이 수행을 하고 계율을 지켜야 한다. 남자는 여인을 가까이하지 않고, 여인은 남자를 가까이하지 않아야 한다. 이렇게 하면, 무엇을 먹지 않아도 괜찮고, 옷을 많이 입지 않아도 춥지 않다.

이 세 가지[정기신(精氣神)]는 또한 계정혜(戒定慧)이기도 하다. 그대가 계율이 충족하면 어떤 괴로움도 두렵지 않으며, 춥거나 더워도 근본적으로 문제가 되지 않는다. 계는 계율을 지키는 것이며, 계율을 잘 지켜 범하지 않으면 추위를 겁내지 않을 수 있다. 정력(定力)이 충족하면 밥을 먹지 않아도 된다. 사람이 배고프면 왜 밥을 먹고 싶은가? 즉 정력이 없기 때문이다. 그대의 정력은 어디로부터 오는가? 계율로부터 오는 것이다. 그대가 만약 계율을 엄격하게 잘 지키면, 이 신체는 추위를 두려워하지 않으며, 다시 정력이 나오며, 그대가 정력이 생기면 밥을 먹지 않아도 된다. 왜 그러한가? 그대의 선정(禪定)으로 배고픔을 잊는다. 왜 음식을 먹고 싶은가? 그대가 생각하기 때문이다. '아, 나는 오늘 아직 밥을 먹지 않았으며, 치즈가 아직 오지 않았어.'

그대가 다시 보살심을 발할 수 있으면, 보살심을 발

한 사람은 다른 사람을 도와주고, 자기를 돕지 않으며, 남을 이롭게 하지 자기를 이롭게 하지 않는다. 따라서 보살계를 받은 사람은 응당 보살도를 행해야 하며, 보살도를 행하려면 기회를 만나면 남을 도와야 한다. 굳이 남을 돕기 위해서 기회를 찾을 필요는 없다. 그대가 우연히 기회를 만나면 남을 돕는 것이다. 그대가 만약 가서 찾으면 그것은 마음이 있는 것이며, 마음이 있으면 그것은 망상을 짓는 것이다. 그대가 망상을 지으면서 말하기를 "아, 나는 보살도를 행해야 해, 남을 도와야 해! 이 사람을 보니 힘든 것 같으니, 내가 그를 구해야지." 이런 것은 망상이다.

"무심은 감응이다."고 하는데, 무심해야 한다. 무심하여 그대가 이런 경계를 만나 "아, 나는 그를 도와야겠네."라고 생각하여 돕고 나서는 도왔다는 생각을 하지 말아야 한다. 마침 일요일 귀한 손님이 이곳에 왔는데, 과호(果護)의 삼촌이었다. 그는 말하는 것이 이치에 맞았는데, 그가 말하기를 "나는 남이 나에게 감사하는 것을 바라지 않는다." 정말로 이러한 생각과 행위는 옳은 것이다.

보살도를 행하는 데는 평상심이 도라는 마음으로 행해야 한다. 평상한 것은 사람마다 이해하는 것이며, 사람들이 행할 수 없는 것을 내가 행하더라도 내가 남들보다 높은 것이 아니다. 모두와 같은 것이고 같아질 수 있어야 하며, 그대가 다시 남들을 이롭게 하고 중생을 이롭게 하는 것이 보살도를 행하는 것이다.

혹은 어떤 사람은 이렇게 생각한다. '나는 빨리 수행해서 천상으로 가서 천상인을 제도해야지. 이 인간들은 제도하기가 너무 어려워서 나는 천상으로 가서 천상인에게 법을 설해야지.' 이것은 기괴한 일로서 보살도가 아니다. 또 어떤 사람은 생각하기를 '아, 지옥중생이 그렇게 고통스러우며, 그 많은 아귀, 그렇게 많은 지옥, 아, 나는 신통으로 지옥에 들어가 지옥을 연꽃으로 변화시켜 아귀들을 즉시 성불시켜야 하겠다.' 이게 어떻게 가능한 일이겠나? 이 모두 이상한 생각이다. 우리는 "평상심이 도"라는 것을 배워야 한다.

십법계는 한마음을 떠나지 않는다

十法界不離一念心

일체유심조

만약 어떤 사람이 삼세의
모든 부처님을 알려고 한다면
마땅히 법계성을 관해야 하며
여래는 오직 마음이 지어낸 것이네.

若人欲了知
三世一切佛
應觀法界性
如來唯心造

　　"만약 어떤 이가 삼세의 모든 사람을 알려고 한다면, 마땅히 법계성을 관해야 하며, 여래는 오직 마음이 지어낸 것이네. [若人欲了知, 三世一切人, 應觀法界性, 如來唯心造]" 그대는 내가 잘못 읽었다고 웃습니까? 그렇지 않습니까?

　　약인욕료지(若人欲了知) : '약(若)'은 가정을 나타내는 말이며, '인(人)'은 곧 모든 사람을 가리키고, '욕료지(欲了知)'란 무엇을 알고 싶어 한다는 것입니까? 즉 사람은 어떻게 하면 사람다운 사람이 되는지를 알고 싶어 한다는 것입니다.

삼세일체인(三世一切人) : 어떤 이는 "삼세일체불(三世一切佛)이라고 해야 할 텐데, 스님께서는 왜 '삼세일체인(三世一切人)'이라고 읽습니까?" 사람이 바로 부처입니다. 여러분은 '사람'을 '부처'라고 해도 되고, 혹은 '부처'를 '사람'이라고 불러도 됩니다. 왜 그렇습니까?

사람은 장차 부처가 될 수 있으며, 부처는 사람이 이룬 것입니다. 그러므로 그대가 만약 '삼세일체불(三世一切佛)'이라고 하면, 이해하는 사람이 없습니다. "무엇을 부처라고 합니까?"라고 물으면, 진정으로 아는 사람이 없습니다. 그대가 만약 '부처'를 '사람'으로 읽으면, 사람마다 누구나 '사람'이 있다는 것을 압니다. 그러면 이 '사람'이라는 것을 알므로 이해시키기가 쉽습니다.

이 '사람(人)'이라고 하는 것은 누구입니까? 바로 '부처(佛)'입니다. 그런데 "나는 부처입니까?" 라고 말한다면, 당신도 부처입니다. 저 사람은 부처입니까? 저 사람도 부처입니다. 당신은 부처입니까? 또한 부처이지만, 또한 아직은 이루지 못한 부처입니다. 장래 부처를 이루면 참된 부처이며, 지금은 거짓 부처입니다. 거짓의 부처일지라도 장래 참된 부처를 이룰 수 있습니다. 그러므로 '만약[若]'이라고 말합니다. 이 약(若)자는 가정을 나타내는 말이므로 그렇게 고집하지 말고 그것을 너무 그렇게 진지하게 여기지 않아야 합니다. 그래서 '만약 당신이라는 사람이 삼세의 모든 부처님에 대해 알고 싶으면,' 이라고 말하는 것입니다. 삼세의 모든 부처님은 모두 사람이 이룬 것입니다.

　응관법계성(應觀法界性) : 여러분은 이 법계성(法界性)을 잘 보아야 합니다. 이 법계 자체의 성질을 말하는 것이 아니며, 법계에 어떤 성질이 있습니까? 법계에 만약 어떤 성질이 있다면 법계라고 말할 수 있겠습니까? 법계성이라고 말한 것은 법계의 중생의 성질을 의미합니다. 각각의 사람에게는 각자의 성질이 있습니다. 그대는 그대 자신의 성질을, 나는 나 자신의 성질을 갖고 있습니다. 이 '성질(性)'에 관해 이야기하면, 여러분은 잘 모릅니다. 가령 당신의 성미는 나보다 조금 더하고, 나의 성미는 당신보다 조금 깊을지도 모릅니다. 그렇지 않습니까? 각각의 성미가 다릅니다.

　이 법계에 존재하는 모든 중생은 각각의 성질을 갖고 있습니다. 예를 들면 돼지는 돼지의 성질, 말은 말의 성질을 갖고 있습니다. 그러므로 돼지의 이름은 돼지, 말의 이름은 말, 소의 이름은 소라고 하면서, 각각의 '성(姓)'이 있는데, 그것은 이름[姓名]의 성(姓)입니다. 이것은 성격(性格)의 성(性)으로서 남자는 남자의 성격

이 있고, 여자는 여자의 성격이 있으며, 각자의 성질을
갖고 있습니다. 단 것을 좋아하는 사람은 단 성질을
갖고 있으며, 신 것을 좋아하는 사람은 신 성질을 갖
고 있으며, 매운 것을 좋아하는 사람은 매운 성질을
갖고 있습니다. 어떤 사람은 쓴 맛을 즐기는데, 그러면
우리 모두는 이곳에서 쓴 성질을 갖고 있습니다. 그렇
지 않은가요? 우리는 고행(苦行)을 행하고 있으니까요.
이 수행도 고행입니다. 공양시간에 식당에 가는 것도
고행입니다. 고행을 행하는데, 모두는 남들보다 뒤처지
지 않으려고 앞서서 달려나가며, 식당으로 걸어가는 고
행에도 다들 남들보다 늦지 않으려고 앞을 다투어 달
려가려고 합니다. 여러분 그렇지 않습니까?

여러분이 자세히 연구해 보면 각각의 사물에는 각각
의 성질이 있습니다. 나무는 나무의 성질이 있고, 꽃은
꽃의 성질이 있으며, 풀은 풀의 성질이 있는데, 모두
각자의 성질이 있습니다. 따라서 '법계성(法界性)'이라고
말합니다. 법계가 어떤 성질을 갖는다는 말이 아니라,
법계에 있는 중생의 성질을 가리키는 것입니다. 여러
분, 이제 그 뜻을 알겠습니까? 이전에는 여러분 모두
법계가 성질을 갖고 있다고 생각했겠지만, 이제 그 법
계 가운데의 중생이 가진 성질을 가리키는 말인 줄을
알게 되었을 것입니다. 따라서 "마땅히 법계성을 관해
야 한다."라고 말하는 것입니다.

여래유심조(如來唯心造) : 원래의 게송은 다음과 같습니다.

"만약 어떤 사람이
삼세의 모든 부처님을 알려고 한다면,
마땅히 법계 모든 중생이 가진 성질을 관해야 하며,
일체의 모든 것은 오직 마음이 짓는 것이네.
(若人欲了知, 三世一切佛, 應觀法界性, 一切唯心造.)"

나는 앞에서 '삼세의 모든 부처님[三世一切佛]'을, '삼세의 모든 사람[三世一切人]'이라고 바꾸었으므로 지금 마지막 한 구절도 '여래는 오직 마음이 짓는 것이다[如來唯心造]'로 바꿉니다. 부처는 바로 당신의 마음이 지은 것입니다. 당신의 마음이 만약 부처님의 법을 닦으면 장래 불도를 이루게 됩니다. 당신의 마음이 보살을 좋아하여 보살도를 행하면, 보살을 이루게 됩니다. 나아가 당신의 마음이 지옥에 떨어지기를 원하면 당신은 곧 지옥을 향해 달려가서 장래 지옥에 떨어질 것입니다.

불법계(佛法界)

크지도 작지도 않으며
간 적도 온 적도 없어라.
티끌 수만큼의 많은 세계
연화대 위에서 서로 비추네.

不大不小

非去非來

微塵世界

交映蓮台

다음은 불법계(佛法界)에 대해 이야기 해봅시다.

불대불소(不大不小) : 일전에 레드우드 시티(Red wood city)에서 부처에 대하여 강의를 한 적이 있습니다. '부처(佛)'[1]의 범어는 Buddha입니다. 나는 어리석은 사람이고 귀도 먹은 사람이라서 부다(不大)로 알

---

[1] 부처(佛): 범어 buddha의 음략(音略), 불타라고 음사(音寫)하고, 각자(覺者)라고 번역한다. 자각(自覺: 스스로 깨닫는 것)과 각타(覺他: 타인을 깨닫게 하는 것), 각행원만(覺行圓滿: 깨달음과 행위를 원만하게 성취하는 것)이라고 하는 세 가지의 뜻이 있다. 부처는 자기 스스로 깨닫는[自覺] 것도 원만하고, 남을 깨닫게 하는[覺他] 것도 원만하므로 각행원만이라고 한다.

아들었습니다. 본래는 Buddha인데 나는 '부다(不大)'²⁾라고 말합니다. 이 '不大'는 무엇입니까? 부처입니다. 그러자 어느 교수는 이러한 나의 설명을 매우 좋아하여 강의가 끝나자, 그는 나에게 합장을 하고서 '부다(不大)'라고 말했습니다.

부다(不大: 크지 않음)라는 말은 자기를 높이는 마음이 없습니다. 부처님은 자기를 높이는 마음이 없으며, 아만심이 없습니다. 영어에도 거만하게 보이는 문자가 하나 있는데 그것은 'I, I, I'라고 합니다. 부처님은 'I'가 없습니다. 이 'I'는 중국어로 말하면 '나(我)'입니다. 나! 나! 나! 무엇이건 '나'를 위해서입니다. 전후좌우, 동서남북, 상하사방 모두가 '나'로서 이 '나'가 너무 큽니다. '나의 것'이 너무 많기 때문에 곧 내가 너무 큽니다. 부처님은 '나'가 없기 때문에 크지 않습니다[不大]. 여러분 이러한 설명을 들으니 어떻습니까? 그러면 작은가? 또한 작지 않습니다. 만약 크지 않다면[不大] 그러나 작을 것입니다. 그러면 그것은 또한 부처가 아닙니다. 그러니 또 작지 않습니다. 그러므로 첫 번째 구절에서 "크지도 않고 작지도 않다"고 말한 것입니다.

비거비래(非去非來) : 가는 것도 아니고, 오는 것도 아닙니다. 즉 와도 온 것이 아니고, 가도 간 것이 아닙

---

2) 不大의 중국어 발음이 Buddha와 비슷한 '부다'이므로 이렇게 설명하고 있음.

니다. 무엇 때문에 가는 것도 아니고 오는 것도 아니라고 말하는가? 부처님의 법신3)은 온 허공에 다하고, 법계에 두루하며, 있는 곳도 없으며 있지 않는 곳도 없기[無在無不在] 때문입니다. 그대가 만약 부처님이 간다고 말하면 어디로 가며, 만약 온다고 말하면 또 어느 곳으로부터 오는가? 근본적으로 부처님의 법신은 우주 가운데에 두루 충만해 있으므로 따라서 가는 것도 아니고 오는 것도 아니라고[非去非來]말합니다.

그러면 부처님의 법신은 우리들 이 세계에만 존재하는 것입니까? 아닙니다. 단지 우리의 이 세계에만 존재하는 것이 아니라, 이 법계는 티끌과 같이 그렇게 많은 모든 세계, 무량무변한 그렇게 많은 세계로서 모두 부처님의 법신입니다. 따라서 그것을 '미진세계(微塵世界)'라고 말합니다. 티끌처럼 그렇게 많다는 뜻입니다.

교앙연대(交映蓮台) : 서로 비춘다(交映)는 것은 이 법계의 부처님 광명[佛光]은 저 법계의 부처님을 비추고, 저 법계의 불광도 이 법계를 비추고 있습니다. 교앙연대라는 말은 부처님이 연화대 위에 앉으셔서 서로 빛을 놓으시고 대지를 요동시킨다는 뜻입니다. 귀에서도

---

3) 법신(法身): 부처님의 삼신(三身: 법신, 응신, 보신)의 하나. 자성신(自性身)이라고도 말한다. 부처님이 깨달은 법은 상주불멸이므로, 생신(生身)에 대하여 영원한 법 그 자체를 불신(佛身)이라고 본다.

광명을 발하시고, 눈에서도, 코, 혀, 이빨에서도 광명을 발하시며, 단지 육근4)의 문에서만 광명을 발하고 대지를 움직이는 것이 아니라, 하나하나의 털구멍에서도 빛을 발하시고 대지를 움직입니다. 또한 하나하나의 털구멍에서 티끌과 같이 많은 세계가 나타나고, 무량무변한 제불이 하나의 털구멍에서 나타나는 것입니다.

그러면 하나하나의 각 제불마다 모두 이렇게 빛을 발하는 것이 무량하고 무변합니다. 하지만 이것은 마치 전등과 같아서 그대의 빛도 나의 빛을 충돌하지 않고, 나의 빛도 그대의 빛을 충돌하지 않습니다. "아, 당신이 그렇게 많은 빛을 비추고 있으니 나의 빛은 비출 곳이 없으니 이건 안 되지." 라고 말하지는 않습니다. 저 불광과 이 불광은 서로 충돌하지 않으며, 빛과 빛은 모두 서로 화합하므로 이것을 "화광(和光)"이라고 말합니다. 우리 불교는 바로 '화광'하는 것입니다. 빛과 빛이 충돌하지 않듯이, 우리 사람과 사람 사이에도 서로 충돌하지 않아야 합니다. 따라서 이것을 '연화대 위에서 서로 비춘다.[交映蓮台]5)'라고 말합니다. 서로 비춘다는 것은 바로 당신의 빛은 나를 비추고, 나의 빛은 당신을 비추며, 빛과 빛마다 서로 비추고 열린 구멍마다 서로 통하는 것이 마치 대범천왕6)의 그물 깃발7)과

---

4) 육근(六根): 안, 이, 비, 설, 신, 의 등의 여섯 가지 감각 기관.
5) 연대(蓮台): 연화대로서, 불보살들이 앉는 좌대를 말한다.
6) 대범천왕(大梵天王): 대범천은 초선(初禪) 삼천(三天: 범중천, 범보천, 대범천) 가운데의 하나. 범천이라고도 불린다. 이곳의 천왕은

같이 끝없이 중중무진(重重無盡: 서로 겹치는 것이 다함이 없다는 뜻)한 것입니다. 이것을 교앙연대(交映蓮台)라고 하는 것입니다. 이것이 첫 번째, 부처님의 법계로서 이러한 모습입니다.

불법을 깊이 신봉하며, 제석천과 사천왕과 함께 불교의 호법선신이다.
7) 망라당(網羅幢): 보석으로 장식된 그물과 깃발. 망(網)은 어망, 라(羅)는 새그물, 당(幢)은 깃발. 범천의 궁전을 감싼 망사의 코와 깃발에 박혀 있는 보석이 한량없이 서로 간에 빛을 비춘다.

보살법계(菩薩法界)

유정 중생이 깨달으면
생사에서 뛰쳐나오며
시시각각 육도만행으로
배양하고 가꾸네.
有情覺悟
跳出塵埃
六度萬行
時刻培栽

두 번째는 보살법계에 대해 이야기 해봅시다. 앞서 말한 게송에서 나는 '삼세일체불(三世一切佛)'을 왜 '삼세일체인(三世一切人)'이라고 바꿨는가 하면, 이 열 가지 법계는 모두 사람이 수행을 하여 이룬 것이기 때문입니다. 사람은 누구나 현전하는 한 생각의 마음[8]을 떠나지 않습니다. 따라서 두 번째는 보살법계입니다.

보살법계에서 보살[9]은 범어로서 '각유정(覺有情)'이라

---

8) 일념(一念): 극히 짧은 시간. 일찰나, 순간이라는 뜻. 또한 그 순간의 마음을 가리킨다.
9) 보살(菩薩): 범어 bodhisattva(보리살타)의 음략(音略), 보리(菩提)는

고 번역합니다. 어째서 각유정이라고 할까요? 두 가지
로 설명할 수 있습니다. 하나는 일체의 유정10)을 깨닫
게 한다는 것이며, 둘째는 유정 가운데의 깨달은 자라
는 뜻입니다. 이 두 가지의 설명은 우리들 모두에게
해당되는 것이며, 해당된다는 것은 무엇인가하면 보살
이 될 수 있는 분수[몫]가 있다는 것입니다. 우리는 지
금 모두 유정의 한 중생으로서 또한 이 중생 속에서
깨달은 사람이 될 수가 있기 때문입니다. 우리는 또한
깨달음의 도리로써 다시 일체의 중생을 깨우칠 수가
있습니다. 따라서 이 보살은 괜찮은 것으로서 당신도
몫이 있고 나도 몫이 있습니다. 보살이 이러할 뿐 아
니라 우리도 바로 부처가 될 수 있습니다.

"아아, 이 도리는 잘 모르겠군. 방금 상인께서는 부
처는 사람에 의해 성취되는 것이라고 말했는데 어째서
지금 우리는 부처가 되지 못하는가?"라고 어떤 사람은
이러한 의문을 지니고 있을지도 모릅니다.

"사람이 부처가 될 수 있는지 없는지"의 문제는 잠
시 놓아두고, 지금 여기 과방(果方)이라는 어린아이는

깨달음, 도(道), 불도, 위없는 지혜를 뜻한다. 살타(薩埵)는 대도심
(大道心)을 가진 중생, 또는 용맹스런 마음을 가진 유정이라는 뜻이
다. 그러므로 보살은 각유정(覺有情)이라고 번역한다. 즉 용맹스런
마음을 가지고 위없는 불도를 구하며, 중생을 제도하기 위하여 육
도의 행을 닦는 자를 말한다.
10) 유정(有情): 범어 sattva의 역, 중생이라는 뜻이다. 유정이란 모든
정식(情識)을 갖는 생물이다. 이에 반하여 초목, 산하 대지 등을 비
정(非情) 혹은 무정(無情)이라고 말한다.

장래 클 수 있는가 없는가? 과방은 비록 여전히 어린 이라고 하지만, 장래 자라서 어른이 되고, 또 늙게 될 것인가? 그럴 가능성이 있습니다, 그렇지 않은가요? 이 것은 마치 우리는 현재 어린아이와 같으며, 부처님은 어른에 비유하는 것으로서 우리가 장래에 자라서 어른 이 되는 것은 바로 부처가 되는 것이며, 자라지 않으 면 바로 어린애인 것입니다. 우리는 지금 불교 안에서 하나의 어린아이에 불과합니다. 아, 날마다 우유를 마 셔야 하고, 날마다 불법을 들어야 합니다. 불법을 경청 하는 것은 특별히 사람의 선근11)을 증장시키고, 특별 히 사람의 지혜를 열게 하는 것입니다. 따라서 그대가 만약 불법을 들을 기회가 있으면, 그것은 당신이 얼마 의 돈을 버는 것보다 더욱 가치가 있습니다.

그러므로 나는 오늘 하나의 규칙을 또 정하려고 하 는데, 무슨 규칙을 세우려고 하는가? 이후 이곳에 있 는 우리는 휴일을 그렇게 많이 갖지 말고, 여행도 그 렇게 자주 가지 않기를 바랍니다. 휴일에는 불법을 연 구하는 것으로 여행을 삼기 바랍니다. 무엇 때문인가? 왜냐하면 여행을 가는 것은 매우 위험하기 때문입니다.

여러분 보세요! 휴일마다 죽는 사람이 한 사람에 그 치지 않고, 반드시 많은 사람들이 사고를 당해 죽습니

---

11) 선근(善根): 선행의 근본. 즉 금생의 선한 행위가 내세에 선한 인 과응보를 가져오는 것. 불교에서는 무탐(無貪), 무진(無瞋), 무치(無 癡)를 세 가지의 선근이라고 한다.

다. 혹은 당신도 여행을 가면 그럴 가능성이 있습니다. 그러므로 우리는 이 나라의 이러한 풍습을 바로잡아야 합니다. 이 나라의 사람들은 모두 놀기를 원하고 여행하기를 원합니다. 우리 불교도는 이런 풍습을 개선해야 하며, 그렇게 많이 여행을 가지 말고 시간이 있으면 불법을 연구하면 얼마나 좋습니까! 이곳에 와서 경전(經典)을 독송하고, 주문을 염송하며, 부처님께 절하면 더욱 좋을 것입니다.

> 부처님께 정례하면
> 항하사 수만큼의 한량없는 죄를 멸하고
> 한 푼의 돈이라도 보시하면
> 한량없는 복을 증장시키네.
> 佛前頂禮, 罪滅河沙, 捨錢一文, 增福無量.

부처님께 절하는 것은 공덕이 무량하고, 그대가 부처님 앞에서 절하면 갠지스 강의 모래알 수만큼 많은 죄도 소멸됩니다. 그러나 나는 그대들에게 돈을 나에게 보시하라고 가르치는 것이 아니라는 것을 그대들은 알아야 합니다. 그대들이 돈이 있으면 다른 도량에 가서 보시하면 그대들에게 복이 많이 증장되는 것입니다. 이곳에 사는 우리는 모두 고뇌가 많은 사람으로서 사람들의 공양을 받을 수 없으며, 만약 공양이 많으면 우리는 혹은 죽을지도 모릅니다. 만약 공양하는 사람이 없으면 어떻게 될까? 우리는 이러한 괴로운 운명이라 며칠을 더 살 것입니다. 비록 고통스럽지만, 또한 우리는 며칠 더 살기를 원하며, 지금 바로 죽는 것은 원하지 않습니다.

따라서 그대가 돈을 보시하려면 다른 곳에 가서 보시하는 것을 나는 절대적으로 환영합니다. 왜냐하면 복을 심을 다른 곳도 많기 때문이며, 반드시 금산사(金山寺)에 와서 보시할 필요는 없습니다. 금산사에 사는 사람은 모두 고뇌가 많은 사람이며, 모두 복보가 없는 사람이라서 그대가 이곳에서 복을 구하면 구할 수 없습니다. 여러분은 이런 말을 듣고 공양할 사람이 없을까 걱정하지 말아야 하며, 우리는 굶어죽지 않습니다.

유정각오(有情覺悟) : 이 보살은 유정(有情) 가운데 깨달은 자이며, 깨달은 가운데 밝게 이해한 자이며, 밝게 이해한 가운데 수행하는 자이며, 수행하는 가운데 실행하는 자입니다.

도출진애(跳出塵埃) : 그대가 만약 불법을 밝게 이해하지 못하면, 번뇌의 티끌로부터 벗어날 수가 없습니다. 번뇌의 티끌이 너무 두텁기 때문에 벗어날 수 없습니다. 그대가 만약 깨닫게 되면 번뇌의 티끌이 엷어져서 곧 번뇌에서 벗어납니다.

번뇌로부터 벗어난 후에는 어떻게 하는가? 잠을 자는가, 밥을 먹는가? 맞아요! 여전히 잠을 자고, 밥을 먹고, 옷을 입어야 합니다. 그러나 어떠한가? 단지 그런 일을 하는 것만은 아닙니다. 본래 그대가 일을 하는 것은 세끼 밥을 먹고, 옷을 입고, 거주하는 집을 위함입니다. 의식주 이 세 가지의 문제를 해결하기 위함입니다. 그러면 당신은 번뇌를 벗어나면 이 세 가지 문제만을 위해서 생존하는 것이 아닙니다. 그러면 무엇을 위함인가? 육바라밀을 행하기 위함입니다.

육바라밀[六度][12)]이란 보시, 지계, 인욕, 정진, 선정, 지혜를 말합니다. 만일 어떤 이가 "나는 알아, 보시라는 것은 남으로 하여금 나에게 보시하게 하는 것이야."라고 말한다면, 이것은 잘못된 것이며, 우리가 남에게 보시해야 한다는 것입니다. 따라서 그 돈을 가려가며 벌어야 하는데, 이러한 더러운 물건은 그렇게 많이 원해서는 안 될 것입니다. 돈은 가장 더러운 물건으로서 그대가 만약 그것과 너무 많이 가까이 하려고 하면, 그것이 바로 먼지(번뇌)입니다. 무엇을 먼지라고 하는

---

12) 육도(六度): 범어 paramita의 음사(音寫)는 바라밀다(바라밀)이며, 도(度)라고 번역한다. 육도는 육바라밀이라고도 말한다. 도(度)는 제도, 건너다의 뜻이다. 육도란 대승의 보살이 수행하지 않으면 안되는 여섯 가지의 행으로서, 즉 보시, 지계, 인욕, 정진, 선정, 지혜이다. 육도의 수행에 의해 중생을 미혹의 세계로부터 제도하여 깨달음의 세계에로 도달시킬 수가 있다.

가? 돈이 바로 먼지입니다. 당신은 돈을 원하지 않을 수 있으며, 그렇게 하면 가장 청정하며, 곧 번뇌에서 벗어날 것입니다. 그대가 금전계(金錢戒: 돈을 지니지 않는 계)를 지니면 지금 바로 번뇌에서 벗어날 것이며, 하지만 당신은 다시 그것에 오염되면 안 될 것입니다.

만행(萬行) : 다시 만 가지 행을 수행해야 합니다.

시각배재(時刻培栽) : 이것은 오늘은 수행을 하고 내일은 수행을 하지 않는 것을 말하는 것이 아닙니다. 금년에 수행하고 내년에는 수행하지 않는 것이 아닙니다. 이번 달에는 수행하고 다음 달에는 쉬는 것이 아닙니다. 금생에는 수행하고 내생에는 수행하지 않는 것이 아닙니다. 혹은 잠시 수행하고 잠시 또 잠자러 가는 것이 아닙니다. 시시각각 육도만행을 닦아야 한다는 뜻입니다. 그 뿐만 아니라 세세생생 육도의 만행을 닦아야 합니다. 그대가 이렇게 할 수 있으면 그것이 바로 보리살타입니다.

"이것은 매우 쉽지 않은 것이야!"라고 말할 것입니다. 그대는 보살이 되는 것이 그렇게 쉽게 할 수 있다고 여기는가? 그렇게 쉬운 것이 아닙니다. 보살이 되는 것이 쉽지 않을 뿐만 아니라, 연각과 성문이 되는 것도 쉬운 것이 아닙니다.

그럼 무엇이 되는 것이 쉬운가? 귀신! 귀신이 되는

것이 가장 쉽고, 지옥에 떨어지는 것이 가장 쉬우며, 축생이 되는 것이 가장 쉽습니다. 그대가 만약 쉬운 것을 원한다면, 그런 것이 될 것입니다. 쉬운 것은 귀신이며, 쉽지 않은 것은 바로 보살입니다. "매우 어렵다"고 말하는데, 어려운 것도 보살입니다. "어렵다"는 것은 바로 "쉽지 않다"는 다른 이름입니다.

그러므로 보살은 남들이 하기 힘든 고행을 능히 행하고, 참기 어려운 일을 능히 참을 수 있는 인욕을 행해야 합니다. 남들이 매우 곤란하다고 여기는 것을 "에이, 괜찮아! 우리는 할 거야!" 이러한 자세를 가져야 합니다. "아, 하기가 쉽지 않아, 나는 하지 않을래."라고 말하는 것이 아닙니다. 그대가 하지 않으면 그럼 그대는 보살이 아닙니다.

앞으로 나아가야 하며, 정진하고, 정진하고, 정진하는 것이 바로 보살입니다. 이렇게 하는 것이며, 다른 교묘한 방법이 있는 것이 아닙니다. 그대가 남들이 할 수 없는 묘한 행(妙行)을 하는 것이 바로 보살입니다. 왜냐하면 사람마다 모두 할 수 없는 것을 그대는 할 수 있기 때문에 바로 보살입니다.

界　法　覚　緣

賢眠謝環
聖獨秋連
覚峯花二
緣孤春十

연각법계(緣覺法界)

연각의 성현은
외로운 봉우리서 홀로 잠자고,
봄에 꽃이 피고 가을에 잎이 지듯
12인연으로 이어진 순환을 깨닫네.
緣覺聖賢,
孤峰獨眠
春花秋謝,
十二連環

우리는 지금 연각[13])에 대해서 이야기하는데, 무엇 때문에 내가 여러분에게 이렇게 많은 문제를 묻는가? 왜냐하면 연각은 문제가 있는 것을 좋아하지 않기 때문입니다. 그는 고독하여 다른 사람과 같이 지내기를 좋아하지 않습니다. 따라서 오늘 여러분과 함께 모두 공동으로 함께 생활하는 문제를 연구해 보기로 합시다.

여러분은 연각이 되지 않아야 합니다. 연각은 부처

---

13) 연각(緣覺): 범어 pratyeka-buddha를 번역한 것임. 벽지불의 음략(音略), 독각이라고도 한다. 혼자서 수행하여 깨달음을 얻은 성자.

님이 세상에 출현하실 때에는 연각이라고 부르며, 부처님께서 세상에 출현하시지 않았을 때는 독각(獨覺)이라 부르며, 자기 스스로 깨달은 분입니다. 그는 어떤 것을 좋아할까요?

고봉독면(孤峰獨眠) : "외로운 봉우리에서 홀로 잠자는" 것을 좋아합니다. 그는 홀로 심산계곡으로 가서 만물이 생하고 멸하는 것을 보고, 꽃이 날리고 잎이 떨어지는 것을 관찰합니다.

춘화추사(春花秋謝) : 봄에는 만물이 소생하고 가을에는 만물이 시드는데, 연각의 성인은 그곳에서 봄에는 백화가 피는 것을 보고, 가을에는 누른 잎이 떨어지는 것을 보면서, 일체의 사물이 생멸하는 도리를 깨닫습니다. 따라서 그는 십이인연14)을 관합니다.

연각을 이야기하려면, 우리 스스로 각연(覺緣), 즉 이러한 인연을 깨달아야 합니다. 그는 십이인연을 수행하

---

14) 십이인연(十二因緣): 인연이란 인(因)과 연(緣)을 말한다. 인은 결과를 성립시키는 내적인 직접적 원인, 연은 그것을 돕는 외적인 간접적 조건이다. 십이인연은 십이연기라고도 하며, 불교의 기초적인 교의의 하나로서 부처님이 성도한 후, 자신의 깨달음의 경지를 관상하여 정리한 것인데 열두 단계로 유정 중생의 생사유전의 과정을 설명한 진리이다. 십이란 무명, 행, 식, 명색, 육입, 촉, 수, 애, 취, 유, 생, 노사이다. 이 열두 단계에 의해 유정 세간의 삼세 이중 인과(三世二重因果)의 유전설(流轉說)을 세운다.

는 분이며, 우리는 십이인연에 의해 윤회합니다.

십이연환(十二連環) ; 십이인연은 다음과 같습니다.

무명(無明) → 행(行) → 식(識) → 명색(名色) → 육입(六入) → 촉(觸) → 수(受) → 애(愛) → 취(取) → 유(有) → 생(生) → 노사(老死)

십이인연의 처음은 '무명(無明)'[15]입니다. 무명을 관찰하면, 무명은 어디로부터 오는 것입니까? 아아, 이상하군, 어째서 무명이 생겼을까요?

무명은 즉 밝게 이해함이 없는 것이며, 또한 당신이 이런 도리를 이해하지 못하는 것입니다. 이런 도리를 이해하지 못하니 곧 미혹이 일어나 미혹됩니다. 그러나 비록 미혹하더라도 당신은 여전히 가서 행하려고 하므로 행(行)[16]이 있게 되는 것입니다.

무명은 행(行)을 연(緣: 조건)으로 합니다. 즉 무명이 있으면 행위가 있게 되며, 표현하는 바가 있다는 뜻입니다. 표현하는 바가 있으면, 식(識)[17]이 있게 됩니다.

---

15) 무명(無明): 탐진치 등의 과거세의 근본적인 번뇌. 진리를 확실히 이해할 수 없는 미혹 가운데에 놓인 정신 상태.
16) 행(行): 무명(과거세의 번뇌)에 의해 선악의 행위[業]가 생긴다.
17) 식(識): 외경(外境)을 인식하는 작용. 유정이 행[業]에 의해 처음으

식은 분별이며 행은 유위법입니다. 무명일 때에는 아직 무위(無爲)18)라고도 말할 수 없고, 유위(有爲)19)라고도 말할 수가 없습니다. 그때는 무위(행위의 조작이 없는)와 유위(행위의 조작이 있는) 사이에 있으며,20) 행에 있을 때는 분별심도 아직 나오지 않습니다. 식(識)이 있으면, 비로소 분별심이 있게 됩니다.

왜 분별이 있게 되는 것입니까? 그것은 의식이 있기 때문에 유위법이 있습니다. 유위법이 있은 연후에 분별하는 마음이 생겨나고, 분별심이 생기면 곧 귀찮음이 생깁니다.

이 '명색(名色)'21)이 바로 귀찮음입니다. 이름[名]이 생기면, 이것은 바로 이름의 귀찮음이 생긴 것이며, 색

로 모태에 드는 순간의 단계를 식이라고 한다.
18) 무위(無爲): 유위에 상대하는 것. 무위법이라고도 말한다. 원인과 조건에 의해 지어진 것이 아니고, 생멸변화를 떠난 상주 불변의 법.
19) 유위(有爲): 유위법이라고도 말한다. 인연의 화합에 의해 생기고, 변화를 쉬지 않는 일과 현상.
20) 여기서의 '무위'란 상인께서 특별한 해석을 한 것으로 보여진다. 일반적으로 알고 있는 성인이 증득하는 '무위법'이 아니라 십이인연의 연쇄 순환 과정의 노사(老死)단계에서는 한 단락의 생명이 끝이 났으므로 잠시 새로운 업을 짓지 않기 때문에 무위라고 할 수 있다. 그리고 '행(行)'의 단계는 과거의 업행(業行)의 모임이기 때문에 유위로서, 무명은 십이인연의 순환에서 노사와 행의 중간에 위치하므로, 유위[行]와 무위[老死]의 중간에 있다고 해석하셨다.
21) 명색(名色): 명(名)은 정신적인 것, 색(色)은 물질적인 것. 유정이 모태 안에서 아직 육근이 완전히 갖추어지지 않은 단계를 명색이라고 말한다.

(色)이 있으면 곧 색의 귀찮음이 생깁니다. '명색'이란 즉 귀찮음이며, 귀찮음이 바로 명색입니다. 이러한 일을 설명하자면 더욱 귀찮게 되며, 설명하지 않으면 귀찮음이 없으나, 설명하게 되면 곧 귀찮음이 나옵니다.

"아, 어째서 명색이 귀찮음인가? 잘 모르겠구나." 그대가 이해하지 못한다고? 그럼 그대의 귀찮음은 더욱 많을 것이네. 왜냐하면 그대에게는 이해하지 못하는 귀찮음이 있기 때문이다. 내가 설명하지 않았을 때에는 그대에게는 근본적으로 알지 못하여 그렇게 많은 귀찮음이 없었는데, 내가 이렇게 설명하자, 곧 이해하지 못하는 귀찮음이 생긴 것이다. 이해하지 못하는 귀찮음이 있게 되자 곧 이해하려고 생각하게 된다. 그래서 곧 육입(六入)22)이 있게 됩니다.

육입(六入)이란 바로 알고 싶은 것이고, 이해하려고 생각하니, 비로소 육입이 생기는 것입니다. 이러한 설명을 들은 적이 있습니까? 이렇게 설명하는 사람은 없었습니다. 그런데 지금 그런 사람이 있으니, 이해하려고 생각하는 것입니다.

이 육입은 즉 이해하려고 해야 비로소 육입이 생깁

---

22) 육입(六入): 육처(六處)라고도 말한다. 육근의 다른 이름으로서 즉 안(眼), 이(耳), 비(鼻), 설(舌), 신(身), 의(意) 등의 여섯 감각, 지각의 능력. 유정이 뱃 속에서 육근을 온전하게 갖추는 단계를 육입이라고 한다.

니다. 이해하려고 생각하니, 안근(眼根), 이근, 비근, 설근, 신근, 의근의 육입(六入)이 생합니다. 이 육입은 왜 생깁니까? 바로 이해하려고 생각하기 때문입니다. 알려고 하면 할수록 더욱 흐리멍덩해지며, 흐리멍덩해질수록 더욱 이해하지 못한다는 것을 누가 알겠습니까? 이것이 바로 육입이며, 즉 들어가는 것입니다. 여러분 보세요! '이해하지 못한' 이후에 부딪히려고 합니다.

부딪히는 것이 바로 **촉(觸)**[23]입니다. 도처로 가서 부딪히는데, 동으로 가서 부딪히고, 서로 가서 부딪히며, 남으로 가서 부딪히고, 북으로 가서 부딪히며, 위로 아래로 가서 부딪힙니다. 마치 파리처럼 도처로 가서 벽에 부딪힙니다. 왜 벽에 부딪히려고 합니까? 바로 이해하려고 하기 때문입니다. 이렇게 설명하는 것을 들은 사람은 없을 것입니다. 그렇지요? 이것은 일정한 법이 없습니다. 어떻게 설명하는 것이 도리가 있으면 그렇게 설명하고, 도리가 없어도 그렇게 설명합니다.

촉은 바로 부딪히는 것으로서 도처에서 벽(장애)에 부딪힙니다. 도처에서 알려고 하는데, 부딪히면 아픈 줄을 누가 모르겠습니까, 그것은 이해하려고 생각하기 때문입니다.

---

23) 촉(觸): 유정이 태에서 나온 후, 육근이 육경(六境 : 색, 성, 향, 미, 촉, 법)을 접촉하여 인식하는 작용이 생겨나는 것.

부딪힌 후에는 곧 수(受: 받아들임)24)가 생깁니다. "아이구! 나는 아파요." 혹은 "아야, 나는 자유롭네." 나는 지금 벽에 부딪히지 않아서 매우 편하네. 한 번 벽에 부딪히면 매우 불편함을 느낍니다. 내가 좋지 않다고 말하는 사람이 없으면 매우 즐겁다고 느끼며, 내가 좋지 않다고 말하는 사람이 있으면 즐겁지 않다고 느낍니다. 여러분 보세요. 이것이 바로 수(受)이며, 모두 이곳에 있습니다. 바깥에 있지 않으니, 바깥으로 찾으려 가면 안 됩니다.

받아들임이 있으면 곧 일종의 "애착심"을 내어 애착25)하게 됩니다. 마음에 드는 경계에 대해서는 애착을 내고, 마음에 거슬리는 경계에 대해서는 싫어하는 마음을 냅니다. 싫어하면 곧 기쁘지 않게 됩니다. 왜 기쁨이 있고, 왜 불쾌함이 있는가? 그것은 바로 애착함이 있고 싫어함이 있기 때문입니다. 싫어함이란 원하지 않는 것입니다. 따라서 이러한 귀찮음이 하루하루 많아집니다. 우리 사람은 왜 편안하지 못한 느낌을 가집니까? 그것은 이러한 애착이 있기 때문입니다. 좋아함이 있으면 싫어함이 있으며, 또한 혐오함도 있습니다. 그러면 그대가 좋아하는 것에 대하여 취하려는 마음[取]이 나옵니다.

---

24) 수(受): 고락(苦樂) 등의 마음의 감각, 감수 작용.
25) 애(愛): 애욕, 갈애, 집착.

어째서 **취(取)**26)라고 하는가 하면, 얻어 가지려고 하기 때문입니다. 그대가 좋아하기 때문에 얻으려고 합니다. 그대가 얻게 되면, 이것은 자기의 욕망을 만족하게 됩니다. 그럼 왜 자기의 욕망을 만족하려고 합니까? 그것은 바로 그것을 소유하려고 생각하기 때문입니다.

따라서 취함은 **유(有: 존재)**27)를 연(緣)으로 하며, 곧 유(有)가 생기게 됩니다. 이 유(有)가 생김으로 인하여 그대는 얻어서 자기에게 속하게 하고 싶습니다. 아, 이것이 한번 그대 자신의 것으로 속하게 되면, 곧 **내생(來生)**28)이 있게 됩니다.

내생이 있으면 또 **노사(老死)**29)가 있게 됩니다. 따라서 이 12인연은 바로 연각 성인이 닦는 것입니다.

---

26) 취(取): 애욕이 있은 후에 추구하는 것. 일반적으로 이것을 욕취(欲取: 색성향미촉의 오진五塵 경계에 대해 생기는 탐욕), 견취(見取: 그릇된 견해를 진실이라고 여기는 것), 계금취(戒禁取: 삿된 도를 바른 도라고 여기는 것), 아어취(我語取: 자신의 말에만 집착하는 아견)의 네 가지 취[四取]로 분류한다.
27) 유(有): 애(愛)에서 취(取)가 생기고, 취에서 갖가지 선악의 업이 생긴다. 이 업이 내생의 인과응보를 가져온다. 이것을 유라고 한다.
28) 생(生): 내생에 생존을 받는 것.
29) 노사(老死): 미래세에 늙고, 죽음을 맞이하는 것.

성문법계(聲聞法界)

모든 성문의 승려는
남녀를 불문하고
사제(四諦)를 관하며 수행하며
진실을 감추고 방편을 보이네.
聲聞衆僧,
不論女男
四諦觀行,
隱實示權

    다음은 성문 법계에 대해 설명하겠습니다. 어째서 성문이라고 하는가? 그는 부처님의 음성을 듣고 도를 깨닫기 때문입니다. 성문은 즉 아라한(阿羅漢)입니다. 아라한에는 초과(初果), 이과(二果), 삼과(三果), 사과(四果)의 아라한이 있습니다. 다시 상세히 나누자면, 초과향(初果向: 아직 정식으로 초과를 증득하지 못한), 초과, 이과향(二果向), 이과, 삼과향(三果向), 삼과, 사과향(四果向), 사과가 있습니다.

    아라한은 비행하고 변화할 수 있으며, 신통을 가지

고 있습니다. 과(果)를 증득한 사람은 "누가 과를 증득했다"거나 "나는 아라한이다"라고 제멋대로 말하면 안 됩니다. 왜냐하면 과를 증득한 성인은 걸을 때 그의 신발이 땅에 닿지 않는다고 합니다. 그는 지상을 걷고 있는 것처럼 보이지만 실은 허공에서 걸으며, 그의 신발은 땅에 닿지 않으며 진흙에 더렵혀지는 일이 없습니다. 심지어 진흙 속에서 걷고 있어도 그의 신발은 조금도 진흙에 더렵혀지지 않습니다. 마치 법순(法順)스님이 강물의 흐름을 끊고, 진흙 속을 걸어도 신발이 조금도 더렵혀지지 않은 것과 같으며, 이것은 과를 증득한 성인의 표현입니다. "나는 과를 증득했다"고 해서 과를 증득한 것이 아닙니다.

나의 제자 가운데 한 사람은 스스로 아는 밝음이 있어 나는 그에게 무슨 과를 증득했느냐고 물었습니다. 그는 "과일을 증득했다"고 대답했습니다. 수과(水果: 중국어로 과일이라는 뜻)를 증득했으면 아마 물위를 걸을 수 있고, 물을 두려워하지 않을 것입니다.

성문은 초과에 견혹(見惑)을 끊고, 이과에 사혹(思惑)을 끊으며, 삼과에 진사혹(塵沙惑)을 끊고, 사과에서도 진사혹을 끊으며 무명혹(無明惑)을 조금 타파하지만, 완전히 무명혹을 타파하지는 못합니다. 만약 무명을 전부 타파하면 부처를 이룹니다. 등각(等覺)보살은 일분(一分)

의 생상(生相) 무명을 타파하지 못하였으므로 부처를 이룰 수 없습니다. 그러면, 사과(四果)의 성인이 수행한 것은 무슨 법인가? 즉 여러분들 모두 알고 있고 들은 적이 있는, 고(苦), 집(集), 멸(滅), 도(道)의 사성제(四聖諦)를 수행합니다.

석가모니 부처님이 깨달음을 얻은 후 처음으로 녹야원에 가서 다섯 비구를 제도하였으며, 즉 교진여(憍陳如)와 마승(馬勝), 소현(小賢), 십력가섭(十力迦葉), 마하남(摩訶男)의 다섯 비구입니다. 이 다섯 비구는 원래 부처님의 친족이었으며, 그러나 부처님을 따라서 도를 닦다가 어떤 이는 고통을 견딜 수가 없었습니다. 석가모니 부처님은 설산에서 수행하실 때 하루에 한 알의 마(麻)의 열매와 그것도 한 알만을 먹으니, 배가 고파 마른 나무처럼 말라 갔습니다.

그래서 다섯 비구 가운데 셋은 배가 고파 달아나고 두 사람만 남게 되었습니다. 그 후 부처님은 음력 12월 8일에 천녀가 보내 온 우유를 마셨는데, 다른 두 사람의 비구가 그것을 보고 곧이어 그의 곁을 떠나 가버렸습니다. 왜냐하면 그들은 괴로움을 견딜 수 없어서 도망간 것이 아니고, 그들은 부처님이 참되게 수행하지 않는다고 생각하였기 때문입니다. 그들은 말하기를 "수행이라는 것은 고행을 닦아야 하는데, 당신은 지금 우유를 마셨는데, 이렇게 하면 수행할 수 없으며, 고통을 참을 수 없을 것이다." 라고 생각하면서 그들도 떠나갔습니다. 이 다섯 명은 모두 녹야원으로 갔습니다.

부처님께서 성불하신 후 그들 다섯 명을 제도하기 위하여 녹야원으로 가셨으며, 다섯 비구에게 3단계로 사제(四諦)의 가르침을 설하셨습니다. 처음의 설법은 이와 같습니다.

"이것은 고(苦)이며 핍박의 성질(逼迫性)이 있다. 이것은 집(集)이며 느끼는 성질(招感性)이 있다. 이것은 도(道)이며 닦을 수 있는 성질(可修性)이 있다. 이것은 멸(滅)이며 증득할 수 있는 성질(可證性)이 있다."

두 번째의 법문에서는 이렇게 설하셨습니다.

"이것은 고(苦)이며 너희는 알아야 한다. 이것은 집(集)이며 너희는 마땅히 끊어야 한다. 이것은 도(道)이며 너희는 닦아야 한다. 이것은 멸(滅)이며 너희는 증득해야 한다."

세 번째 법문에서는 설하셨습니다.

"이것은 고(苦)이며 나는 이미 알고 있으며 다시 알 필요가 없다. 이것은 집(集)이며 나는 이미 끊었으며 다시 끊을 필요가 없다. 이것은 도(道)이며 나는 이미 닦았으며 다시 닦을 필요가 없다. 이것은 멸(滅)이며 나는 이미 증득하였으며 다시 증득할 필요가 없다."

부처님께서 사제(四諦)법륜을 세 번 설하시고 나서,

말씀하시기를 "교진여여! 너는 지금 객진(客塵)의 번뇌에 가려서 해탈할 수가 없구나."라고 말씀하셨습니다. 교진여는 '객진'이라는 이 두 글자를 듣고 곧 깨달았습니다. 무엇이 '객(客)'입니까? 객은 주인이 아닙니다. 무엇이 진(塵)입니까? '진'은 즉 깨끗하지 못한 것입니다.

자성(自性)은 청정한 것이며, 자성이 바로 주인입니다. 그러므로 교진여는 그 당시 그것을 듣고 깨달았으며, "본제(本際)를 이해하다"라고 불렸으며, 즉 본래의 도리를 이해하여 "해공제일(解空第一)"이 되었습니다.

성문중승은 남녀를 불문하며, 과위를 증득하는 것은 남자도 가능하고 여자도 가능합니다. 마치 구마라집 법사의 어머니가 삼과(三果)의 아라한을 증득한 것과 같습니다. 과위를 증득하면 성문, 즉 아라한이 됩니다.

사제관행(四諦觀行) : 관행이란 관찰하여 수행한다는 뜻입니다. 무엇을 관찰하여 수행을 할까요? 이 고집멸도(苦集滅道)의 사제법(四諦法)을 수행합니다. 즉 이 세상의 모든 것은 고통임을 알고서, 고통의 원인인 번뇌를 끊고, 번뇌가 멸한 열반의 경지를 지향하여 바른 도를 닦는 것입니다.

은실시권(隱實示權) : 본래 이들 성문은 겉으로 보아서는 성문 같지만, 어떤 이는 본래 큰 방편으로 대보살이 권교(權敎)의 성문으로 시현한 것입니다. 이것을 '은실(隱實)'이라고 합니다. '은(隱)'은 실제의 공덕을 감춘다는 뜻입니다. '시권(示權)'의 시(示)는 지시한다는 말이며, 권(權)은 권교방편을 의미합니다.

그대는 그를 소승의 성문으로 여겨 경멸해서는 안 됩니다. 왜냐하면 그들은 모두 다 그런 것이 아니지만 대보살이 이 세상에 다시 오신 것인지도 모르기 때문입니다. 그러나 그 가운데에는 반드시 그런 이가 있습니다. 대승의 보살은 또한 소승의 몸을 나타내어 소승의 중생을 접인하며, 그런 연후에 소승을 돌려 대승으로 향하게 합니다. 그러므로 이것을 "진실한 가르침을 감추고 방편의 가르침을 보인다[隱實示權]"라고 하는 것입니다. 이상이 성문의 법계입니다.

천법계(天法界)

여섯 욕계천과 범천의 중생은 모두
오계를 지키고 십선을 행하며
유루의 선행의 씨앗을 심지만
윤회의 바퀴를 끊기는 어렵네.

六欲梵天

五戒十善

種有漏因

輪廻難斷

육욕범천(六欲梵天) : 욕계(欲界), 색계(色界), 무색계(無色界)를 삼계(三界)라고 합니다. 천상의 법계에는 욕계천, 색계천, 무색계천이 있으며, 육욕천은 욕계천에 속하며, 사왕천(四王天), 도리천(忉利天), 야마천(夜摩天), 도솔천(兜率天), 화락천(化樂天), 타화자재천(他化自在天)이 있습니다.

지금 우리들은 육욕천의 **사왕천(四王天)**에 둘러싸여 있으며, 우리들이 직접 보는 이 하늘은 사왕천이라고 부르며, 이 사왕천은 욕계천의 첫 번째 천상으로서 사대천왕이 관할하고 있습니다. 사왕천은 어느 곳에 있습니까? 수미산의 산허리에 있습니다. 수미산의 절반은 인간에 있고, 다른 절반은 사왕천에 있습니다. 무엇을 사왕천이라고 합니까? 사왕천이라고 말하는 것은 수미산의 동, 서, 남, 북에 사대천왕이 있기 때문입니다. 이 사대천왕은 하나의 사천하를 관리하고 있는데, 네 개의 천하는 바로 동승신주(東勝神洲), 남섬부주(南贍部洲), 서우하주(西牛賀洲), 북구로주(北俱盧洲)입니다. 상세하게 설명하자면 너무 많아 다 설명할 수 없습니다.

그럼 사왕천의 천인(天人)의 수명은 얼마나 길까요? 오백 세입니다. 이 오백 세는 인간 세계의 오백 세와는 다릅니다. 사왕천의 하루(주야)는 인간 세계의 오십 년에 해당하며, 그렇다면 사왕천의 오백 년은 인간 세계의 몇 년에 해당하는지 계산해 보세요. 사왕천의 365일은 인간의 몇 년입니까? 계산할 줄 아는 사람은 이 숫자를 계산해 보세요.

욕계천의 두 번째 천상은 **도리천(忉利天)**입니다. 도리천은 범어로서 삼십삼천(三十三天)이라고 번역합니다. 왜 이 하늘을 삼십삼천이라고 부를까요? 왜냐하면 제석천은 중간에 있으며, 동, 서, 남, 북에 각각 8개의 천상이 있기 때문입니다. 제석은 능엄주에서 '인다라야(因陀羅耶)'라고 하는데, 가톨릭과 기독교에서는 '천주(天

主)'라고 부르지만, 중국인은 그를 '옥황대제(玉皇大帝)'
라고 부르며, 서경(書經)에서는 '상제(上帝)'라고 부릅니
다. "목욕재계하고 상제를 받든다."라고 하는 구절이
있는데, 당신은 재계(齋戒)하고 목욕하면 상제를 섬길
수가 있다는 것입니다.

옛날에 중국인은 부처님이 있는 것을 몰랐으며, 단
지 상제만 있는 것을 알았습니다. 그래서 상왕조(商王
朝)의 탕왕(湯王)은 하늘에 제사지낼 때 검은 소로써 제
사를 지냈으며, 탕왕은 이렇게 말하였습니다. "저는 소
자(쓸모없는 어린 아들) 리(履)는 감히 검은 소로써 제사를
올려 지성으로 간절하게 크신 상제에게 아룁니다. 짐에
게 죄가 있으면 일반 백성에게는 벌하지 마시옵고, 일
반 백성에게 죄가 있으면 저를 벌하여 주십시오."

따라서 고대의 성인(聖人)은 이렇게 자신을 책망하였
으며, 자기의 잘못을 인정하였습니다. 지금의 사람과는
같지 않습니다. 분명히 자신에게 죄가 있을지라도, 오
히려 "나와는 관계없는 일이며, 그것은 그의 잘못이다.
그런데 어째서 나를 비난하는가?"라고 말합니다.

"상제 당신이여, 정말로 불공평하십니다. 왜 저 사람
은 그렇게 큰 부자이고, 나는 이렇게 가난합니까? 왜
저 사람은 저렇게 고귀하고, 나는 이렇게 비천한지요?"
이처럼 하늘을 원망하고 사람을 비난하면서 무슨 일이
든지 자기의 잘못은 말하지 않고, 남의 잘못을 찾으려

고 합니다.

세 번째 천상은 **야마천(夜摩天)**입니다. 야마천도 범어이며, 어떻게 번역하는가? 이 천상의 천인은 매우 즐거워서 하루 종일 노래를 부릅니다. 어떤 노래를 부를까요? "나는 매우 즐거워, 아주 즐거워."라고 노래합니다. 낮에도 밤에도 언제나 즐거우므로 야마천은 "선시분(善時分)"이라고 번역하며, 즉 어느 때든 언제나 즐겁다는 것입니다. 야마천은 무엇으로 주야로 삼는가 하면, 연꽃이 피고 닫히는 것을 주야로 삼습니다. 연꽃이 필 때가 낮이며, 연꽃이 닫히면 밤입니다. 어둠이 없으며, 낮과 밤이 없고 모두 밝으며, 각자의 몸에도 모두 광명이 있습니다. 따라서 야마천을 또한 수염마천(須燄摩天)이라고도 부릅니다.

네 번째는 **도솔천(兜率天)**이며, 범어는 Tushita로서 "희족(喜足)"이라고 번역합니다. 이 천상의 천인은 언제나 즐겁고, 언제나 만족하며, 이것은 바로 "지족상락(知足常樂)"이라고 합니다. 즉 만족함을 알기 때문에 항상 즐거운 것입니다. 따라서 "지족천(知足天)"이라고도 말합니다.

다섯 번째는 **화락천(化樂天)**이라고 말합니다. 이 천상의 천인은 자신의 즐거움을 변화시킬 수 있습니다. 즐겁고 만족함이 변하고 변하지 않든 모두 즐겁고 만족할 줄 알며, 심지어 즐겁지 않음에도 그는 만족함을 알아서 언제나 만족할 줄 압니다. 이 화락천은 변화시킬 줄 알며, 이러한 즐거움을 변화로 낼 수 있습니다.

여섯 번째는 타화자재천(他化自在天)이라고 말합니다. 어째서 '타화(他化)'라고 말하는 것일까요? 이 천상의 천인은 원래 자신에게 즐거움이 없었는데, 도리어 다른 천상의 즐거움을 받아들여 자신의 즐거움으로 삼습니다. 왜 그는 다른 천상의 즐거움을 자기의 즐거움으로 삼으려고 합니까? 왜냐하면 그는 도리를 모르기 때문입니다. 마치 인간세상의 도적과 같이 그들 대다수는 화락천의 천인이 타락하여 인간에 온 것이며, 여전히 그는 남의 돈을 빼앗아 자기의 것으로 삼으려고 하며, 마치 타화자재천의 천인이 남의 즐거움을 빼앗아 자기의 것으로 삼는 것과 같습니다. 이 천상에는 많은 천마(天魔)가 있으며, 천마를 권속으로 삼습니다.

범천(梵天)은 색계천에 속하며, 대범천(大梵天), 범중천(梵衆天), 범보천(梵輔天)은 색계천의 초선(初禪)의 세 천상입니다.

오계십선(五戒十善) : 육욕 범천의 천인은 모두 오계를 지키고, 십선(十善)을 행하여 천상의 복보(福報)를 받습니다.

종유루근(種有漏根) : 이 오계와 십선은 모두 유루(有漏: 번뇌가 있는)의 선근인 까닭에 유루의 선근을 심는다고 말합니다. 어떤 사람은 종유루인(種有漏因: 유루의 원인을 심다)이라고 쓰는데, 인(因)도 가능합니다. 경을 강설하고 법을 설하는 것은 쉽지 않은 것이며, 나는 지금 생각하지 않고 말하기 때문에 어떤 사람은 마음속으로 생각하기를 '스승이 설명하는 것이 틀렸다'라고 하는데, 비록 마음속으로 이렇게 생각해도 입으로는 감히 말하지 못합니다. 하지만 나라는 이 사람은 이상하게도 당신이 마음속으로 말하면 나는 이곳에서 곧 전보를 받습니다. 따라서 당신도 그것을 고쳐야 합니다.

윤회난단(輪廻難斷) : 윤회는 끊기 어렵다. 그런가? 이번에는 맞는가? 그대의 마음속에서 나의 설명이 틀렸다고 말하는데, 그런가?

(제자 : 그렇습니다.)

그대 한 사람이 이렇게 생각하는 것이 아니라 다른 사람도 있는데, 이렇게 생각하는 사람이 있으면 스스로 빨리 말하세요! 솔직하게! 만약 솔직하지 않으면, 영원히 도를 이룰 수 없을 것입니다.

아수라법계(阿修羅法界)

아수라 중생은 성질이 난폭하며,
복보는 있지만 권력은 없네.
용맹하고 투쟁을 좋아하여
업력에 끌려 육도를 오르내리네.

修羅性暴

有福無權

好勇鬪狠

浮沉業牽

아수라는 범어로서, 무단정(無端正)이라고 번역합니
다. 무단정이란 추하다는 말입니다. 아수라의 남성의
모습은 매우 못생겼지만, 아수라의 여성은 아주 아름답
습니다. 아수라의 남성은 투쟁을 좋아하며, 밖에서 투
쟁하고, 바깥으로 향하여 투쟁합니다. 아수라의 여성도
그 성질은 투쟁을 좋아하지만, 밖에서 싸우는 것이 아
니라 안에서 다툽니다. 어떻게 안에서 다투는가 하면,
마음으로 다투는데, 또한 이른바 말하는 질투의 장애,
무명번뇌는 모두 마음 안에 있습니다.

아수라의 중생은 어떤 때에는 삼선도(三善道)에 포함하기도 하는데, 즉 천상, 인간, 아수라 이 세 가지 법계는 삼선도라고 말합니다. 때로는 그들을 사악취(四惡趣)에 포함시키기도 합니다. 즉 지옥, 아귀, 축생, 아수라 등은 사악취라고 말합니다.

축생 속에도 아수라가 있으며, 인도(人道)에도, 천도(天道)에도, 귀도(鬼道)에도 아수라의 중생이 존재하고 있습니다. 아수라는 자기 스스로 하나의 법계를 구성하는 이외에, 다른 세 법계와도 통하므로 따라서 네 가지 세계에 모두 아수라가 있습니다. 요컨대 어느 법계를 막론하고 그에게 일종의 투쟁하는 마음, 승부의 마음이 있어 그의 사상은 언제나 투쟁을 좋아하고 이기기를 좋아합니다. 그들의 성미는 매우 크고, 큰 소리치며 허풍떨기를 좋아하는 것은 바로 보스(boss)가 되려고 하며, 남을 지휘하기를 좋아하고 남의 지휘를 받는 것을 싫어하며, 다른 사람을 관리하기를 좋아하고 남의 관리를 받는 것을 원하지 않습니다. 이것은 모두 아수라의 특성입니다.

여러분은 이 아수라를 본 적이 없을 것인데, 내가 여러분에게 말할 수 있습니다. 아수라에는 착한 아수라도 있지만, 나쁜 아수라도 있습니다. 국가의 군대, 사병과 장군 등은 모두 착한 아수라이며, 양(陽)의 방면에 속한 아수라입니다. 한편, 도적이나 도둑, 강도, 폭력인, 살인자 등은 나쁜 아수라이며, 음의 방면에 속한 아수라입니다. 우리는 인도(人道)내에서 이러한 아수라들을 모두 볼 수 있습니다.

천상에 있는 아수라는 하루 종일 천병(天兵), 천장(天將)과 싸우면서, 제석천을 쓰러뜨리고 그의 보좌(寶座)를 빼앗아 제석천이 되려고 합니다. 하지만 그들이 아무리 전쟁한다고 해도 결국에는 패하고 맙니다. 왜일까요? 그들은 천상의 복(天福)은 있으나 천상의 권력(天權)은 없기 때문입니다. 즉 그들은 천상에서 천복을 향유할 수는 있지만, 그에게는 아무런 권력을 가지지 못합니다. 따라서 비록 그들이 천병, 천장과 싸운다고 하더라도 매번 지고 맙니다. 이상에서 설명한 것이 인간계와 천상에 존재하는 아수라의 모습입니다.

축생계에 어떻게 아수라가 있는가? 예를 들면, 호랑이, 사자, 이리 등은 축생계의 아수라입니다. 그들은 언제나 다른 축생을 괴롭히며, 늑대, 호랑이, 사자들은 언제나 다른 축생을 잡아먹으려고 합니다. 왜 그들은 다른 축생을 잡아먹으려고 합니까? 그것은 그들이 일종의 아수라 성질을 가지고 있기 때문입니다. 또한 뱀이나 날짐승 중의 매 등도 모두 아수라입니다.

요컨대, 아수라는 도리를 중시하지 않고, 성미가 크며, 어떤 사람을 대해서도 항상 화를 잘 냅니다. 축생계 속의 아수라는 이러합니다.

또한 귀신세계에도 아수라가 존재하고 있습니다. 그

들은 다른 귀신을 못살게 굴기를 좋아합니다. 귀도의 중생에는 착한 귀신도 있고, 나쁜 귀신도 존재합니다. 나쁜 귀신은 귀신세계에서 또한 도리를 따지지 않습니다. 본래 귀신이라는 것은 도리를 따지지 않는 중생인데, 귀도(鬼道)의 아수라는 그 중에서도 더욱 그렇습니다.

그러므로 수라성폭(修羅性暴)이라고 말하는 것입니다. 그들의 성정이 매우 흉폭하다는 것을 뜻합니다.

유복무권(有福無權) : 그들이 천상의 복보를 받지만 천상의 권력은 가지지 않은 중생이라는 뜻입니다. 그들은 항상 권력을 빼앗으려고 꾀하지만 결국 아무 것도 얻을 수 없습니다.

호용투한(好勇鬪狠) : 그들이 타인과 싸우고 투쟁하기를 좋아한다는 뜻입니다. 지금 이 세계는 모두 아수라의 세계로서 모두들 싸우고 투쟁하는데, 이것을 다투고 저것을 다투며, 당신은 나를 쓰러뜨리고 나는 당신을 때려눕히려고 합니다. 여러분 보세요, 중국의 임표(林彪)는 늑대가 몸을 바꿔 온 사람이라 그런지 그렇게 악하였으며, 그는 백만 대군을 거느리고 그들을 고분고분하게 잘 관리하였습니다. 주은래(周恩來)는 사람으로서 매우 총명한 사람이었으며, 제갈량(諸葛亮)보다 더 총명하였기 때문에 그는 이렇게 나쁜 세계에서 설 수 있었습니다.

이것은 내가 여러분에게 알려주는 것인데, 5, 6년 전에 나는 여러분에게 이러한 비밀을 알려주었지만, 여러분은 모두 주의를 기울이지 않았습니다. 지금 어떤 사람이 묻기를 "당신은 임표는 전생에 늑대라고 아시는데, 주덕(朱德)은 무엇이었습니까?"

어떤 사람이 또 물었습니다. "그럼 저는 전생에 무엇이었습니까?" 당신은 바로 당신이며, 나는 바로 나입니다. 내가 말하는 사람은 이 세계에서 가장 유명한 사람이며, 유명하지 않은 사람은 언급하지 않으며, 그대에게까지 돌아가지 않습니다.

따라서 이것은 모두 아수라로서 그들은 용맹하고 투쟁을 좋아하며, 투쟁하고 투쟁하면서 투쟁하기를 100년, 투쟁하기를 200년, 내지 투쟁하기를 일천 년을 합니다. 여러분 보세요, 그들은 이러한 논쟁으로 일천 년을 투쟁해 갑니다. 아, 따라서 불법은 이러한 투쟁이 견고한 시기에 이르게 되는데, 이것이 말법시대입니다. 하지만 모두는 발원해야 합니다. 우리들은 말법을 원하지 않고 단지 정법만을 원한다고! 우리는 어느 곳으로 가든지 그곳을 모두 정법으로 변화시키겠다고!

우리가 이러한 원을 발하면 비록 말법시대라도 우리가 가는 곳은 어디든지 정법으로 변화될 것입니다. 그러면 사람마다 이러한 원을 발하고, 사람마다 이러한 원을 이루어야 할 것입니다. 말법시대를 정법으로 변화시키면 이것은 하늘과 땅이 뒤집어지는 것입니다. 본래 이러한 모습이었는데, 우리는 그것을 이러한 모습이 되지 않게 해야 합니다.

부침업견(浮沈業牽) : 아수라가 천상에 태어나기도 하고, 혹은 인도(人道)에, 축생도에, 아귀도에 생하는 것은 모두 업력이 그를 끌어당김으로 인한 것이며, 비로소 미혹을 일으켜 업을 짓고 과보를 받게 되며, 어떤 세계 속으로 끌어당겨져서 이러한 과보를 받게 됩니다. 그러므로 사람은 수행하면서 절대로 남과 다투지 않아야 하며, 투쟁을 좋아해서는 안 되고, 성질이 난폭해서는 안 될 것입니다. 그러면 아수라와 관계를 벗게 될 것입니다.

만약 아수라 세계를 자세히 분석하면, 아홉 가지의 법계 가운데서 다섯 가지의 법계에 모두 아수라가 있습니다. 축생 법계에서는 날아다니는 맹금류 가운데 날짐승의 아수라가 존재하고, 걸어다니는 짐승 가운데는 짐승의 아수라가 존재하며, 물속에 사는 동물에는 물속의 아수라가 존재합니다. 일례로 악어는 물속의 아수라입니다. 말의 무리에도 아수라가 존재합니다. 즉 '무리를 괴롭히는 말[害群之馬]'이 그것입니다. 이런 말이 존재하면 무리 전체는 불안해지고 많은 귀찮음이 생기게 됩니다.

소는 어떠한가? 소의 대다수는 아수라입니다. 소의 머리에 난 두 개의 뿔을 보세요. 소는 어째서 두 개의 뿔이 자라는가 하면, 바로 들이받기를 좋아하기 때문이며, 이 뿔은 자기의 억셈을 나타내고, 머리로 다른 물건을 들이받을 수 있는 것은 바로 이것이 아수라의 성질입니다. 소의 성질이 바로 아수라입니다.

개는 더욱 아수라입니다! 따라서 누구든지 개를 기르려고 하는 사람은 아수라를 친근하는 것이며, 그대가 아수라를 친근하면 장래 아수라와 가까이 하게 될 것입니다. 가까이하면 곧 위험해질 것이며, 아마도 아수라 세계 속으로 들어가게 될지도 모릅니다. 그러므로 여러분은 이 점을 특별히 주의하고 조심해서 아수라 속으로 달려가서는 안 될 것입니다.

인법계(人法界)

인도(人道)의 중생은 화합하며
공과 죄가 서로 뒤섞여 있네.
덕이 있으면 오르고 죄를 지으면 떨어지니
어찌 다른 것이 있겠는가!

人道和合

功罪相間

德升孽降

豈有他焉

　　아수라 세계는 이처럼 매우 위험한 곳인데, 그러면
인도(人道)는 어떤가?

　　인도화합(人道和合) : 인간세계에도 선이 있고 악이
있습니다. 인간은 성정이 온화하며, 누구와도 잘 화합
하므로 그래서 인도화합(人道和合)이라고 합니다.

　　공죄상간(功罪相間) : 인간으로 태어난다는 것은 완전

히 선한 것도 아니며, 또한 완전히 악한 것도 아닙니다. 완전히 선하면 천상에 오르고, 완전히 악하면 축생이나 아귀가 되거나, 지옥에 떨어지게 됩니다. 그래서 약간의 공도 있고, 약간의 죄도 있는데, 혹은 공이 많고 과(過: 허물)가 적거나, 혹은 공은 적고 과가 많습니다. 공덕이 많고 죄업이 적은 사람은 부귀한 가정에 태어나고, 공덕이 적고 죄업이 많은 사람은 빈곤한 가정에 태어납니다. 이 인간 속에는 천차만별로 차이가 많으므로 "공과 죄가 뒤섞인다"고 말하는 것입니다. 약간의 공이 있고, 약간의 허물이 있으면, 순수한 음(陰)도 아니고, 순수한 양(陽)도 아닙니다. 순음(純陰)이면 귀신으로 변하고 사람이 되지 못하며, 순양(純陽)이면 천상에 올라가고 사람으로 되지는 않습니다. 그래서 인간은 천상에 오를 수 있지만 또한 지옥에도 떨어질 수 있습니다.

덕승얼강(德升孽降) : 당신이 선한 공덕을 짓고 덕행을 행하면 인간보다 우월한 법계에 오르고, 만약 당신이 죄업을 지으면 인간보다 열등한 법계로 떨어집니다.

기유타언(豈有他焉) : 다른 사람은 당신이 지옥, 아귀, 축생이 되게 할 수 없으며, 모두 그대 스스로 만든 것입니다. 그래서 이른바 '자작자수(自作自受)' 즉 자기가 지어 자기가 받는다고 말합니다.

축생법계(畜生法界)

축생은 탐욕을 좋아하고
많아도 싫어할 줄 모르며,
검은 것을 희다고 여기며
옳고 그름을 분별하지 못하네.
畜生好貪
多而無厭
將黑作白
是非莫辨

　앞에서 설명한 일곱 개의 법계는 모두 좋은 법계로
서 시험삼아 그곳에 가서 연극을 할 수도 있습니다.
오직 다음의 세 가지 법계(축생, 아귀, 지옥)는 결코 가서
시험삼아 맛보아서는 안 됩니다. 그대가 만약 심험삼아
가서 본다면, 아마 도망을 나오지 못할 것입니다. "일
실인신, 만겁불부(一失人身, 萬劫不復)"라고 하듯이, 당신
이 사람의 몸을 잃게 되면, 아마 일만 대겁이나 되는
긴 세월이 지나도 사람의 몸을 얻을 수 없을 것입니
다. 그래서 이것이 매우 위험한 것입니다. 절대로 이것

을 연극처럼 여기고 그곳에 가서 연극을 해서는 안 됩니다. 비록 어떤 사람이 "마치 연극을 하는 것 같군요."라고 말하더라도, 그는 아직 이 연극을 어떻게 하는지를 알지 못하며, 그는 이러한 무명의 견해가 명료하지 못하고, 그는 여전히 명료하게 인식하지 못합니다.

축생에는 단 한 종류뿐만 아니라, 셀 수 없을 정도의 많은 종류가 있습니다. 나는 축생, 기는 축생이 있는가 하면, 물속의 축생이 있고, 육지의 축생, 허공의 축생이 있습니다. 여러분, 이 축생을 보세요. 단지 날아다니는 축생만 하더라도 백천만억의 다른 종류가 있습니다. 그럼 육지에서 기어다니는 축생도 적지 않습니다. 작은 축생으로는, 쥐와 같은 축생이 있고, 큰 것으로는 코끼리 같은 축생이 있습니다. 사슴, 곰, 말, 소 등도 모두 큰 축생입니다. 육지에 사는 축생의 종류도 백천만억의 종류가 있습니다. 수중에는 물개, 돌고래, 바다표범, 해마 등의 여러 가지의 축생이 있고 그 종류도 셀 수 없을 정도로 많습니다. 도대체 얼마나 많은 종류가 있을까요?

우리 사람은 아마 완전히 다 알 수 있는 방법이 없을 것입니다. 가령 물리, 화학, 생물학, 동물학 등을 연구하는 전문가나 혹은 박사라도 그것을 다 알 수는 없습니다. 그들이 천 종류를 안다 하더라도 천백 가지는 알 수 없으며, 가령 천백 종류를 알더라도 천이백 종류는 알지 못합니다. 비록 어떤 이가 말하기를 그는 축생의 종류를 완전히 알고 있다고 말할지라도, 자기가 아는 것보다 더 많은 줄을 어떻게 압니까? 따라서 우리는 이 축생의 종류를 완전히 알 방법이 없습니다. 일례로 곤충류만 하더라도 몇 종류가 되는지 알기란 힘이 듭니다. 그러니 이 세상이 무궁무진하다고 하지 않겠습니까?

축생은 어느 곳으로부터 변하여 오는 것일까요? 단한 글자, 즉 탐(貪)으로부터 옵니다.

축생호탐(畜生好貪) : 축생은 탐하기를 좋아하는데, 어떤 것이든 많은 것이 좋다고 생각하며, 적으면 안 됩니다. 그러므로 '다이무염(多而無厭)'이라고 말하는데, 무엇이든지 많을수록 좋다고 생각합니다.

장흑작백(將黑作白) : 그들은 많더라도 싫어할 줄을 모르기 때문에, 검은 것을 희다고 여깁니다[將黑作白]. 그들은 검은 것을 보고도 검은 것인 줄을 모르고 "아, 이것은 흰 것이야."라고 말합니다. 장흑작백이란 이성(理性)이 없다는 것을 나타냅니다. 이성이 없으므로 많은 것을 탐하며, 무엇이든 많은 것 좋아합니다. 심지어 변을 먹는 똥개처럼, 그도 똥이 많은 것을 탐하며, 똥을 많이 먹을수록 가장 좋다고 느낍니다. 그러나 사람은 그것을 보고 "아이구, 저걸 어떻게 먹어!"라고 말하지만, 개는 먹을수록 향기롭고 달콤하다고 느낍니다. 이것이 바로 "많아도 싫어할 줄 모르는" 것입니다. 장흑작백은 나쁜 것도 좋게 느끼고 무엇이든 더 가지려고 욕심을 내는 것을 말합니다. 심지어 병도 더 많이 얻었으면 하여, 한 가지 병으로는 성에 차지 않아, 두 가지 병을 원하고 약도 더 많이 복용하려고 생각합니다.

시비막변(是非莫辨) : 축생은 옳고 그름을 분간할 줄 모르며, 시비(是非)에 대하여 명료하게 알지 못합니다. 그것은 이성(理性)이 없기 때문입니다. 왜 그는 이성이 없습니까? 탐하는 마음이 있으므로 흐리멍덩하기 때문입니다. 무명이 그를 덮고 있으니 어떤 것도 알지 못합니다. 그러므로 여러분은 욕심을 내어서는 안 됩니다. 출가인은 돈을 탐내서는 안 되지만, "많을수록 좋아"라고 말해서는 안 됩니다. 탐하는 욕심이 지나치면 위험이 생기게 되며, 축생으로 변하기 쉽습니다.

어떤 이는 "우리 출가인은 타락하지 않는다."라고 말하는데, 타락하지 않는다고? 그대가 만약 부처님의 계율에 따라서 수행하지 않으면 더욱 빨리 타락하게 됩니다. 따라서 옛 사람이 '지옥문전승도다(地獄門前僧道多)'라고 말하는데, 이것은 탐하는 마음의 도사, 탐하는 마음의 스님들이 지옥의 문전에서 지옥으로 가려고 기다리고 있는 모습을 뜻합니다. "빨리 나를 지옥으로 떨어뜨려라. 빨리 나를 먼저 들어가게 하시오! 그 곳에 들어가면 놀기 좋거든!"라고 말하는데, 그는 그곳이 놀기 좋은 곳으로 생각하므로 그곳으로 가려고 하지만, 그러나 그곳에 가면 곧 알게 됩니다. 그곳은 놀기 좋은 곳이 아니라는 것을!

아귀법계(餓鬼法界)

아귀도의 중생은 화를 잘 내고
인과의 도리에 미혹하여,
어리석고 전도된 행위가
나날이 많아지고 깊어지네.
鬼類喜瞋
昧果迷因
無明顚倒
日積月深

일반 사람들은 모두 귀신에 대해서 알고 있습니다. 어떤 사람은 귀신이 존재한다고 믿고, 어떤 사람은 귀신이 없다고 말하며, 심지어 불교도 중에서도 귀신이 있는 것을 믿지 않습니다.

무엇을 귀신이라고 합니까? 귀신은 바로 음기(陰氣)입니다. 귀신은 그림자는 있으나 형상은 없으며, 형상은 있지만 그림자는 없습니다. 어떤 사람은 귀신은 검은 그림자로 보기도 하는데, 자세히 보면 또 아무것도 보이지 않습니다. 혹은 마치 사람과 같이 보이는데, 그

러나 순식간에 보이지 않습니다. 이러한 도리는 분명하
게 알기가 쉽지 않은 것입니다.

　귀신은 몇 종류나 될까요? 귀신의 종류도 마치 갠지
스 강가의 모래 수만큼이나 많으며, 무궁무진합니다.
큰 귀신, 작은 귀신, 검은 귀신, 흰 귀신, 황색 귀신,
붉은 귀신 등이 있는데, 그대 생각에 얼마나 많겠습니
까? 냄새나는 귀신이 있고, 또한 냄새 없는 귀신이 있
으며, 배고픈 귀신, 배부른 귀신이 있으며, 큰 머리의
귀신이 있으며, 발이 작은 귀신이 있습니다. 재물이 있
는 귀신이 있고, 또 재물이 없는 귀신이 있습니다. 재
물이 있는 귀신은 어떠한가? 그는 세력을 가지고 있으
며, 귀신 가운데에서 왕이 됩니다. 또한 무재귀(無財鬼)
는 세력이 없으며, 가난한 귀신입니다. 가난하기 때문
에 도처로 가서 사람을 괴롭게 합니다. 그대가 만약
귀신의 종류가 얼마나 되는지를 알고 싶으면 수행을
해야 합니다. 오안(五眼)과 육신통(六神通)이 열리면 모
두 알 수 있을 것입니다.

　어떤 사람은 귀신이 존재하지 않는다고 말합니다. 그
러면 나는 그에게 말합니다. 만약 귀신이 존재하지 않는
다면 부처도 없고, 인간도 없으며, 일체의 축생도 없을
것이라고. 왜냐하면 축생도 귀신이 변한 것이며, 인간도
귀신이 변한 것이며, 아수라도 귀신으로부터 변한 것이
며, 심지어 천상, 아라한, 연각, 보살, 부처에 이르기 까
지 모두 귀신세계로부터 올라온 것이기 때문입니다.

무엇 때문일까요? 십법계는 우리들 한 생각의 마음을 떠나지 않기[十法界不離一念心] 때문입니다. 이 일념의 마음에 의해서 십법계가 만들어집니다.

당신이 귀신과 같은 일을 하면, 곧 귀도(鬼道)에 떨어집니다. 당신이 인간의 일을 하면 인도(人道)에 떨어지고, 당신이 아수라의 일을 하면 아수라 속으로 달려갑니다. 당신이 아라한의 일을 하면 아라한 속으로 가며, 연각의 일을 하면 연각 속으로 가고, 보살의 일을 하면 보살의 권속으로 달려가며, 부처의 일을 하면 부처가 됩니다. 당신이 지옥의 일을 하면 지옥에 떨어집니다. 이것은 모두 당신에게 현전하는 한 생각의 마음에 의해서 조성된 것이며, 그러므로 "열 가지 법계는 한 생각의 마음을 떠나지 않는다."라고 말합니다.

귀류희진(鬼類喜瞋) : 무릇 귀신의 무리는 화를 잘 내며, 원한의 마음을 잘 냅니다. 사람들이 그에게 잘해주어도 원한심을 내고, 잘 대해주지 않아도 원망하는 마음을 냅니다. 그가 가장 좋아하는 것은 무엇일까요? 그것은 바로 다른 사람을 괴롭히는 것입니다. 당신이 그에게 잘해주어도 괴롭히고 잘 대해주지 않아도 괴롭힙니다. 따라서 "향을 피워서 귀신을 부른다."라고 말합니다. 본래 향을 피우는 것은 그를 공경하는 것입니다. 당신이 그를 공경하지 않으면, 그는 아직 당신을 괴롭히지 않으나 일단 그를 공경하면, 그는 오히려 당신을 성가시게 굴고, 병을 앓게 합니다. 그래서 공자는 "귀신을 공경하되 그를 멀리 하라[敬鬼神而遠之]"고 말하였습니다. 즉 귀신에 대해서 공경하지만, 그들을 가까이 하지 않고 거리를 두라는 것입니다.

매과미인(昧果迷因) : 귀신은 과보도 이해하지 못하고, 원인도 알지 못하여 인과의 도리에 미혹하기 때문에, 무엇이 좋고 나쁜지를 알지 못합니다. 본래는 선한 인(因)을 심으면 선한 결과를 맺고, 악한 인(因)을 심으면 악한 결과를 맺습니다. 오이를 심으면 오이가 나고, 콩을 심으면 콩이 납니다. 귀신은 이런 도리를 이해하지 못합니다. 그는 가지를 심고서 고추를 따먹으려고 하고, 고추를 심고서 오이를 따먹으려고 합니다. 그들은 이와 같은 도리를 알지 못하기 때문에 어지럽게 제멋대로 행동하는 것입니다. 이것을 매과미인(昧果迷因), 즉 인과의 도리를 이해하지 못한다고 말합니다.

그들의 무명전도(無明顚倒), 즉 어리석고 전도된 이러한 행위는, 나날이 쌓여가고 매월 깊어집니다[日積月深]. 죄업을 저지를수록 더욱 깊어지고, 깊어질수록 더욱 많은 죄업을 짓게 됩니다. 그러므로 날마다 쌓이고 달마다 깊어진다고 말합니다.

지옥법계(地獄法界)

지옥은 근심스럽고 괴로운 곳으로서,
문이 없어도 스스로 파고 들어가네.
미혹을 일으켜 업을 짓고
과보를 받는 순환이 계속 되는구나.
地獄憂苦
無門自鑽
起惑造業
受報循環

가장 마지막의 한 법계는 지옥법계입니다.

지옥우고(地獄憂苦) : 지옥은 가장 즐겁지 않은 곳입니다. 여러분 중에 누가 그곳으로 여행을 가려고 원하는 사람이 있으면, 내가 보증하건대, 즉시 갈 수 있습니다. 어째서 이렇게 말하는가? 당신이 한번 근심하면 곧 지옥을 여행하는 것입니다.

근심하면 지옥에 놀러 가는 것이며,
웃으면, 나이가 들어도 젊어지며,
울면, 지옥에 있는 어두운 방에 갇힌 것이네.

여러분 보세요, 바로 이러한 것입니다. 당신이 만약 근심에 잠기면 지옥의 원인을 심는 것이며, 당신이 만약 웃으면 천당의 원인을 심는 것입니다.

예로부터 신선이 되는 데는 별다른 방법이 없고,
그저 기뻐하고 걱정하지 않는 것이네.

自古神仙無別法, 只生歡喜不生愁

그대가 항상 웃으면 늙어도 젊은 사람과 같습니다. 울면 이것도 하나의 귀찮은 일입니다. 요컨대 지옥에는 즐거운 일이 없고, 단지 근심과 괴로움만 있습니다.

무문자찬(無門自鑽) : 하지만 지옥에는 문이 없으나, 사람들이 스스로 지옥의 문을 열고 그곳으로 뚫고 들어갑니다. 따라서 그것을 '무문자찬(無門自鑽)'이라고 말합니다. 본래 지옥에는 문이 없으며, 인간의 감옥과 같이 인공으로 만들어 그곳에 들어가게 하는 것과는 다릅니다. 누가 법을 범하면 그를 감옥에 가두는데, 지옥은 그렇지 않습니다. 지옥에는 문이 없습니다. 하지만 당신 스스로 지옥에 들어가야 할 때, 그대가 그곳에 이르면 그곳의 문은 바로 열립니다. 그대가 억지로 뚫고 들어가며, 설령 들어갈 수 없어도 뚫고 들어가려고 합니다.

기혹조업(起惑造業) : 어째서 지옥으로 들어갑니까? 무명과 번뇌 때문에 어리석고 이해하지 못하기 때문입니다. 이해하지 못하므로 선업을 짓지 않고 악업을 짓습니다.

수보순환(受報循環) : 당신이 악업을 지으면 곧 지옥에 떨어져 과보를 받습니다. 과보를 받는 것이 돌고 돌며 끝이 없습니다. 어떠한 업을 지으면 그것에 상응하는 과보를 받게 되는 것은 조금도 착오가 없습니다.

십계일심(十界一心)

십법계는 우리의 마음 가운데 있고
현전하는 한 생각을 떠나지 않으며
이 한 생각을 깨달을 수 있으면
곧 저 해탈의 언덕을 오르리.

十界一心
不離當念
能覺此念
立登彼岸

　십법계 가운데 불, 보살, 연각, 성문의 네 가지 법계를 넷 성인의 법계[四聖法界]라고 하며, 천상, 인간, 아수라, 축생, 아귀, 지옥의 여섯 법계를 여섯 범부의 법계[六凡法界]라고 합니다. 이 열 가지 법계는 어디로부터 생겨난 것일까요? 그것은 우리들의 현전하는 이 한 생각의 마음에서 생겨 나온 것입니다.

　우리 사람은 지금 이 세계에 살면서 영원히 사람으로 살 것이라고 생각해서는 안 될 것입니다. 당신이 선한 일을 하면 인간의 몸을 유지할 수 있으나, 그대가 만약 악한 일을 하면 사람의 몸을 유지할 수 없습니다. 혹은 그대가 선을 지으면 선업의 인연이 있으며, 악을 지으면 악업의 인연이 있게 됩니다. 이 선업과 악업의 인연은 그대 스스로 짓는 것에 달려있습니다. 이른바 "선과 악의 두 갈래 길에서 죄업을 짓는 사람은 짓고, 도를 닦는 사람은 닦네."라고 하듯이 그대가 어느 길로 가는가에 달려있습니다. 그대가 선의 길로 향하여 달려가면 그대에게 선업이 생기며, 악의 길로 달려가면 곧 악업이 생기게 됩니다. 이 선악은 바로 인지(因地: 수행하는 과정)에서 말하는 것입니다. 좋은 과보는 모두 그대의 마음을 따르는 상태로 나타나고, 악의 과보는 그대의 뜻을 거스르고 그대의 마음에 들지 않는 것으로 나타납니다. 이런 좋아하고 싫어함이 나타나는 것이 바로 과보입니다.

　　십계일심, 불리당심(十界一心, 不離當念) : 그래서 십법계는 모두 그대의 현전하는 한 생각을 떠나지 않는다고 말합니다.

　　능각차념, 입등피안(能覺此念, 立登彼岸) : 당신이 만약 현전하는 이 한 생각을 깨달으면 곧 피안30)에 이르게

---

30) 피안(彼岸): 미혹의 세계를 차안(此岸)이라고 말하고 이것에 대하여, 깨달음의 세계를 피안이라고 말한다.

됩니다. 이 피안은 무엇일까요? 그것은 바로 깨달음입니다. 깨달음이라고 하는 것은 미혹하지 않는 것이며, 무명(無明)을 깨뜨리는 것입니다. 무명을 깨뜨리면 법신이 나타나며, 즉시 피안에 이르게 됩니다. 즉 "마하반야바라밀"31)인 것입니다. 그러므로 사람은 귀신이 되기를 원하면 귀신의 일을 하고, 부처가 되기를 원하면 부처의 일을 행해야 하며, 사람이 되기를 원하면 사람의 일을 하고, 축생이 되기를 원하면 축생의 일을 합니다. 즉 그대의 마음이 어떤 길로 가느냐에 달려있습니다.

"십법계불리일심념"의 이 책을 여러분들은 간단하게 보지 말아야 할 것입니다. 장래 일천 년 이후에 많은 사람들이 이 책을 보고 깨달을 것입니다. 이것은 장래의 일이며, 지금 우리 가운데 누가 깨닫고 깨닫지 못할지는 알 수 없습니다.

---

31) 마하반야바라밀: 큰 지혜를 갖고, 번뇌를 깨뜨려 깨달음의 경지에 이르는 것. 마하는 '크다[大]'의 뜻이고, '반야(般若)'는 지혜의 뜻이다. 바라밀은 범어 paramita의 음사(音寫)이고, 바라밀다, 혹은 도피안(到彼岸), 도무극(度無極)이라고도 번역한다. 미혹의 차안으로부터 깨달음의 피안에 이르는 것을 뜻한다.

인생의 실상

업(業)과 정(情)

업이 중하고 정에 미혹한 사람은 범부이고, 업이 다하고 정이 텅 빈 사람은 바로 부처이다. 부처는 업이 다하지 않음이 없고, 정이 공하지 않음이 없다. 어떻게 하면 업이 다하고 정이 공하게 되는가? 한마디로 말하기 어렵지만, 요약해서 말하자면 바로 마음을 맑게 하고 욕심을 적게 하며, 화를 내지 않고, 정서를 안정되게 하며, 거스르는 것을 순순히 받아들이면, 업이 점차 소멸하고 정도 점차 비어진다. 우리 일반인의 업력은 매우 중하고, 정에도 너무 미혹하여 하루하루 바쁘며, 아침부터 저녁까지 생활을 위하여 분주하게 쫓아

다닌다.

우리는 자세히 생각해 보면, 몇 천년 이래로 각자는 모두 생활을 위하여 바쁘며, 자라면서 늙어가고 죽으면서 생로병사 가운데서 돌고 돈다. 이것은 무엇 때문인가? 바로 정에 미혹되어 진정한 지혜가 없기 때문이며, 진정한 지혜가 있으면 정에 미혹되지 않을 것이다. 당신이 세계를 보면, 왜 고뇌하고 다투는가? 바로 "정"을 위하기 때문이며, 정이 있으므로 곧 업장이 있게 되며, 업은 바로 이 정을 증가시키는 것이다.

무엇을 업이라고 하는가? 업은 바로 사람의 부담이며, 생명의 부담이고 정신의 부담이다. 이 업은 다행히도 형상이 없는 까닭으로 보이지 않고, 들어도 들리지 않으며, 냄새를 맡을 수 없다. 가령 그것이 형상이 있다면, 벌써 허공을 가득 채울 것이다. 그것이 형상이 없기 때문에 그대의 업장이 많으면 그대가 부담을 져야 하고, 그의 업장이 많으면 그가 부담을 져야 하며, 나의 업장이 많으면 내가 부담해야 한다. 각자가 지은 업은 각자의 창고, 즉 팔식(八識)의 밭에 모인다. 이 창고는 신통이 있어서 업이 중해도 놓을 수 있고, 업이 가벼워도 놓을 수 있다. 그것은 크지도 않고 작지도 않으며, 무슨 분별도 없다. 이것은 모두 그대 자신의 것이고, 다른 사람의 것이 아니며, 누구도 훔쳐갈 수 없고, 누구도 빼앗아 갈 수 없으며, 누구도 가져갈 수 없다.

업에는 선업이 있고, 악업이 있다. 선업이 원만하면 부처를 이루고, 악업이 가득 차면 지옥에 떨어지며 아귀로 전환되고 축생이 된다. 그래서 당신에게 업이 있으면 과보를 받아야 하며, 과보를 받을 때 하늘을 원망하며 말하기를 "하느님은 공평하지 못하다"고 하는데, 이것은 자기가 잘못한 것을 인정하지 않고 남을 원망하는 것이다. 그대는 자기가 당한 것과 얻은 것은 모두 과거에 지었던 원인이 지금 결과를 맺는 것이라는 것을 이해해야 할 것이다. 이른바 원인을 심어 열매를 맺는다고 하며, 착한 원인을 심어 좋은 열매를 맺고, 나쁜 원인을 심어 악한 열매를 맺는다고 하는 것이다. 가지를 심으면 고추가 열릴 수 없으며, 고추를 심었는데 오이가 열리지 않을 것이다.

이러한 원인을 심으면 이러한 결과가 온다는 것을 이해하면, 하늘을 원망하고 남을 미워하지 않게 될 것이며, 또한 남에게 불만을 가지지 않을 것이다. 그렇다면 당신은 그 빚을 인정하면 끝나게 되고, 빚을 갚으면 끝나게 된다. 당신이 남에게 빚을 지고도 갚지 않으면, 시종 마음속에 여전히 부담이 남게 되며, 비록 잠시 갚지 않아도, 장래에 여전히 갚아야 한다. 이른바 "사람을 죽이면 목숨으로 갚아야 하고, 재물의 빚을 지면 돈으로 갚아야 한다."라고 하였다. 국법이 이와 같을 뿐 아니라, 불법도 이와 같다. 그러므로 개개인은 인연을 따라 묵은 업을 소멸하고, 더욱 새로운 재앙을 저지르지 않아야 할 것이다.

무엇을 "정이 공하다"고 하는가? "사람은 초목이 아니니, 어느 누가 정이 없을 수 있겠는가?"라고 하는데, 이 정은 형상이 있어 곧 정에 미혹된다. 한 번 미혹되면 사람마다 괴로움에 오염됨을 즐거움으로 삼는다. 번뇌가 없는데 번뇌를 찾아 받으며, 귀찮음이 없는데 귀찮음을 늘려서 받으며, 고통이 없는데 약간의 고통을 받을 생각을 한다.

정이 비워지려면 즉 자기의 탐욕, 성냄, 구함, 이기심, 거짓말을 줄여야 한다. 그대가 진지하게 실천하고, 정말로 여섯 가지 종지(六大宗旨: 다투지 않고, 탐하지 않고, 구하지 않고, 사사롭지 않고, 이기적이지 않고, 거짓말하지 않음)를 이해하면, 곧 점차 정이 비워질 것이다.

석가모니부처님께서 삼 아승기 겁 동안 복과 지혜를 닦고, 백 겁 동안 32상의 인(囚)을 심었는데, 그렇게 쉽게 업이 다하고 정이 비워지는 것이 아니다. 한 번에 비워지는 것이 아니라, 착실하게 실행을 해야 한다. 우리는 모두 깨달음을 등지고 번뇌를 좇아가서, 지혜를 잊어버리고 육진(六塵) 경계를 따라 움직였다. 업이 다하고 정이 비워지려면 육진(색성향미촉법)에 흔들리지 않아야 할 것이다. 그렇게 되려면 계의 힘이 있어야 한다.

계의 힘이 있으면 선정력이 생기며, 선정력이 있으

면 지혜가 있게 된다. 지혜가 있으면 정에 미혹되지
않을 것이고, 정에 미혹되지 않으면 업에 이끌리지 않
을 것이다. 업이 가벼우면 조금씩 조금씩 깨끗하게 될
것이다. 이것을 말하는 것은 쉽지만, 행하려면 마치 하
늘에 오르는 것만큼이나 어렵다. 그러나 비록 그렇게
어렵지만, 우리는 또한 그 어려움을 위해서 힘쓰고 노
력해야 할 것이다.

나쁜 병을 소멸하는 근원

좌선은 몸과 마음을 조절한다. 몸을 조절하여 살생, 도둑질, 음란함을 범하지 않으며, 마음을 조절하여 탐욕, 성냄, 어리석음을 소멸한다. 몸으로 살생, 도둑질, 음란함을 저지르면 과보를 받아야 하며, 마음속에 탐진치(貪瞋痴)가 많으면 지옥에 떨어진다. 만약 탐진치를 소멸하면 살생, 도둑질, 음란함을 범하지 않을 것이니, 또한 지옥에 들어가지 않을 것이다. 그래서 먼저 마음을 잘 조절하고, 마음을 항복시켜야 한다. 〈금강경〉에 이르기를 "마땅히 머무르는 바가 없이 그 마음을 내야 한다.[應無所住而生其心]"고 하였다. 머무르는 바가 없다[無所住]는 것은 즉 탐진치에 머무르지 않는 것이다. 만약 탐진치를 집착하면 도(道)와 상응할 수 없다.

우리 사람은 왜 살생을 하는가? 모두 탐심으로 말미암으며, 구복(口腹)을 탐하거나 다른 이익을 위하여 비로소 살생을 한다. 국가는 왜 전쟁을 하는가? 모두 탐심이 수작을 부린다. 혹은 재물, 색욕, 명예, 권리를 위하거나, 다른 사람의 재산을 점유하여 자기의 것으로 하기 위하여 살인을 한다. 이런 가운데 살생의 인(因), 살생의 연(緣), 살생의 법, 살생의 업을 포괄하고 있다.

　사람은 왜 훔치고 도둑질을 하는가? 성내는 마음이 있기 때문이다. 성내는 마음이 있으면 기쁘지 않아 남의 재물을 침범하여 빼앗으려고 하며, 노력하지 않고 얻으려고 하기 때문에 도둑질을 하러 간다. 당신이 공짜를 바라는 것도 도둑질이며, 이것도 훔치는 원인, 훔치는 연, 훔치는 법, 훔치는 업을 포함한다.

　사람은 왜 음란한가? 어리석은 마음이 수작을 부리기 때문이다. 우치(愚癡), 즉 아무런 이유도 없이 흐리멍덩하여 음란함이 좋은 것으로 생각하는데, 사실은 자기의 정신과 시간을 상실하고, 자성의 진기한 보배를 상하게 한다.

　사람이 몸을 조절할 수 있으면 살생, 도둑질, 음란함을 범하지 않을 것이다. 이 세 가지 업을 범하지 않으려면, 먼저 탐진치를 소멸해야 한다. 우리 마음속의 망상은 바다의 파도와 같아서 앞의 파도가 가면 뒤의 파도가 따라온다. 이런 망상이 가면 다른 망상이 또 오면서, 마음은 언제나 얌전하게 있지 못하고, 말을 듣지 않는다. 그 마음을 항복시키려면 마음이 마치 어린애가 말을 잘 듣듯이 얌전해져야 한다. 우리는 좌선하여 몸과 마음을 잘 조절하면, 심신에 병이 없을 것이다.

　사람은 왜 병이 생기는가? 몸으로 갖가지의 허물을 짓기 때문에 병이 생기게 된다. 한 층 깊이 말하자면, 사람의 마음에 먼저 병이 생겨 탐진치를 범하므로 비로소 몸에 갖가지의 병을 불러오는 것이다. 마치 지금의 암(癌)과 같이 사람들이 고기를 너무 많이 먹으며, 고기 속에 많은 독소가 함유되어 있기 때문이다. 지금의 물과 공기에는 화학적인 독소가 충만하여 있으며, 우리는 물과 공기에 의지하여 생존하는데, 무형 중에 이러한 오염된 독소를 많이 흡수하는 것이다. 물에 이미 독소가 있으니, 물을 사용하여 키우는 각종 식물에도 독소가 들어가는데, 우리는 이것을 먹는다. 만약 다시 고기를 먹는다면, 더욱 가중된다. 소, 양, 닭, 돼지, 개 등 각종 동물 몸에는 모두 저항력이 있어서 바깥의 독과 세균에 저항하는데, 이러한 저항력이 동물의 몸 안에서 항상 전쟁을 하여 강력한 힘을 형성하고 있다. 그런데 우리가 고기를 먹으면, 이러한 독소가 인체에 영향을 미쳐 갖가지의 변화를 만들어 내며, 곧 암세포를 형성한다.

게다가 현대인은 성욕을 조절하지 못하고 음란하며, 더욱이 동성애까지 하니, 신체 안에 갖가지의 독소가 쌓이면서 에이즈 병이 유행하는 것이다. 우리 사람의 신체는 바로 하나의 작은 화학공장이고, 세계는 대형 화학공장이다. 당신이 무슨 재료를 그 공장에 넣으면, 곧 무슨 제품이 변화하여 나오는데, 지금 넣는 것이 모두 독소이면, 변화하여 나오는 그 힘은 원자탄보다도 더 대단하다.

지금 신문지상에 매일 에이즈 병에 관한 소식이 등

재되는데, 어지러워 어찌할 수가 없으며, 하지만 너무 늦었다. 그럼 어떻게 해야 이러한 악한 병을 항복시킬 수 있는가? 바로 몸과 마음을 잘 조절하고 다스려야 한다. 몸과 마음을 조복하면 이러한 독과 균도 들어올 수 없을 것이다. 참선인은 이러한 병을 두려워할 필요가 없다. 그대가 참선의 도리를 이해하여 잘 수련하면, 세계에 가득찬 모든 병을 소멸할 수 있을 것이다. 따라서 이 좌선반(坐禪班)은 작은 인연이 아니며, 큰 인연이다.

만족할 줄 알면 항상 즐겁다[知足常樂]

옛날 사람은 망상이 적고 욕심도 적어서 그들의 재난도 적었다. 지금의 사람은 망상이 많고 욕심도 많아서 재난도 많아졌다.

재난은 어디로부터 오는가? 사람에게 탐하는 마음이 있고, 만족할 줄 모르는 마음이 있기 때문이다. 만약 탐심이 있고 만족할 줄 모르는 마음이 있으면, 무엇이든지 언제나 부족하다고 느끼고, 많으면 좋다고 생각한다. 한 번 많은 것을 탐하면 곧 재앙이 나온다. 이런 결점(즉 나쁜 버릇)이 발생하지 않으면, 저런 결점이 발생한다. 이런 곤란이 생기지 않으면 저런 곤란이 발생하여 언제나 많은 번뇌가 자기를 괴롭힌다.

본래 평온한 생활이 좋은 것이다. 그러나 오로지 자극을 찾으려고 하며, 자기를 자극시키려고 한다. 이 자극으로 인하여 곧 뒤엉켜서 벗어나려고 해도 벗어날 수 없으며, 아교처럼 강력하게 붙어서 손발을 움직이지 못하고, 그곳에서 최후의 한 찰나 죽음이 오는 것을 기다린다. 죽음이 오면 잘못과 번뇌가 어디서 오는지를 모르고, 죽음의 찰나가 와도 여전히 깨닫지 못한다. 더욱이 오늘의 사회에서 사람들은 서로 다투고 서로 속이는데, 누구의 사기 수단이 고명하면 그 사람이 이긴다.

이 세계는 바로 이러한 모습으로서 사람마다 번뇌와 탐욕, 망상이 분분한 경계상에서 생존하고 있으므로 자기의 무량한 정신을 소모하여 마지막에는 아무 것도 없으며, 최후에 이르러 비로소 이해한다. '아, 내가 만약 조금 일찍 이와 같음을 알았더라면, 그렇게 어리석지 않았을 것이고, 그러면 내가 이렇게 할 필요가 없었을 것이 아닌가?' 이렇게 알아차리면 그래도 괜찮다. 어떤 사람은 죽음에 이르러도 깨닫지 못하고, 놓아버리지 못하는데, 가져가려고 해도 가져갈 수 없으니, 얼마나 괴로운가! 멈춤을 알면 욕되지 않고, 만족을 알면 위태롭지 않으며, 만족을 알면 항상 즐겁고, 참을 수 있으면 스스로 편안하다.

불법을 배우는 어떤 사람이든지 간에, 우선 인욕바라밀을 배워서 모든 것을 허망하고 진실하지 않음을 알고, 무엇에도 집착하지 않아야 할 것이다. 집착이 없으면 바로 즐거움이고, 해탈로서 지혜가 현전한다. 좋습니다. 여러분 모두 지혜가 현전하길 바랍니다.

가정의 핍박

대방광불화엄경 정행품(淨行品)에서 이르기를 "보살은 집에서, 중생이 집의 성질이 공함을 알아 그 집의 핍박을 면하기를 마땅히 발원해야 하네.[菩薩在家, 當願衆生, 知家性空, 免其逼迫]" 이것은 보살이 집에서 수행하는 방법을 설하고 있다. 보살의 응신(應身)은 무량하여 어떤 때는 국왕, 장자, 관리의 몸으로 나타나고, 어떤 때는 비구, 비구니, 청신사, 청신녀의 몸으로 나타난다.

갖가지의 몸으로 나타나 근기에 맞춰 가르침을 베풀고, 사람에 따라 법을 설한다. 출가의 몸을 나타낼 때는 출가의 중생을 제도하고, 재가의 몸을 나타낼 때는 재가의 중생을 접인한다.

집(가정)은 본래 하나의 실체가 없는 것이며, 단지 임시로 지은 이름이지만, 일반인은 도리어 이 집을 집착하며, 집의 본성이 공하고, 단지 하나의 명사라는 것을 모른다. 만약 중국의 글자에 따라 가(家)를 나누어 설명하면, 듣기 안 좋을 것이다. 家의 상변 보개방 밑에 시(豕)자가 있는데, 豕자는 돼지라는 뜻이다. 가정이 있다는 것은 즉 타락하는 곳으로서 안에서 축생, 아귀, 지옥과 합해질 가능성이 있다.

"그 집의 핍박을 면하다[免其逼迫]"는 것은 각자 생각해 보면, 집안에서 번뇌하며 다투고 싸운다. 속어(俗語)에서 말하기를 "집집마다 8회의 연극이 있는데, 노래를 부를 수 있는 사람과 없는 사람이 있네." 노래를 부를 수 있다는 것은 죄업을 짓지 않는 것이고, 노래를 부를 수 없다는 것은 죄를 지음이 적지 않다는 것이다. 이 연극을 할 줄 아는 사람은 모든 것이 허망하고 진실하지 않아 집착할 것이 없음을 안다. 그러나 그는 무대에서 연극을 한다. 따라서 다투지 않고, 탐하지 않고, 구하지 않고, 사사롭지 않고, 이기적이지 않으며, 거짓말을 하지 않으면, 인간, 아수라, 천상의 착한 세계에 태어날 수 있다.

돈이 있으면 돈이 있는 핍박성이 있고, 돈이 없으면 돈이 없는 핍박성이 있다. 돈이 없는 사람은 의식주 등의 방면에서 문제가 생기는데, 이것이 핍박성이다. 돈이 있는 사람도 다투면서 언제나 공평하지 않다고 느끼며, 혹은 말하기를 "당신은 많이 가지고, 나는 적게 가지네." 혹은 "당신이 쓰는 것이 많고 내가 쓰는 것은 적어."라고 하면서 싸우는데, 이것도 핍박성이다.

그러므로 경에서 이르시기를 "집의 성질이 공함을 알면 그 핍박이 없어진다."고 한 것은 사람은 모든 것에 대하여 너무나 진실하다고 생각하기 때문이다. 돈에 대해서도 진지한데, 진지하면 고통도 따라온다. 사실 단지 생활을 유지할 수 있으면 되지만, 사람의 마음은 언제나 가득 차지 않은 항아리를 가득 채우려고 한다. 옛사람이 말한 것이 매우 좋다.

종일 바쁜 것은 단지 배고픔을 위함이며
배가 부르고 나면 다시 옷을 생각하네.
의식(衣食)의 두 가지가 모두 충족되면
집에 아름다운 아내가 부족하네.
애교 있는 아내와 예쁜 첩을 맞이하면
다시 관직이 없어 남에게 업신여겨지네.
5품, 4품의 관리는 낮아서 싫고
3품, 2품의 관리도 높지 않아 싫으며

1품의 관리가 되면 재상이 되고 싶고
다시 남면하는 황제가 되고 싶네.
황제가 되어 왕궁의 대전에 앉으면
다시 신선이 내려와 그와 바둑을 두고 싶네.

우리가 만약 집의 성질이 본래 공하고, 부귀영화가
꿈을 꾸는 것임을 안다면, 다시 무엇을 근심할 필요가
있겠는가? 실로 그럴 필요가 없는 것이다. 이러한 도
리는 매우 평이한 것이고, 사람마다 알지만, 사람마다
큰 집착을 내고, 미혹을 깨트리지 못한다. 만약 그러한
미혹을 깨트리면, 미혹을 돌이켜 깨달음으로 돌아갈 수
있을 것이다. 천고(千古)이래로 가정은 장구한 것이며,
옛날부터 지금까지 변화가 없는 가정이 있었던가? 이
해하면 집착할 무슨 가치가 있는가?

따라서 말하기를 "중생이 집의 성질이 공함을 알아
그 집의 핍박을 면하기를 마땅히 발원해야 한다."고 말
한 것이다. 만약 이해하지 못하면, 정신의 부담이 되어
머리카락이 희고 얼굴에 주름이 지게 될 것이다. 그러
므로 우리는 응당 가정의 문제를 알아야 할 것이다.

이렇게 말하면 가정을 원하지 않아야 하는가? 아니
다. 단지 집착하는 마음을 내지 말고, 평범한 일에 너
무 집착하지 않고 넘어가면 될 것이다. 속어(俗語)에
"우리의 닭은 먹을 것이 있지만 끓는 솥이 가깝고, 들

판의 학은 먹을 게 없으나 천지가 넓네."라고 하였다.

정행품(淨行品)에서 또 말씀하시기를 "부모님을 효성스럽게 섬기며, 중생이 부처님을 잘 섬기고, 일체중생을 보호하고 기르기를 마땅히 원해야 하네.[孝事父母, 當願衆生, 善事於佛, 護養一切]" 이것은 부모에게 효순하는 것을 말한다. 보살은 집에서 부모에게 효순할 줄을 알아야 하며, 따라서 일체중생도 부처님께 효순하기를 발원한다. 하지만 중생이 아직 부처님을 보지 못하므로 마땅히 부모를 부처님으로 여겨야 비로소 참된 효도를 하는 것이다. 고인(古人)이 말하기를 "부모님은 불전의 살아있는 부처님이다."고 하였는데, 부모에게 불효하면서 불법수행에 성취가 있기를 바라는 것은 얼토당토않은 이치다.

따라서 부모에게 효순하는 것이 즉 부처님을 잘 섬기는 것이며, 부처님을 섬기는 것은 근본상에서 공부하는 것이며, 부모에게 효순하는 것은 즉 자손에게 비료를 주고 기름을 넣어주는 것이다. 사람이 만약 불효하면, 후손이 곧 말라죽을 것이다. 그래서 이렇게 말하는 것이다.

천지의 중생은 효를 우선으로 여겨야 하며
효(孝)하는 한 글자로 인하여 전 집안이 편안하네.

부모에게 효순하면 효순하는 자식을 낳을 것이며
효순하는 자제는 반드시 밝고 어질 것이네.

  가장 중요한 것은 부모에게 효순하는 것이고, 부모
가 자식에게 효순하는 것이 아니다. 이것이 비로소 진
정으로 가정을 사랑하고 보호하는 것이다.

말법시대의 위기

지금 우리가 살고 있는 말법시대는 장차 불법이 멸망할 시기로서 마(魔)가 강하고 불법이 약하며, 삿됨이 성하고 바름이 쇠퇴하므로 갖가지의 삿된 학설이 출현하며, 이러한 삿된 학설은 듣기에는 도리가 있는 것 같아도 그러나 그것이 행해지게 되면 나라를 망치고 종족을 멸하여 인류로 하여금 다 같이 없어지게 하는 것이다.

우리는 천지간에 쉬지 않고 번성하며 무궁하게 변화하는 도리가 있으며, 그것은 음과 양, 바름과 삿됨이 있다는 것을 안다. 당신이 만약 음양과 정사(正邪)가 조화를 부려 번성하는 이치를 위배하면, 반드시 멸망의 길을 가게 된다. 지금 전세계는 에이즈(愛死病)를 두려워하는데, 이 이름에서 마땅히 깨달아야 한다.

이 병은 어떻게 죽는가? 바로 어지러운 사랑과 정당한 궤도를 지키지 않고, 생리의 이치를 위반하는 일을 저지르기 때문이며, 또한 도처에서 제창하고 선전하여 인성(人性)을 미혹하게 만들어 누구도 어떤 것이 바르고 삿되며, 옳고 그름을 모르고, 심지어 합법화하기까

지 한다. 이 물건(즉 동성애)을 일단 합법화하면 세계
는 곧 진리가 없어질 것이다.

이것이 무엇인가? 일반인이 미혹되는 동성애인데,
양(陽)과 양, 음(陰)과 음은 상극으로서 이것으로 인하
여 많은 문제가 발생한다. 소위 낮이 있으면 밤이 있
고, 선이 있으면 악이 있고, 거스름(逆)이 있으면 순함
(順)이 있으며, 하늘이 있으면 땅이 있다. 이것은 매우
정상적이며, 상대적인 도리이다. 이와 같은 이유로 옛
날부터 성인(聖人)은 남녀가 한 방에 거주하는 것을 사
람의 큰 윤리라고 제창하였으며, 그래서 비로소 예(禮)
를 정하여 남자 30세에는 장가를 가고, 여자 20세에는
시집을 가게 하였다. 이것은 사람이 지켜야 할 도리(倫
常)이며, 소위 군신, 부자, 형제, 부부, 친구 간 지켜야
할 도리를 오륜(五倫)이라고 한다.

또한 전통의 여덟 가지의 덕(八德) 즉 효·제·충·신·예·
의·염·치(孝悌忠信禮義廉恥)가 있다. 마땅히 이 오륜과 팔
덕에 따라 사람이 되어야 하며, 지금까지 남자와 남자,
또는 여자와 여자가 함께 한 방에 거주하는 것이 사람
의 인륜이라는 것을 말한 적이 없다.

말법시기에 이러한 요마귀괴(妖魔鬼怪)들이 세상에 출
현하여 공공연히 인류의 종족을 절멸하고 망국멸종의
어지러운 윤리를 제창하고 있다. 여러분 각자 생각해보
세요. 만약 사람마다 동성애의 수작을 부리면, 국가에

는 사람이 없을 것이고, 세계에도 사람이 없어질 것이다. 인류 스스로가 자기를 독으로 죽이고 있으며 멸망의 길로 가고 있는 것이다.

지금 이 세계에서 악성병 중에 하나인 에이즈병은 또한 빨리 죽는 병(快死病)이라고 할 수 있으며, 지금까지 치료약이 개발되지 못하고 있다. 이 병은 사람 몸의 면역력을 없게 하여 외부의 삿된 기운이 한번 들어오면 곧 죽는다. 이 병은 독과 독이 만나 마치 원자탄과 같은 심각한 병증을 조성하여 치료하기가 쉽지 않다.

나는 본래 이런 도리를 이야기하고 싶지 않았지만, 내가 느끼기에 지금 아직 이런 삿된 말에 미혹되지 않은 사람들이 많이 있으므로 말할 필요가 있다고 생각하며, 내가 말하게 되면 어떤 요마귀괴들이 불쾌하게 생각해도 나는 내가 하고 싶은 말을 해야 한다.

이것은 큰 재난의 겁(劫)이며, 매우 위험한 시기로서 우리는 방법을 생각하지 않을 수 없다. 그러면 무슨 방법을 사용해야 하는가? 모두 함께 관세음보살을 염하여 이런 큰 재난을 구제하기를 바라는 것이다. 만약 관세음보살께서 신통을 드러내면 무슨 병이라도 기사회생할 수 있을 것이다. 우리 모두는 관세음보살께 귀의하여 멸망하려는 인류를 구해야 할 것이다.

인류의 미래

지금의 과학기술과 물질문명이 이렇게 발달한 시대에서 우리는 잘 생각하고 아울러 자기에게 물어봐야할 것이다. 이런 상황이 사람이 거주하는데 적합한 좋은 시기인지?

과학기술은 인간의 생활을 많이 개선하여 사람은 당연히 그것이 좋은 것이라고 생각하겠지만, 우리는 "즐거움이 극에 이르면 슬픔이 생한다[樂極生悲]"의 도리를 이해해야 할 것이다. 과학의 진보는 비록 좋은 일이지만, 좋은 일도 도리어 불행한 일을 불러올 수 있는데, 눈앞의 텔레비전이 바로 그에 알맞은 예이다. 어떤 사람은 텔레비전에 대한 나의 평가를 반대하여 말하기를 "스님, 당신은 어째서 살아가실 수록 시대를 되돌아가십니까? 당신은 정말로 골동품이군요! 시대를 너무 따라가지 못하십니다."

비록 이와 같을지라도, 나는 여전히 텔레비전이 사람의 생활에 확실히 위협이 되며, 그것은 그야말로 식인마(食人魔)라고 생각한다는 것을 당신은 알아야 할 것이다. 지금의 아이들을 보자! 그들은 공부는 하지 않고 단지 텔레비전 앞에 앉아서 눈을 화면에 고정하고 보는데, 텔레비전이 그들의 정기신(精氣神)을 조금씩 조금씩 짜서 빨아들이고 있다. 저 텔레비전이 아이들에게 무엇을 가르치는가? 그대가 생각하여 얻을 수 있는 각종 이상하고 전도된 길이다. 그들은 어릴 때부터 텔레비전에서 가치있는 것을 배우는데, 도리어 사악하고 유해한 것에 대해서는 한번 가르치면 곧 할 줄 안다. 이렇게 되면 얼마 지나지 않아서 그들은 모든 사람이 할 수 있는 나쁜 일을 다 배울 것이다.

텔레비전이 발명되기 전에는 이 식인마는 라디오였으며, 그것도 사람의 정기신을 흡수하였다. 라디오가 유행하던 시대에 사람의 귀는 언제나 라디오와 가까이 하여 무엇이든 잊어버렸다. 먹는 것도 잊어버리고 잠자는 것도 잊어버리고, 일상생활의 일을 잊어버렸다. 지금 텔레비전도 우리를 미혹하여 어떻게 해야 할지 모르는 지경에까지 이르렀다.

텔레비전을 이어서 나온 것은 컴퓨터이다. 중국어로 그것을 "전자뇌[전뇌]"라고 하며, 이후 당연히 전자눈, 전자귀, 전자혀, 전자코, 전자몸이 생기게 될 것이며, 여섯 가지의 신체기관 가운데 어떤 것을 막론하고 우리의 뜻에 따라 모방하여 만들 것이며(마치 녹음기 같이), 다시 전기만 통하면 이루어질 것이다. 이것으로부터 눈, 귀, 코, 혀, 몸, 뜻이 모두 컴퓨터화 될 것이며, 심지어 뜻[意] 조차도 컴퓨터저장은행과 연결될 것이다.

이런 것이 인간의 좋은 시기인가? 절대로 아니다. 이것은 바로 인류 역사상 암흑의 시대이다. 이러한 어리석음의 시대에 태어나서 인간의 지혜는 모두 물질에 빼앗기고, 진정으로 지혜를 가진 사람은 없다. 왜냐하면 우리의 자성광명은 전부 물질에 가리고 덮였기 때문이다. 일단 물질이 지혜를 대신하게 되면, 인간은 장차 생기가 없고 우둔함이 마치 바보와 같을 것이다. 그러한 시대에는 지혜가 나타나지 않으며, 인간은 유익한 일을 하지 않을 것이다.

너희들은 내가 말하는 것을 반드시 기억해야 한다. 장래의 인간은 퇴화되어 폐물(쓸모없는 인간)이 될 것이다. 그대들 생각에 이러한 문제가 엄중하지 않은가? 너희들은 다시금 주의해서 보아야 한다. 얼마 지나지 않아서 인간은 장래 조금도 쓸모없는 사람으로 변할 것이다. 예를 들어 말하자면, 지금 어떤 사람들은 머리를 짜내어 기이하고 이상한 물건을 발명할 것이다. 이 사람들이 가지고 노는 것은 사람의 유전자를 동물의 몸에 이식하며, 동물의 유전자를 사람의 몸에 이식하여 이러한 유전자를 호환하는 농간을 부릴 것이다. 그대는 그러한 것은 인간이라고 말하지만, 그것은 진정한 인간이 아니다. 그대는 그것을 동물이라고 말하지만, 진정한 동물도 아니다. 그래서 인간과 동물의 유전자를 교류하는 상황 아래서 곧 다양한 돌연변이의 종이 탄생될 것이다.

목전의 이러한 시대에 근거하여 사람이 출생하면 아마도 뿔이 자라거나, 혹은 코끼리의 코가 자랄 가능성이 있다. 내가 볼 때는 사람에게 만약 코끼리처럼 긴 코가 자라나면, 그야말로 괴물이지, 어디에 사람이라고 볼 것인가? 그러나 지금 이러한 기형과 돌연변이가 발생할 가능성이 있다는 것이다.

게다가 오늘날의 과학기술은 이미 통제하기 어려운 국면으로 발전하였다. 이어지는 200년 사이에 전화와 같은 기기는 모두 도태되고, 텔레비전과 컴퓨터도 자연히 소멸되어 보이지 않을 것이다. 왜냐하면 그때에는 인류의 신체에 이러한 기기와 공능을 자동으로 구비하게 될 것이다. 만약 어떤 사람과 연락하려고 하면, 전화를 걸 필요가 없이 단지 자기의 신체에 심은 전화기로부터 상대방의 번호로 신호가 발사되어 같은 기기를 갖춘 상대방은 전화를 받을 수 있을 것이다. "헤이, 안녕!" 여러분 보세요, 전화를 비교해도 이렇게 편리해질 것이다.

이러한 점에 관하여 어떤 사람은 아마 이렇게 생각하는 사람도 있을 것이다. '스님, 당신이 말씀하시는 것은 그야말로 전설같이 터무니없는 이야기이군요!' 그럼 좋다, 내가 당신에게 물어보겠는데, 만약 500년 전 당신이 사람들에게 말하기를 "미래 500년 안에 비행기, 텔레비전, 라디오 등등이 발명될 것이야."라고 하면, 믿을 사람이 얼마나 있을까를 그대는 생각해 본적이 있는가? 모두는 당신을 미친 사람이라고 생각하지 않을까? 그러나 지금 이러한 기기들이 널리 보급되어 어디서나 볼 수 있다.

내가 왜 이런 문제를 언급하는가 하면, 과학의 진보와 물질의 편리함이 인간에 대하여 사실상 결코 좋은 점이 아니며, 유루(有漏: 새는 것)의 것이고 궁극이 아니라는 것을 우리는 알아야 하기 때문이다. 오직 지혜가 있어야 비로소 궁극적으로 원만하게 모든 세계를 이롭게 할 수 있으며, 도덕을 인도하는 사상과 생각으로 삼아야 비로소 모든 사람에게 유익하고 손해가 없을 것이다.

부처님의 '사무량심(四無量心)'인 자비희사(慈悲喜捨)와 같이 이것이 바로 완전하게 중생을 이롭게 할 수 있으며, 오직 심념이 사무량심 위에 뿌리를 내려야 과학이 우리를 위하여 옳게 사용되게 할 수 있을 것이다. 너희들은 듣고 두려워할 필요가 없으며, 이후 우리는 인간의 기본적인 모습을 잊게 될 것이다. 비유하면 우리의 지금 이러한 신체에 대해 장래의 인간은 사람의 모습이 원래 어떻게 생겼는지가 조금도 생각나지 않을 것이다. 왜냐하면 그때가 되면 사람은 동물과 비슷한 모습으로 될 것이기 때문이다. 이것은 내가 사람을 욕하는 것이 아니며, 나의 이러한 예언은 매우 냉혹한 사실이다.

이 세계는 언제나 일정한 법칙에 따라 변화하고 있다. 좋은 것이 극에 이르면 곧 나쁘게 변하며, 나쁨이 극에 이르면 곧 좋게 바뀐다. 사람에게 가난이 극에 이르면 돌연 부유하게 되고, 부자도 하루 밤사이에 재산을 탕진하는 것이 허다하다. 우리는 막 출생했을 때 단지 작은 어린애이지만, 계속 자라서 늙고 병들며 죽는다. 출생과 사망은 멈추지 않고 계속해서 순환하며, 이것도 진보(발전)가 극점에 이른 연후에는 훼손과 소멸의 과정으로 변한다.

우리가 만약 철저하게 이러한 자연의 법칙을 깨달으면, 돈을 버는 일에 그렇게 극성스럽게 하지 않을 것이며, 또한 재물을 잃을 때에도 다음의 두 구절로써 사태를 관망할 수 있을 것이다.

군자는 안빈(安貧)으로 도를 지키고
소인은 오직 이익을 도모하네.

따라서 이렇게 비정상적인 시대에 살면서 우리는 그런 파도에 휩쓸려 우리가 사람이 된 의의(意義)가 어디에 있는지를 망각해서는 안 될 것이다. 우리는 반드시 기억해야 한다. "사람이 이 세계에 온 근본 의의는 무엇인가?" 인생의 의의를 말하다 보니, 솔직히 말하면 만불성성(萬佛聖城)의 여섯 큰 종지[六大宗旨]는 내 일생 중에서 한 가장 가치있는 일이다.

첫 번째는 다투지 않는 것이다.[不爭]

이 표준은 한 방면만을 가르치는 것이 아니다. 나는 누구와도 싸우지 않는다. 그대가 나를 어떻게 비평해도 나는 조금도 받아들이지 않는다. 그대가 나를 무엇이라고 불러도 괜찮다. 고양이? 좋다, 나는 바로 고양이다. 나를 개로 불러도 관계없다, 나는 바로 개다. 당신이 나를 무엇으로 여기든지에 따라 나는 바로 그것이다. 당신이 나를 부처로 보아도 나는 바로 부처이다. 나를 보살로 여겨도 나는 바로 보살이다. 일체유심조(一切唯心造)로서 나는 그대의 마음에 투사되는 것이다.

나 자신은 여기 있는데, 어떻게 여겨져도 나는 자신의 원칙과 관점이 있는 것이다. 어떤 원칙과 관점인가 하면 바로 상대방이 누구든지 불문하고 나는 그와 다투지 않는 것이다. 당신이 어떻게 나를 부르든지에 따라서 나는 모두 받아들일 수 있으며, 어쨌든 나는 절대로 남과 다투지 않는다는 것이다.

두 번째는 탐하지 않는 것이다.[不貪]

남에게 속한 것을 나는 원하지 않는다. 그러나 나에게 속한 어떠한 것이라도, 그대가 원하면 나는 주거나 버릴 수 있다. 일반적으로 사람은 언제나 남이 자기에게 보시하기를 바라지만, 스님인 나는 이러한 보시에 대하여 흥취를 느끼지 않는다. 이러한 태도가 옳지 않다면 우리는 마땅히 피해야 한다.

세 번째는 구하지 않는 것이다.[不求]

즉 궁리를 다하여 필사적으로 돈을 벌려고 하지 않는 것이다. 세상 사람은 항상 이익을 위하여 네가 죽고 내가 살려고 투쟁하는데, 만약 우리가 구하지 않는 도리를 이해하여, 욕심을 적게 하고 만족할 줄 알면[所欲知足], 남들과 충돌을 일으키지 않을 것이다. 이러한 점을 깨닫는 사람은 진정으로 '여섯 가지의 큰 종지'를 이해할 것이다.

어째서 사람은 구하지 않아야 하는가? 구하지 않으면 우리는 그렇게 사사롭지 않을 것이기 때문이다. 사사로움이 있기 때문에 사람은 비로소 구하는 것이 있게 된다. 자기를 위하는 사사로움을 제거하기만 하면 구하는 이유는 곧 다시는 존재하지 않으며, 단지 자기의 이익만을 추구하는 사람이 되지 않을 것이다.

네 번째와 다섯 번째는 사사롭지 않고[不自私] 이기적이지 않는[不自利] 것이다. 이 두 가지는 여섯 종지 가운데 연대관계가 있는 것이다. 만약 사사롭지 않으려면, 먼저 이기적이지 않아야 한다. 그러므로 사사롭지 않고[不自私] 이기적이 않는[不自利] 두 가지는 비슷한 것 같지만, 약간의 구별이 있다.

여섯 번째는 거짓말을 하지 않는 것이다.[不妄語]

거짓말을 하는 것은 자기의 이익을 잃을까 두려워하기 때문이다. 이러한 두려워하는 심리로 인하여 다른 사람을 비평한다. "당신들은 모두 틀렸으며, 오직 나만 옳아!" 왜 그는 이렇게 생각하는가? 왜냐하면 그는 그의 이익을 다른 사람에게 빼앗기는 것을 겁내기 때문이다. 그러나 자신의 이익을 마음에 두지 않는 사람은 거짓말을 할 필요가 없다. 요컨대 신경을 써서 거짓말로 자기도 속이고 남을 속이는 것이 가치가 있는가? 당신이 만약 진정으로 이 여섯 가지 큰 종지[六大宗旨]의 함의(涵意)를 이해하면, 그것이 대표하는 것이 바로 **사람됨의 원칙**이라는 것을 알게 될 것이다.

당신이 만약 여섯 종지를 이해하지 못하면, 이렇게 미쳐 날뛰는 시대에 당신이 하는 행위는 서로 빼앗는 악성(惡性)의 경쟁 속에서 벗어날 길이 없을 것이다. 당신이 일단 이러한 나쁜 풍조와 어울리면, 미친 사람으로 변할 것이며, 그대를 따르는 사람도 그대와 같은 말로를 겪게 될 것이다. 오늘 나는 이러한 것을 여러분에게 알려주고 싶은 것이다.

나는 이 자리에 참석한 젊은이들이 나의 말을 들은 후 절대로 내가 앞에서 언급한 미치광이로 변하지 않기를 바란다. 이 자리에 계신 연장자들은 지금부터 자기의 심지를 맑고 밝게 유지하도록 노력해야 할 것이다. 이 자리에 있는 어린이는 또한 어른과 같이 배워서 미치광이로 변하지 않아야 할 것이다. 그럼 나는 이렇게 말할 것이다. "모든 것은 좋아, 문제 없어! Everything is okay. No problem!"

여기에서 약간 더 이야기하고 싶은 것은 바로 여러분이 내가 텔레비전, 라디오, 컴퓨터를 식인마(食人魔)라고 하는 것을 듣고, 두려워하지 않아야 한다. 내가 이렇게 말하는 주요한 뜻은 여러분이 이러한 기기(機器)들이 원래 어떤 용도로 만들어졌는지를 명백하게 알기를 바라는 것이다. 여러분이 이러한 점을 이해한다면, 이러한 전자제품은 그것이 사람을 조종하고 통제하는 마력(魔力)을 상실하게 될 것이다. 하지만 만약 그것에 미혹되면, 그것은 도리어 여러분을 부리게 될 것이다.

미녀(美女)를 본 반응도 앞의 도리와 비슷하다. 만약 당신이 미녀를 한번 보고, 그녀에게 미혹하여 마음을 빼앗기면, 그것은 그대가 색마(色魔)에 흡수된 것을 나타낸다. 돈을 보고 미혹되면 재물마(財魔)가 몸에 붙게 하는 것이다. 만약 그대가 이름을 크게 내야겠다는 생각을 가진다면, 명예마(名譽魔)의 시험에 빠진 것이다. 만약 그대가 맛있는 음식에 미련을 가지면, 비록 그대가 단지 한번 먹어볼 만한 요리라고 느낄지라도, 그러나 사실은 이미 음식에 사로잡힌 것이며, 음식은 그대의 영성(靈性)과 법신의 혜명(慧命)을 훼손하여 단지 빈 껍데기의 당신을 남길 것이다.

만약 잠자는 것에 미혹되면 당신을 몇 백 년 동안 흐리멍덩하게 만들어 마침내 잠에서 깨더라도, 당신이 시계를 보면 "아, 정오네." 몸을 뒤집어 계속해서 또 잠을 자게 되는데, 이렇게 되면 그대는 바로 수마(睡魔)에 속은 것이다. 여러분은 이러한 점을 이해하였는가?

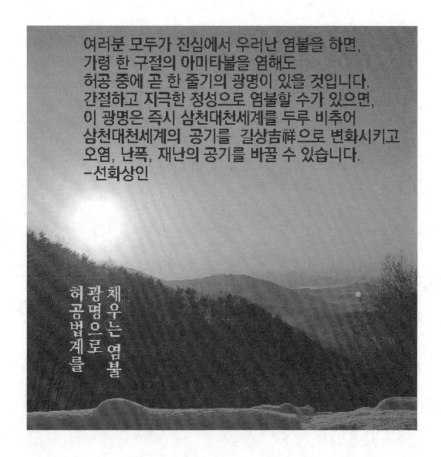

여러분 모두가 진심에서 우러난 염불을 하면,
가령 한 구절의 아미타불을 염해도
허공 중에 곧 한 줄기의 광명이 있을 것입니다.
간절하고 지극한 정성으로 염불할 수가 있으면,
이 광명은 즉시 삼천대천세계를 두루 비추어
삼천대천세계의 공기를 길상吉祥으로 변화시키고
오염, 난폭, 재난의 공기를 바꿀 수 있습니다.
-선화상인

허공법계를
광명으로
채우는 염불

보현보살의 열 가지 행원

보현보살(普賢菩薩)

　보현이란 즉 도가 우주에 편만하고 덕행이 성인과 같다는 뜻이다. 보살은 범어로서 완전하게 말하면 "보리살타(菩提薩埵)"이다. 보살은 깨달은 유정[覺有情]이라는 뜻으로서 일체의 유정중생을 깨닫게 할 수 있다. 무엇을 유정이라고 부르는가? 일체중생을 유정이라 부른다.

오늘 Jerry가 화초가 만약 무정(無情)이라면 어째서
또 자랄 수 있는가라고 물었다. 이 문제를 물은 것은
아주 좋다. 내 지금 간략하게 설명하려고 한다.

초목은 비록 무정(無情)이지만 성질이 있다. 즉 생장
하는 본성[生性]이 있다. 무엇을 생장하는 본성이라고
하는가? 생성(生性)은 곧 유교(儒敎)에서 말하는 인(仁)이
다. 이 인이 바로 본성(性)이며, 또한 도(道)라고 말할
수 있으며, 또한 만물의 어머니라고 말할 수 있다. 우
리 사람은 이러한 인이 있는가? 사람도 당연히 이러한
인(仁)을 가지고 있으며, 그렇지 않으면 사람이라고 부
르지 않는다. 사람이라고 부르지 않으면, 무엇이라고
부를까? 마음대로 불러도 좋다. 왜냐하면 이러한 인을
가지고 있기 때문에 사람이라고 부르며, 인자(仁者)는
사람이며, 합하여 말하면 도라고 하며, 이것이 바로 도
이다.

모든 초목도 이러한 인을 가지고 있다. 초목에는 모
두 생기가 있음을 볼 것이다. 봄이 되면 지엽(枝葉)이
생장하고, 그런 연후에 꽃이 피고 열매를 맺는데, 이런
모든 것은 초목이 인(仁)의 본성을 가지고 있기 때문이
다. 화초와 수목은 인(仁)의 본성을 가지고 있을 뿐 아
니라, 또한 일종의 매우 어리석은 분별[知]을 가지고
있으며, 이런 인의 본성이 단지 매우 작을 뿐이다. 따

라서 여러분이 꽃을 자를 때 그 꽃은 소리를 내며, 일
종의 두려운 소리를 내지만, 단지 사람들이 듣지 못할
따름이다. 만약 과학의 기기(器機)를 사용하면 들을 수
있으며, 이것은 보통의 현상이다. 왜 그것은 소리를 낼
수 있는가? 왜냐하면 그것도 본성(本性)을 가지고 있기
때문이며, 하지만 이 본성이 구족하지 못하고, 단지 조
금 있을 따름이다.

예를 들어 말하면, 만약 어떤 사람이 일백 파운드의
본성을 가지고 있다면, 화초와 수목은 일(一) 온스도
가지고 있지 못하고, 단지 머리카락처럼 그렇게 아주
조금 가지고 있을 뿐이다. 단지 이것은 비유이며, 너희
는 진짜로 여기지 말아야 할 것이다. 그래서 말하기를
"그 법사는 말하기를 사람은 일백 파운드의 본성을 가
지고 있다고 하네." 그런 것이 아니며, 너희는 집착하
지 않아야 할 것이다. 왜 화초와 수목도 본성을 가지
고 있는가? 왜 그것들은 생장하는 시간이 오래되면 일
종의 감각이 생기는가? 왜냐하면 생장하는 시간이 오
래되기 때문에 감각이 생긴다. 중국에서 녹나무[樟樹]가
계를 구한 일이 있으며, 또한 백과수(白果樹: 흰 과일나
무)도 계를 받은 일이 있다. 그들은 왜 계를 받을 수
있는가?

만약 그것이 정이 없다고 말한다면, 어떻게 다시 사
람의 형상으로 변하여 계를 받는가? 이 어찌 모순이
아닌가! 사실 조금도 모순이 아니다. 왜냐하면 너희들

은 이러한 경계를 모르기 때문에 이것을 모순이라고 생각하는 것이다. 만약 이런 경계를 안다면, 이것은 매우 평상한 일이라고 생각할 것이다. 그것이 사람과 함께 이 세계에 오래 머물며 나이가 많아지고 경험도 많아지며, 오래되고 오래되면, 곧 사람의 성질이 나오게 되며, 또한 인(仁)이 생기게 된다. 인이 생기면 곧 정감이 있게 되며, 정감이 있으면 또한 계를 받고 싶어 한다. 그것이 계를 받기 전에는 얼마나 나쁜 일을 했는지를 모르며, 나중에 자기가 이전에 행한 일이 잘못되었음을 알게 된다. 그래서 계를 받으러 가려고 생각하며, 심지어 출가하려고 생각한다.

보현보살은 일체중생을 교화하는데, 유정(有情)뿐만 아니라 무정(無情)의 화초와 초목도 제도하려고 한다. 유정과 무정이 함께 일체종지를 원만하게 이루게 하고, 모두 불도를 이루게 한다. 그래서 보현이라고 부르는 것이다. 그분은 모든 화초와 초목을 제도하기를 원하니, 이러한 행원이 얼마나 큰지를 보라. 우리 일반인은 단지 사람을 제도할 줄만 알고, 생명이 있는 것을 제도하려고 하지만, 그 분은 생명이 없는 것도 모두 제도하려고 한다.

보살(菩薩), 두 글자는 "큰 도의 마음을 가진 중생[大道心衆生]"이라고도 번역하며, 보살도 중생이나 그의 도심은 매우 크다. 또한 개사(開士)라고도 부르며, 보살은 무엇이든 모두 공개적이며, 사사로운 마음이 없고 이기

심이 없으며, 질투심도 없고 남을 장애하려는 마음도
없다.

보현보살은 보살 중의 대보살이며, 작은 보살이 아
니다. 누가 소보살인가? 처음으로 보리심을 발한 보살
은 소보살이며, 보리심을 발한 지 오래되면 바로 대보
살이다. 마치 처음 보살계를 받으면 소보살이지만, 보
살계를 받은 지 오래되고, 또 보살계에 따라 수행하면
곧 대보살이다. 다시 삼백년, 오백년을 지나면 노(老)보
살로 변할 것이다.

여래의 공덕

무엇을 여래라고 하는가? 여래는 부처의 열 가지 명호[十號] 가운데 하나다. 모든 부처님은 이전에 많은 명호가 있었는데, 너무 많기 때문에 사람들이 기억하기가 쉽지 않아서 일만 개의 명호로 줄었으며, 일만 개의 명호도 여전히 기억하기 힘들어 다시 일천 개로 줄어들고, 일천 개의 명호도 여전히 너무 많아서 일백 개로 줄었다. 중생의 기억력이 강하지 못하기 때문에 최후에는 열 개의 명호로 줄어들었다.

여래의 여는 부동(不動)의 뜻이며, 즉 고요함(靜)이다. 래는 움직임[動]의 뜻이다. 따라서 여래는 고요함 가운데 움직임이 있으며, 움직임 가운데 고요함이 있다는 뜻이다. 그리고 여래는 "여실한 도를 타고 정각을 이루다[乘如實之道, 來成正覺]"는 뜻인데, "여실한 도를 타고"는 고요함이며, "정각을 이루다"는 움직임이다. 비록 명칭 상으로 동(動)이 있고 정(靜)이 있지만, 부처의 본체에서는 동도 아니고 정도 아니며, 동정이 둘이 아니다. 동이 정이고, 정이 동이다. 어떤 뜻인가? 동은 정으로부터 생하고, 정은 동으로부터 생하기 때문이다. 따라서 동정이 둘이 아닌[動靜不二] 것을 여래라고 한다.

보현보살은 화엄경(華嚴經) 보현행원품(普賢行願品)에서 여래의 공덕이 모든 공덕보다 수승하고, 모든 공덕이 미칠 수 없음을 찬탄하였다. 여래의 공덕은 말하려고 해도 다 말할 수 없고, 설명하려 해도 다 설명할 수 없다. 비록 다 말할 수 없고 다 설명할 수 없지만, 보현보살은 광대한 행원으로 여래의 특별하고 수승한 공덕을 찬탄한다.

무엇을 공덕(功德)이라고 하는가? 이 공은 세워야 하는 것이고, 덕은 지어야 하는 것이다. 어떤 것이 공을 세우는 것인가? 예를 들면, 학교에서 교사가 마음을 다하고 힘을 다하여 노력하는데, 보수(임금)를 받는 것 외에, 또한 자기의 맡은 업무 외에, 또한 자기의 직책 외의 일을 더 많이 하는 것이 바로 공(功)이다. 덕은 모든 사람에게 좋은 일을 하고 남을 도우면서 대가를 바라지 않으며, 은혜를 베풀고도 보답을 바라지 않는 것이 곧 덕(德)이다. 비유하면 당신이 어떤 한 사람에게 오만 원을 보시하였을 경우, 당신은 이 오만 원 속에 바라거나 도모하여 장래 오십만 원을 얻을 수 있을 거라고 바라지 않는 것이다. 당신이 만약 이러한 심리를 가지고 보시하였다면, 이것은 곧 덕이 없는 것이다. 은혜를 베풀고는 보답을 바라지 않아야 할 것이며, 어떠한 사람에게도 좋은 점이 있어도 그들이 보답하기를 바라지 않아야 하며, 또한 자기에게 무슨 좋은 점이 있기를 바라지 않는 것이 바로 덕이다.

덕에는 큰 덕, 작은 덕의 구분이 있는데, 덕을 짓는데 큰 것은 짓고 작은 덕은 짓지 않아야 하는 것이 아니다. 무엇을 작은 덕이라고 하는가? 무릇 사람들에게 매우 작은 이익이 되는 것이며, 비록 남들에게 작은 이익이 있더라도 지어야 한다. 그대가 작은 덕을 많이 지으면 덕성은 자연히 크게 된다. 그대가 만약 짓지 않으면, 영원히 덕이 생기지 않을 것이다. 그래서 이른바 "도는 행하는 것이다."라고 말한다. 도를 닦음(修道)은 행을 닦아야 하며[修行], 입으로 수도를 말하고 하루 종일 수도를 읊조리기만 하고 시종 행을 닦지 않으면, 그것을 "구두선(口頭禪)"이라고 부르며, 아무런 소용이 없다. 같은 이치로 "덕은 짓는 것이다."라고 하는데, 덕은 지어야 하며, 만약 짓지 않으면 곧 덕이 있을 수 없다. 따라서 "도는 행하는 것이며, 행하지 않으면 어찌 도가 있으며, 덕은 짓는 것이며, 짓지 않으면 어찌 덕이 있을 수 있겠는가?"라고 말하는 것이다. 여래의 공덕은 아무리 찬탄을 해도 다할 수 없는 것이다.

보현보살은 여래의 공덕을 찬탄한 후 화엄법회의 무량무변한 많은 보살과 선재동자에게 말하였다. 화엄회

상에는 무량하게 많은 보살이 있다.

선재동자는 비록 어린아이지만, 그의 신통묘용은 매우 크고 불가사의하다. 선재동자에게는 53분의 선지식이 있는데, 중국불교에 대하여 복잡한 영향을 끼쳤다. 어째서 복잡하다고 하는가? 일부 불교도는 모두 선재동자의 모습을 배우려고 한다. 말하기를 "선재동자에게 53명의 스승이 있는데, 그럼 나는 최소한으로 10명, 20명, 혹은 30명의 스승이 있어야지. 이 정도면 너무 많은 것은 아니지!" 이러한 행위는 가장 미신적이며, 가장 정확하지 않은 것이다.

나는 이전부터 이러한 일을 가장 반대하였는데, 나는 결코 나의 제자가 다른 법사를 스승으로 섬기는 것을 겁내는 것이 아니라, 이것은 불교에서 가장 나쁜 풍조이고 습관이기 때문이다.

어떤 사람은 말한다. "선재동자에게 53명의 선지식이 있는 것은 나쁜 것이 아니고, 중국인이 30, 40명의 스승을 섬기는 것은 가장 나쁜가?" 무릇 모든 일에는 그러한 도리가 있다. 선재동자의 53선지식은 첫 번째 스승이 그에게 두 번째의 스승에게 가서 배우라고 하였기 때문에 스승으로 삼은 것이지, 결코 그 자신이 어떤 사람은 도가 있고 수행이 있다는 소문을 듣고, 곧 스승에게 알리지도 않고 몰래 가서 스승으로 삼은 것이 아니다. 이러한 형태를 "한 스승을 섬기고, 한 스승을 배반하다."라고 하는 것이다. 그대가 만약 스승에게 잘 대하면서, 왜 스승을 위배하려고 하는가? 마치 우리에게 한 분의 아버지가 있으면 충분한 것과 같이, 단지 석가모니부처님이 우리의 두 번째 부친이 될 수 있을 뿐이다. 우리는 7, 8분의 그렇게 많은 부친을 찾으려고 해서는 안 될 것이다. 스승은 출세간의 우리의 법신(法身)부모이며, 그대가 그렇게 많은 스승을 섬겨서 무엇을 하려고 하는가?

선재동자는 그의 첫 번째 스승의 모든 학문, 도덕, 신통묘용을 다 배우고 나서 그의 스승이 더 가르칠 것이 없으면, 곧 그에게 남방으로 가서 어떤 사람을 스승으로 삼아서 배우라고 한다. 그래서 그는 다시 다른 스승에게 절하고 스승으로 섬기며, 다시 이 스승의 모든 재주와 능력을 다 배우고 나면, 이 스승은 다시 그에게 소개하여 남방으로 가서 모모라는 존자, 혹은 모모보살, 혹은 모모비구를 스승으로 삼으라고 가르치며, "그의 도업이 나보다 높다."고 말한다. 이와 같이 그의 스승이 다른 스승을 섬기라고 소개하여 계속 그의 스승이 늘어난 것이지, 그가 스승 몰래 가서 다른 사람을 스승으로 삼은 것이 아니다. 첫 번째 스승이 두 번째 스승을 소개하고, 두 번째 스승이 다시 세 번째 스승을 소개하고, 나아가 이렇게 53번째 스승에 이르기까지 소개하게 된 것이다. 그는 53선지식의 모든 신통묘용을 완전히 배웠으므로 선재동자의 신통묘용이 매

우 큰 것이다. 우리는 그를 어린애라고 보지 말아야
하며, 그의 재주는 매우 크다.

중국의 불교도는 이러한 영향을 받아서인지 도처로
다니면서 어지럽게 스승으로 삼는다. 한 분을 스승으로
삼은 후 다시 몰래 가서 다른 분을 스승으로 삼으며,
다시 한 분, 한 분 스승으로 삼는데, 이것은 모두 불교
의 썩은 부류다. 그래서 내가 중국이나 홍콩에 있을
때, 이미 삼보에 귀의한 사람이 다시 나에게 귀의하려
고 하면, 나는 그들을 받아들이지 않은 것은 무엇 때
문인가? 나는 그들이 가장 안 좋은 불교도라고 생각하
기 때문이다. 이것은 그들의 스승이 그에게 나를 스승
으로 삼으라고 가르친 것이 아니고, 그 스스로 온 것
으로서 이것은 좋은 스승을 위배한 것이기 때문이다.
더욱이 귀의는 단지 한 번 귀의하면 되고, 여러 번 귀
의하면 안 된다. 그러나 수계는 그래도 된다. 당신이
삼계, 사계, 오계, 팔관재계, 혹은 10중(十重) 48경계
(四十八輕戒)의 보살계를 받을 경우 여러 번 받아도 괜
찮다.

그러나 귀의는 한 번 귀의하면 되고, 스승을 섬기는
것도 단지 한 분의 스승에게 절하면 된다. 동(東)으로
가서 한 분의 스승에게 절하고, 서(西)로 가서 한 분의
스승에게 절하면, 그대가 죽을 때 도대체 그대는 어떤
스승을 따라가서 제자가 될 것인가? 갈 곳이 없으며,
근본적으로 귀의할 곳이 없다. 왜냐하면 그대에게 스승

이 너무 많기 때문이다. 더욱이 불교에서 우리는 진리를 중시한다.

중국에서 많은 오래된 불교도들은 일생 이곳저곳으로 오가면서 여러 번 귀의하며, 심지어 수십 번 백 번 귀의하기도 한다, 그대가 그에게 "도대체 무엇이 귀의입니까?"라고 물으면, 그는 눈을 크게 뜨고는 도리어 할 말이 없다. 모른다. 수십, 백 번 귀의를 하여도 도리어 무엇이 귀의인지를 모르니, 이것이 어찌 가련하지 않은가? 그가 말하기를 "모든 출가인은 모두 나의 스승이다."라고 말하면서 귀의하지만, 나는 그에게 한 분의 스승도 없다고 믿는다.

무엇 때문인가? 왜냐하면 그의 마음에는 스승에 대한 믿음이 없기 때문이다. 당신이 스승을 믿으면 구제될 수 있으며, 믿지 않으면 근본적으로 구제될 수 없다. 더욱이 중국에서 비구들 간에 의견이 충돌하는 것은 바로 이러한 제자의 관계로 인한 것이다. 예를 들면, 이 법사의 제자가 다른 법사에게 가버리면, 무형 중에 이 법사는 도덕이 없는 것을 나타내는 것이다. 만약 그에게 도덕이 있으면, 어찌 제자가 다른 스승에게 가버리겠는가? 그래서 두 법사 사이에 의견이 충돌하여 "당신이 나의 제자를 빼앗아 가!"라고 하면서 법사와 법사는 법으로 싸우기 시작한다, 법으로 싸우게 되면 두 스님의 본 모습이 드러나게 된다. 어떤 본 모습인가? 무명의 화가 크게 일어나는 것이다. 이것은 모두 제자가 몰래 다른 스님에게 귀의하는 까닭이다. 당신이 내가 당신의 제자를 빼앗아 갈까 두려워하고, 나도 당신이 나의 제자를 빼앗아 갈까를 두려워하는데, 모두 이런 문제로 그런 것이다. 이것은 불교의 가장 나쁜 습기이며, 나는 미국에서는 이러한 일들이 발생하지 않기를 바란다. 그대는 귀의하려고 하는가? 그대가 좋은 스승을 찾아 귀의한 후에는 다시는 스승을 배반하지 않아야 하며, 스승을 위배하는 제자가 되지 말아야 할 것이다.

선재동자가 비록 화엄경에서 중요한 지위를 차지할지라도, 도리어 중국불교에 대하여는 복잡한 영향을 끼쳤다. 법사는 이미 다른 사람의 귀의제자를 받아들이는 것이 옳지 않고 법에도 부합되지 않는다는 것을 알지만, 왜 여전히 받아들이려고 하는가? 그것은 바로 반연(攀緣)을 위함이다. 한 번 제자를 받아들이면 약간의 붉은 주머니를 얻으며, 붉은 주머니 속에는 돈이 있다. 이 돈을 위하여 곧 법사의 마음을 동요하게 하는 것이 옳지 않음을 명백히 알지만, 또한 그렇게 하는데, 그대 생각에 이것이 복잡한 것이 아닌가?

무엇 때문인가? 첫 번째는 동자를 위함이고, 두 번째는 선재(善財)를 위함이다. 이 선재(즉 좋은 재물) 때문에 곧 사람의 마음이 움직이는 것이다. 재물은 좋은 것이니! 또한 이 어린 동자에게 돈이 많으니, 알록달록한 돈이 수도인의 마음을 요동치게 하며, 잘못된 일인

줄을 명백히 알지만, 다시 그렇게 하는데, 이것이 불교의 가장 나쁜 습기다. 미국불교에서는 이런 일이 발생하지 않기를 나는 바란다.

만약 귀의하고 싶으면, 좋은 스승을 찾아서 귀의하고, 이미 귀의한 후에는 스승을 위배하지 않아야 하며, 스승을 배반하는 것은 바로 반란을 일으키는 불교도이다. 선재동자에게는 53분의 스승이 있으며, 중국불교에 부정확하고 미신적인 풍조를 일으켰다. 미국불교에는 아직 보편화되지 않았을 때 이러한 잘못이 유행되지 않아야 하며, 사람들로 하여금 이러한 습관을 가지지 않도록 해야 한다. 마치 기독교와 천주교의 세례가 단지 한 번 받으면 되는 것과 같으며, 동일한 사람이 이번의 세례에서 깨끗하게 씻기지 못해서 다시 한 번 씻어야 한다고 말하지 않을 것이다. 불교에서도 귀의를 한 번 한 후 다시 한 번 더 할 필요는 없으며, 말하기를 "나는 처음으로 귀의하여 대략 부처님께서 나를 알지 못하므로 다시 귀의하겠다."고 할 필요는 없는 것이다. 그대가 귀의할 때 부처님은 그곳에서 잠을 자서 그대의 귀의를 보지 못하는 것이 아니다.

부처님은 대각(大覺)을 하신 분으로서 단지 그대의 마음속으로 불교에 진정으로 귀의하면 부처님은 곧 이미 아신다. 그래서 "감응하고 도가 교류하는 것은 사의하기 어렵다[感應道交難思議]"라고 말하는 것이다. 그대가 만약 부처님께서 (그대의 귀의를) 알지 못할 것이라고 말한다면, 그대는 근본적으로 부처님을 믿는 것이 아니고, 또한 근본적으로 귀의하는 것이 아니다. 비록 그대가 수천만 번 귀의하더라도 소용없는 것이다. 그대가 어떤 스승에게 귀의한 후에는 반드시 스승을 공경하고 가르침을 존중해야 한다.

내가 이러한 도리를 말하는 것은 결코 나의 귀의제자가 나를 공경해야 한다는 것이 아니다. 그들은 이미 나를 공경하고 있다. 무릇 귀의한 후에는 절대로 위배하지 않아야 하며, 스승을 공경하지 않으면 안 될 것이다. 스승을 공경하지 않으면 지옥에 떨어질 것이며, 어떤 지옥에 떨어지는가? 지장경에서 말하는 천인(千刃)지옥에 떨어지며, 스승에게 효순하지 않는 제자는 곧 지옥에 떨어질 것이다.

어떤 제자들이 스승의 가르침을 따르지 않고, 스승이 가르치는 도리에 의거하지 않고 자기가 별다른 것을 만들어 자기의 뜻에 맞추는 것은 스승의 가르침을 따르는 것이 아닐 뿐 아니라 또한 스승을 비방하고 욕하고 심지어 스승을 때리고 스승을 죽이고, 스승에게 독약을 먹이는 것이며, 갖가지의 방법으로 스승을 해치는 것이다. 이러한 일들이 있는데, 그대들은 웃지 마시게. 이 세계에는 어떤 중생도 다 있으니까. 예를 들면, 스승의 의자에 앉는다거나, 스승의 발우를 가지고 노는 것도 역시 허물을 범하는 것이다. 스승이 그대에게 시켜서 그렇게 하는 것을 제외하고. 스승이 그렇게 하기를 시키지 않았는데, 경솔하게 그렇게 하는 것은 곧 허물을 범하는 것이다. 이러한 관계는 매우 중요한 것이다. 스승이 있는 제자는 자유롭지 못하다. 그러므로 어느 때 어느 곳에서도 스승을 비방할 수 없으며, 스승을 배반하여 서로 담론해서도 안 된다. 이것도 입의 허물을 범하고 죄업을 짓는 것이다.

부처님의 공덕은 말하려고 해도 다 말할 수 없다. 지금 여러분에게 알리고자 한다. "여래의 공덕은 가령 시방세계의 모든 부처님이 언설로는 말할 수 없는, 언설로는 말할 수 없는 수많은 불국토의 극히 미세한 먼지 수만큼의 겁 동안 연이어 계속하여 연설하려고 해도, 다 말할 수 없다." 극미진수는 미진의 극점이며, 미진의 극점은 인허진(鄰虛塵)이다. 너희가 볼 수 있는 하나의 미진(微塵: 햇빛이 비치는 곳에서 볼 수 있는 미세한 먼지)을 다시 7등분으로 나눈 것을 인허진이라고 부른다. 이것은 너무나 미세하여 눈으로 볼 수 없는 것이다.

부처님은 말로는 다할 수 없는 무량무변한 공덕을 가지고 있다. 단지 부처님에게만 있고 일반 중생에게는 없는가? 아니다. 불교는 가장 평등하며, 또한 절대로 전제(專制)적이거나 독재적인 뜻이 없다. 불교에서 말하는 것은 사람마다 모두 부처를 이룰 수 있다는 것이

다. 사람만이 아니라 일체중생, 즉 날고 기는 동물과
식물, 태생·난생·습생·화생의 4생과 12류의 중생 모두
부처가 될 수 있다. 나만 성불할 수 있고 너는 성불할
수 없는 것이 아니다. 또한 다른 종교와 같이 하나의
신만이 참되고, 다른 신은 모두 거짓이라고 말하는 것
이 아니다.

성불(成佛)은 단지 그대가 이루지 못할까 걱정되지,
그대가 이루면 바로 참된 부처이며, 거짓의 부처는 하
나도 없다. 모든 부처는 모두 참된 부처이며, 모든 중
생은 참된 부처가 될 수 있다. 단지 하나의 신이 있다
는 것이 무슨 의미가 있는가? 이것은 고독한 신으로
변한다. 부처는 많은 부처가 있으며, 부처마다 도가 같
고 차별이 없다. 우리 일체중생이 부처의 공덕을 성취
하려면, 마땅히 열 가지의 광대한 행원을 닦아야 한다.
이러한 열 가지의 광대한 행원을 우리가 만약 수행하
여 성공하면, 곧 부처님의 그러한 공덕을 얻을 수 있
다.

무간수無間修 염불

염불 법문을 닦으려면 한 시도 잊지 않고
간단間斷 없이 '나무아미타불'을 염해야만 합니다.
깨어 있을 때도 염하고 잘 때도 염합니다.
이 한 구절 '나무아미타불' 여섯 자의 홍명洪名을
아무리 잡아 찢으려고 해도 찢어지지 않고,
검으로 끊으려고 해도 끊어지지 않게 되면,
그것의 힘은 다이아몬드보다도 더 견고합니다.
당신이 어떤 방법으로 해도 이 한 구절의
'나무아미타불'을 파괴할 수가 없게 되어야
비로소 '염불삼매'라고 할 수 있습니다.
염불이 이와 같듯이, 경을 외는 것도 이와 같으며
주呪를 염하는 것도 이와 같습니다.
－선화상인宣化上人

열 가지 행원(行願)

무엇이 열 가지의 광대한 행원인가?

첫째. 예경제불(禮敬諸佛)

예는 예의, 예법이라는 뜻이며, 예는 서로 간에 공경을 표현하는 것이다. 그대가 사람을 대함에는 예의가 있어야 다른 사람도 그대에게 예의가 있을 것이다. 예는 인의예지신 오상(五常: 사람으로서 지켜야할 다섯 가지 도리)의 하나이다. 사람이 금수와 같지 않은 것은 예의가 있기 때문이며, 만약 예의가 없으면 금수와 다르지 않을 것이다. 따라서 우리는 부처님을 대하여 성심으로 공경해야 한다. 어떤 한 사람을 공경하는데 예(禮)가 있어야 하며, 부처님을 대해서는 더욱 예가 필요하며, 예절을 갖추고 공경해야 한다. 불상은 부처님을 대표하는 상징이며, 따라서 마땅히 부처님을 향해서 공경하게 예를 올려야 한다.

이전에 중국인은 부처님께 절하기를 원하지 않았으며, 지금의 미국인과 같았다. 내가 미국에 오자, 많은 사람들이 나에게 말하였다. "미국인은 부처님께 절하는 것을 가장 원하지 않습니다." 내가 바로 말하였다. "그 것 가장 좋군요, 절하기를 원하지 않으니, 그럼 나는 반드시 그들이 절하도록 해야겠습니다. 만약 그들이 절하지 않으면 불법을 가르치지 않아야죠. 이것은 사양해서 하는 말이 아닙니다."

그대가 절을 하면 나는 불법을 가르치고, 절을 하지 않고 나에게 불법을 배우려고 해도, 나는 그를 가르치지 않을 것이다. 무엇 때문인가? 그대가 부처님께 예의가 없는데 구태여 가르칠 필요가 있겠는가? 이전의 중국인이 비록 부처님을 믿었지만, 도리어 부처님께 절하기를 원하지 않았으니, 원숭이와 같은 것이다. 원숭이에게 절하라고 가르치면 그도 절하기를 원하지 않으며, 또한 말과 소 등이 설령 그들의 마음속으로는 부처님을 공경하더라도 도리어 절을 하지 않는다. 이전의 중국인이 부처님을 대하는 것도 바로 이와 같이 공경하지만 절을 하지 않았다. 마음으로는 부처님을 믿지만 부처님께 절을 하지 않았다. 륵나(勒那)보살이 이러한 정황을 보고, 중국인이 비록 부처님을 믿지만 부처님께 예배하지 않으면 소용이 없다는 것을 알고는 일곱 종류의 절하는 예법을 세워서 어떻게 절하는가를 중국인에게 가르쳤다. 불교가 전해진 각지의 사정은 비슷하였다.

무엇 때문에 지금의 미국인처럼 그 당시의 중국인이 부처님께 절하기를 원하지 않았는가? 왜냐하면 그들은 이전부터 부처님께 절한 적이 없었기 때문이다. 또한 일종의 아상(我相)과 아만(我慢)이 있었기 때문인데, 자기가 수미산보다도 더 높다고 생각하니, 어떻게 부처님께 절할 수 있겠는가? 심지어 어떤 사람은 다른 사람이 부처님께 절을 할 때 그는 나무 막대기 마냥 한쪽에 서 있거나, 어떤 사람은 바위처럼 한쪽에 앉아있거나, 갖가지의 다른 모습이었다.

부처님을 믿는 사람은 반드시 부처님께 절을 해야 하며, 부처님께 절조차도 하지 않으면 어떻게 믿음을 논할 수 있겠는가? 따라서 우리는 반드시 불상에 예배해야 한다. 불상이 비록 나무를 조각한 것일지라도, 우리가 그것에 절하면 무슨 소용이 있는가? 이 불상은 결코 부처님이 아니며, 부처님은 모든 곳에 편만하여 어느 한 곳도 법신이 없는 곳이 없다.

나무의 불상은 단지 일종의 드러내는 법[表法]일 뿐이며, 또한 부처님을 대표한다는 뜻이다. 마치 각 나라마다 국기가 있으며 국민은 국기를 향하여 지극한 공경의 예를 올리는 것과 같다. 국기는 혹은 천으로 만들어졌거나 플라스틱으로 이루어진 것으로서 그대가 그것을 향해 예경한들 무슨 소용이 있는가? 국기는 한 국가를 대표하는 생명이므로 국민은 국기를 향하여 예를 올린다. 이것은 또한 국가에 대하여 공경하는 것이다. 불상도 부처님의 상징이므로 우리는 반드시 불상을 향하여 예배해야 한다. 부처님은 모든 곳에 편만하므로 우리는 사면팔방으로 예배를 해야 하는가? 결코 그렇지 않으며, 우리는 반드시 한 곳에 귀의해야 하며, 귀의한 곳이 있게 되면 목표와 대표가 있는 것이다. 마치 한 국가에 경례하려면 성마다 혹은 현마다 가서 경례를 해야 하는가? 그러면 어떻게 그렇게 할 수 있겠는가? 그러므로 단지 하나의 국기에 경례하면 충분한 것이다. 우리가 불상에 예경하는 것도 같은 뜻이다.

7가지의 예불법은 다음과 같다.

(1) 아만례(我慢禮) : 어떤 사람이 비록 부처님께 절하지만, 아상(我相)이 제거되지 않아 예배가 부자연스럽고, 언제나 이렇게 생각한다. '내가 무엇 때문에 부처님께 절하는가? 내가 부처님께 절할 필요가 있는가?' 그는 억지로 절을 하거나, 혹은 다른 사람이 절하는 것을 보면, 내가 절하지 않으면 쑥스럽게 생각하고, 따라서 그들을 따라 절한다. 하지만 도리어 마음속으로 이렇게 생각한다. '이것은 미신이며, 절하는 것이 무슨 소용이 있는가?' 이 모두 아상이 공하지 못하고 또한 아만이 존재하기 때문이다.

(2) 구명례(求名禮) : 많은 사람이 모모라는 사람은 예불하고 송경하며, 참회의 절을 하면서 정말로 열심히 수행한다는 찬탄하는 것을 듣거나, 혹은 어떤 수행인을

찬탄하는 소리를 듣고서 그도 수행의 명예를 듣기 위하여 예불하고 참회의 절을 한다. 그가 비록 함께 기뻐하지만, 그는 진정으로 부처님께 절하기 위함이 아니라, 명예를 구하기 위하여 절한다. 믿음을 위함이 아니고, 또한 믿지 않아서 절하는 것도 아니며, 남이 부처님께 절하여 공양을 받고 공경과 찬탄을 받는 것을 보고, 그도 공양과 공경과 찬탄을 받으려고 절하는 것이다.

(3) 신심창화례(身心唱和禮) : 남이 예배하는 것을 보고 나도 예배하며, 남이 절하는 것을 보고 나도 절하며, 몸과 마음이 남을 따라 돈다. 남이 어떻게 하면 나도 어떻게 하면서 부처님께 예배하는 것이 좋든 나쁘든 관여하지 않고, 혹은 바른 믿음이거나 미신이거나를 불문하며, 명예를 구하는 마음이 없어도, 단지 남을 따라 절하는 것이다. 이렇게 부처님께 예배하는 것은 무슨 공덕도 없고 무슨 허물도 없으며, 평범할 따름이다.

(4) 지정례(智淨禮) : 지는 지혜, 정은 청정이다. 진정한 지혜로써 자기의 몸과 마음을 청정하게 한다. 이것은 지혜 있는 사람이 부처님께 예배하는 방법이며, 자기의 몸과 입과 뜻의 삼업을 청정하게 한다. 그대가 부처님께 예배할 때 몸은 살생, 도둑질, 사음을 하려

갈 수 없으므로 신업이 청정해진다. 예배할 때 또한
탐하는 마음, 성내는 마음, 어리석은 마음이 없으며,
단지 부처님께 공경하는 마음이 있으므로 의업도 청정
해진다. 예배할 때 부처님의 명호를 염하거나, 다라니
나 경전을 지송하면 또한 꾸미는 말, 나쁜 말, 이간질
하는 말과 거짓말을 하지 않으므로 구업도 청정해진다.
몸과 입과 뜻의 세 가지 업이 청정해지는 것이 바로
지혜로운 사람이 진정한 지혜로써 부처님께 절하는 것
이며, 이것을 지정례라고 한다.

(5) 변입법계례(遍入法界禮) : 부처님께 예배할 때 내
몸이 비록 성불하지 못했지만, 마음의 본성은 도리어
법계에 충만하다고 관상(觀想)해야 한다. 지금 한 분의
부처님께 절하는 동시에 법계의 모든 부처님께 절한다
고 관상한다. 단지 한 분의 부처님께 절하는 것이 아
니라 법계의 모든 부처님 앞에서 나의 화신이 정례하
며, 동시에 제불보살에게 공양한다. 소위 일체유심조(一
切唯心造)라고 하듯이, 그대의 이런 마음은 법계에 두루
하며, 이러한 예배도 법계에 두루하며, 그대의 이러한
수행도 법계에 두루하게 된다. 모든 삼천대천세계는 법
계의 안에 포함되며, 몸은 허공을 다하고 법계에 두루
하며[盡虛空偏法界], 그대가 행하는 공경의 예배도 허공
을 다하고 법계에 두루하며, 그대가 얻는 공덕도 허공
을 다하고 법계에 두루 가득하다.

(6) 정관수행지성례(正觀修行至誠禮) : 정관이란 마음을 오로지 일심이 되게 하여 부처님에 대한 예배를 관상(觀想)하는 것이다. 한 부처님께 예배하는 것이 바로 법계의 부처님께 예배하는 것이며, 법계의 부처님께 절하는 것도 한 부처님께 절하는 것이다. 시방삼세의 부처님은 모두 한 법신이기 때문이며, 그래서 "부처님마다 도는 같다"고 말하며, 우리는 마음을 오로지 일심으로 예배를 관상해야 한다. 수행은 망상을 지으면 안 된다. 몸으로는 절을 하면서 마음으로는 영화관으로 달려가거나 경마장으로 달려가거나 무도장, 술집으로 달려가서는 안 될 것이다. 표를 살 필요도 없이 갑자기 하늘로, 땅으로 달려가고, 어떤 때는 뉴욕으로 갔다가 다시 샌프란시스코로 달려가면서 그는 자기에게 신통이 있는 것으로 생각할지 모르나, 사실 귀통(鬼通)조차도 없는 것이며, 이것은 단지 망상일 뿐이다. 절을 할 때 망상을 짓는 것은 삿된 관[邪觀]이라고 한다.

정관으로 수행하면 망상을 짓지 않으며, 부처님께 절하는 것도 일심으로 절하고, 두 마음을 쓰지 않는다. 부처님께 절할 때 다른 망상을 짓지 않는 것을 정관수행지성례(正觀修行至誠禮)라고 한다. 이러한 종류의 수행은 한 분의 부처님께 절하는 것이 백천만의 부처님께 절하는 것보다 수승하며, 또한 다른 망상으로 절하는 사람이 백천만 배의 절을 하는 것보다 수승하다. 따라서 수행은 그 문을 알고 들어가야 하며, 법의 문을 알아야 한다. 그대가 만약 그 법의 문을 알지 못하면 비록 같이 절을 하더라도, 그대는 망상을 지으면서 절을 하면 공덕이 없을 것이다.

(7) 실상평등례(實相平等禮) : 실상의 예배는 예를 하지만 예를 하지 않고, 예를 하지 않지만 예를 하는 것이다. 어떤 사람은 이렇게 말할 것이다. "기왕 예를 하지만 예를 하지 않고, 예를 하지 않지만 예를 하는 것이라면, 나는 부처님께 절하지 않아도 곧 절하는 것이네." 이렇게 말하는 것이 아니다. 그대가 비록 부처님께 절을 하지만 절을 한다는 상에 집착하지 않는 것이지, 결코 그대가 절을 하지 않는 것이 곧 절하는 것이 아니다. 이것은 미치고 망령된 것으로 변한 것이다. 이러한 사람은 구제할 약이 없으며 구제할 방법이 없다.

무엇 때문인가? 그는 그러한 집착하는 상으로 인하여 매우 어리석기 때문이다. 실상평등례는 평등하게 삼보에 예배하고 불법승을 공경하며, 절을 하는데 분별이 없이 한 생각도 일어나지 않고 한 생각도 멸하지 않는다. 이것이 바로 불생불멸의 실상평등법이다. "한 생각이 나지 않으면 전체가 드러난다[一念不生全體現]"고 하듯이 그대가 정말로 부처님께 절하여 한 생각도 나지 않는 경지에 이르고, 무인(無人), 무아(無我), 무중생(無衆生), 무수자(無壽者)의 경지에 이른다면, 그대는 곧 법계

와 한 몸이 될 것이다. 그러면 그때 시방세계에 전신
(全身)이 드러날 것이다.

그대의 이 신체가 비록 이곳에 있지만, 도리어 법계
와 같이 그렇게 크며, 또한 바로 실상(實相)이며, 상이
없다. 그대의 몸도 바로 법계이며, 법계도 바로 그대의
몸이다. 이것이 바로 실상이며 무상(無相)이다. 이것이
묘한가 묘하지 않은가? 이전에는 그대의 몸이 단지 수
미산만큼이나 하였다면, 수미산은 법계 속에 있으며,
마치 법계 속의 하나의 먼지만할 따름으로서 수미산이
크다고 여기지 말아야 한다. 하지만 지금 수미산은 도
리어 그대의 법계 속에 있으니, 그대는 수미산을 포함
하고 있다. 그러니 이것이 묘하지 않은가? 모든 우주
의 일체 만물은 그대 자성 속에 있지 않은 것이 없으
니, 이것이 일종의 실상의 평등이며, 불가사의한 경계
이다. 그대가 만약 부처님께 절하면서 이러한 경계에
이르면, 이러한 묘한 점을 다 말할 수 있겠는가? 이것
은 말로는 다 할 수 없는 것이다.

이상으로 삼보에 예배하는 7종류의 예의에 대하여
간단하게 설명하였다. 만약 널리 상세하게 설명하려면
삼백의 예의와 삼천의 위의(威儀)가 있어 매우 많다. 중
국에 예경(禮經) 또는 예기(禮記)라는 책이 있는데, 갖가
지의 예법을 전문적으로 기록하고 있다. 앉을 때는 응

당 앉아야 할 위치가 있으며 매 사람마다 정해진 곳이 있다는 식이다. 어른은 어른이 앉아야 할 곳이 있고, 어린이는 어린이가 앉아야 할 곳이 있으며, 남녀노소 각자 앉아야 할 위치가 있으며, 자기 마음대로 어지럽게 앉으면 안 된다는 것이다.

예기에서 말하는 것을 예로 들면, "어린이는 모퉁이(구석)에 앉아야 한다.[童子隅坐]"고 한다. 예(禮)를 이야기하니, 나는 이전 어렸을 때에 매우 예의가 있었다. 어떠했는가 하면, 나는 남들이 나를 공경하는 것을 좋아했으며, 또한 황제가 되기를 좋아했다. 마을의 모든 애들이 나의 지휘를 받아야 했으며, 내가 시키는 대로 해야만 했으며, 나에게 절을 하게 했다. 그런데 이상한 것은 그들도 나에게 절하는 것을 반대하지 않고 모두 얌전하게 내 말을 잘 들었다는 것이다. 이것은 12세 이전의 일이다. 12세 이후에 나는 죽은 어린애를 본 이후에 비로소 사람은 죽는다는 것을 알게 되었다.

그래서 이후 나는 이러한 나쁜 습관을 고치고는, 다시는 남들이 나에게 절하지 못하게 하였으며, 도리어 내가 남들에게 절하게 되었다. 처음 시작할 때는 먼저 나의 부모에게 아침·저녁으로 3배씩 절하였다. 나중에는 생각해보니 세상에는 나의 부모만 있는 것이 아니라, 천지, 황제, 스승이 있다는 생각이 들었으며, 그래서 천지, 황제, 스승에게도 절하였다. 그때 나는 누가 나의 스승인지도 아직 몰랐지만, 나는 마음속으로 생각하기를 "장래 나에게 반드시 스승이 있을 것이며, 지금은 비록 스승을 만나지 못했지만, 나도 스승을 향해 절을 해야겠다."고 생각하였다. 이렇게 하여 나는 곧 천지와 임금과 부모와 스승께 절을 하게 되었다.

그 후에 나는 또 세상에는 성인(聖人)이 있다고 생각하여 성인을 향하여 절을 하였다. 그리고 현인(賢人)을 향해서도 절을 하였다. 또한 세계에는 부처님이 계시다는 것을 알고 부처님을 향해 절하고, 보살 성문 연각을 향해 절하였다. 또한 세상에 가장 좋은 착한 사람이 있다는 생각이 들어 좋은 사람, 착한 사람들에게 절하였다. 나는 마음속으로 생각하였다. "그들이 착한 일을 하기 때문에 어려운 사람을 도울 수 있구나." 그래서 나는 어려운 사람을 대신하여 그들에게 감사했다.

그후에 또 이런 생각이 들었다. "악인도 가련한 사람이구나. 나는 마땅히 그들을 대표하여 부처님께 절하고 그들을 용서하고 그들의 죄과를 사면하며, 그들이 악을 고쳐 선으로 향하게 하소서." 그래서 나는 세상의 죄가 있는 사람을 대표하여 부처님께 참회의 절을 하였다. 그리고 세상에서 부모에게 효순하지 않는 모든 사람을 대표하여 부처님께 참회하였다. 나는 나쁜 사람 가운데 가장 나쁜 사람이라고 스스로 인정하고 모든 사람을 대신하여 부처님께 절하였다.

이렇게 하여 매번 절을 할 때마다 830여 배의 절을

하였다. 나는 남들이 일어나지 않은 새벽에 일어나 세수하고 옷을 갈아입고 밖으로 나가 향을 피우고 절하였다. 바람이 불거나, 비가 오거나를 막론하고 절하였으며, 심지어 눈이 내려 땅이 얼어도 눈 위에서 절을 하였다. 830여 배의 절을 다 마치면 대략 1시간 반 정도 걸렸다. 저녁에는 사람들이 잠자기를 기다린 후 다시 밖으로 가서 절을 하였다. 이와 같이 많은 해를 절하다가 내가 모친의 묘를 지키는 시묘살이를 하게 되면서 비로소 매일 9배의 절을 하는 것으로 바꾸었다.

무엇을 공경[敬]이라고 하는가? 공경이란 규칙을 따르는 것이며, 궤범(軌範)에 따라 행하는 것으로서 하는 행위가 모두 예에 부합하게 된다. 만약 예를 지키지 않으면 곧 불경함이다. 비유하면 그대가 이 사람에게 공경하면 이 사람 앞에서는 규칙을 준수하게 되는 것과 같다. 만약 이 사람을 공경하지 않으면, 이 사람 앞에서 함부로 행동하는 것과 같은 것이다. 하지만 지금 부처님께 예경하려면, 반드시 매우 경건하고 공경을 다해야 한다.

제불에게 예경하는 것은 바로 시방 삼세의 모든 부처님께 예경하는 것이다. 부처님은 크게 깨달은 분이고, 범부는 취생몽사(醉生夢死)하면서 삼계가 고통이라는 것을 모르며, 또한 삼계를 벗어나려고 생각하지 않으니, 이것이 바로 깨닫지 못한 것이다. 이승(二乘: 성문과 연각)은 범부 속에서 깨달은 자로서 생사가 무상하고 매우 위험하다는 것을 깨닫고 수행하여 치우친 공(空)의 도리를 얻었으며, 사제법(四諦法: 고집멸도의 도리)을 깨달은 자를 성문이라 칭한다. 12인연법을 깨달은 자를 연각이라 한다. 범부 가운데서 깨달은 자라고 할 수 있으나, 오직 스스로 깨달을 수 있으나 남을 깨닫게 하려고 하지 않고, 단지 자기만을 이롭게 하고 남을 이롭게 할 줄은 모른다. 이것을 자각(自覺)이라고 한다.

보살은 아라한과는 같지 않으며, 보살은 스스로 깨닫고 남도 깨닫게 하려고 한다. 자기도 이롭게 하고 남도 이롭게 하려고 한다. 부처님은 보살과는 또 같지 않으며, 보살이 비록 스스로 깨닫고 남도 깨닫게 하지만, 깨달음이 원만하지 못하다. 부처님은 깨달음과 수행이 원만하다. 수행도 원만하고 스스로의 깨달음도 원만하고, 남을 깨닫게 하는 것도 원만하다. 따라서 부처님은 대각(大覺)하신 분으로서 세 가지 깨달음이 원만하고, 만 가지 덕을 갖추신 분이다. 그러므로 부처(佛)라고 부른다. 소승(小乘)에서는 단지 한 분의 부처, 즉 석가모니불이라고 생각하지만, 타방세계에 다른 부처님이 있다는 것을 인정하지 않는다. 소승법은 석가모니부처님이 처음 녹야원에서 다섯 비구를 위하여 설하신 것이다.

따라서 소승인들은 단지 석가모니부처님만 계신 것을 알고 다른 무량한 부처님들은 모른다. 모르기 때문에 시방의 제불은 없다고 말한다. 그러면 그들이 시방제불은 없다고 말한다고 정말로 없는 것인가? 아니다. 그들이 시방제불의 존재를 인정하든 인정하지 않던 여전히 시방제불은 계신다. 시방제불과 석가모니부처님은 한 몸이다. 따라서 "시방 삼세의 부처님은 모두 하나의 법신이네.[十方三世佛, 同共一法身]"이라고 말한다. 지금 보현보살은 광대한 행원(行願)을 발하여 이러한 원을 수행하니 얼마나 큰가? 이러한 원은 불가사의한 경계의 원이며, 그의 원이 얼마나 큰지를 알 방법이 없다. 따라서 보현보살을 원왕(願王: 원의 왕)이라고 칭하며, 그는 원 가운데의 왕이다.

우리는 단지 석가모니부처님, 혹은 아미타불에게만 정례(頂禮: 이마가 땅에 닿도록 하는 절)하는 것이 아니다. 한 부처님께 절하는 것은 모든 부처님께 절하는 것이며, 모든 부처님께 절하는 것이 한 부처님께 절하는 것이다. 한 부처님께 절하는 것은 또한 한 부처님께 집착하는 것이 아니라 실상의 평등한 절을 행하는 것이다. 비록 모든 부처님께 절하거나 한 부처님께 절할지라도, 그러나 형상에 집착하면 안 된다. "나의 공덕은 매우 크다. 왜냐하면 내가 이렇게 많은 부처님께 예배하기 때문이며, 다른 사람은 나처럼 이렇게 수행하지 않는다." 부처님께 예배함에 형상에 집착해서는 안 될 것이다.

예경제불에서 제불은 우리의 예경을 필요로 하는가? 우리가 예불을 하든 예불하지 않든 부처님은 여전히 부처님이다. 결코 내가 부처님께 예배한다고 해서 부처님이 좋은 점을 더 많이 얻는 것은 아니다. 내가 예배하지 않아도 부처님은 좋은 점을 더 적게 얻는 것이 아니다. 우리가 부처님께 예배할 때는 우리 중생의 공경하는 마음을 다해야 한다. 부처님의 분상에서는 늘어나거나 줄어들지 않으며, 따라서 예불함에 집착하지 않아야 한다.

둘째, 칭찬여래(稱讚如來)

우리는 왜 부처님을 칭찬해야 하는가? 여래는 사람의 칭찬을 필요로 하지 않는다. 우리 사람과 같이 그대가 그를 칭찬하면 코도 웃고 눈도 웃으면서 그가 기뻐하는 것이 아니다. 당신이 그를 칭찬하지 않으면, 그는 화를 내며, 코도 화를 내는데, 만약 이러하다면 부처는 사람과 차이가 없을 것이며, 그러면 우리는 부처를 예배할 필요가 없으며, 칭찬할 필요도 없을 것이다. 왜 그런가? 그는 여전히 범부와 같기 때문에 우리는 어찌 그를 예배하고 칭찬할 필요가 있겠는가?

그러면 이미 부처님은 사람들의 찬탄이 필요하지 않은데, 우리는 무엇 때문에 부처님을 칭찬해야 하는가? 이것은 어찌 모순이 아닌가? 이것은 모순이 아니며, 우리가 부처님을 칭찬하는 것은 우리 스스로의 자성(自性)에 공덕이 있기 때문이다. 어떤 공덕이 있는가? 각 개인의 자성에는 모두 광명이 있다. 당신이 만약 부처님을 칭찬하면, 당신의 광명이 나타나 당신의 어두움을 비춰서 없앤다. 그대가 부처님을 칭찬하는 공덕은 무형중에 당신에게 죄업을 짓지 않게 하고, 망상을 짓지 않게 한다. 당신이 망상을 조금 적게 지으면, 그대 지혜의 광명은 곧 조금 더 많이 나타난다.

수도인은 왜 망상을 두려워하는가? 왜냐하면 하나의 망상을 지으면, 곧 자성에 한 층의 검은 것이 오염되기 때문이다. 망상을 짓지 않으면, 자성의 광명이 나타난다. 부처님을 찬탄할 때 마음속에서 부처님을 좋아하면, 곧 부처의 지혜광명과 서로 합하여, 자성의 광명도 그것을 따라 나타난다.

어떻게 하는 것을 "칭찬여래"라고 하는가? 예를 들면,

> 천상과 천하에 부처님만한 분은 없으며
> 시방세계에 또한 비교할만한 분도 없네.
> 내가 세간의 모든 것을 다 둘러보아도

모든 것이 부처님보다 못하네.
天上天下無如佛, 十方世界亦無比
世間所有我盡見, 一切無有如佛者.

아미타불의 몸은 금색이며
32상의 광명이 두루 비춰 비교할만한 것 없고
미간 백호의 광명은 다섯 수미산을 감아돌며
아미타불의 푸른 눈은 네 대해같이 크네
불광 속에서 무량무수한 화신불이 나타나고
화신의 보살들도 무량하고 무변하네.
48가지 대원으로 무량한 중생 제도하고
구품의 연화로 중생을 피안에 오르게 하네.
阿彌陀佛身金色, 相好光明無等倫
白毫宛轉五須彌, 紺目澄淸四大海
光中化佛無數億, 化菩薩衆亦無邊
四十八願度衆生, 九品咸令登彼岸.

이 모두 여래를 칭찬하는 일부분이다. 따라서 두 번째로 닦는 공덕은 바로 여래를 칭찬하는 것이다. 여래(如來)는 금강경에서 이르시기를 "여래는 오는 곳이 없으며, 또한 가는 곳도 없다. 그러므로 여래라고 한다. [如來者, 誣訴從來, 亦無所去, 故名如來.]"라고 하였다.

여(如)는 고요함[靜]이며, 래(來)는 움직임[動]이다. 여

래는 오는 것 같으면서 그의 본체는 움직임이 없다고
말할 수 있다. 여는 이치[理]이고, 래는 일(事)이다. 이
것도 본경의 이사무애(理事無礙)의 경계이다. 본 화엄경
에는 이(理)법계, 사(事)법계, 이사무애(理事無礙)법계, 사
사무애(事事無礙)법계가 있다. 여래는 이사무애의 경계
이며, 또한 부처님 열 가지 명호 가운데 하나이다.

셋째, 광수공양(廣修供養)

널리 공양을 행하는 것이다. 공양에는 여러 종류가
있다. 몸으로 하는 공양, 마음으로 하는 공양, 몸과 마
음으로 하는 공양이 있다. 어떤 것이 몸으로 하는 공
양인가? 마치 출가한 비구와 비구니와 같은 것이다.
이것이 바로 몸으로 제불께 공양하는 것이며, 몸으로
불사를 짓는 것으로서 불법을 수행하는 것이다. 몸으로
공양할 뿐 아니라, 마음으로 공양하며, 진심으로 불법
을 수행하면서 매일 부처님을 향해서 절하고, 예배하
며, 경을 독송하고, 그것을 생각생각에 잊지 않는 것은
언제나 불법 수행을 좋아하는 것을 **몸과 마음의 공양**
[身心供養]이라고 한다.

또한 몸으로 하는 공양이 있는데, 일반 재가인은 정
식으로 출가하지 못하여 바쁜 가운데 틈을 내어 부처
님께 예배하고, 절에 가서 향을 올리며 절하는 것을
몸으로 하는 공양[身供養]이라고 한다. 혹은 바빠서 몸

은 절에 가지 못하지만 매일 집에서 성심성의로 부처님께 향을 올리고 절하며 예배하거나, 혹은 예배하는 것을 관상함을 **마음으로 하는 공양**[心供養]이라고 한다. 혹은 길이 너무 멀거나 갖가지의 원인으로 마음공양을 할 수 있다. 혹은 향과 꽃으로 공양하거나, 혹은 불전에 등(燈)을 켜 공양하거나, 혹은 과일을 사서 불전에 올리거나, 혹은 촛불을 켜 공양을 올리거나, 혹은 최신의 의복으로 부처님께 공양을 올려도 되며, 갖가지로 공양할 수 있다.

"광수공양"은 본래 10가지의 공양이 있으며, 10가지 공양이 100가지 공양으로 변하고, 100가지 공양이 천 가지, 만 가지 공양으로 변할 수 있다. 우리가 한 부처님께 공양할 때 한 부처님 전에서 우리는 무량하고 무변한 법계의 수많은 부처님을 두루 관상하며 공양할 수 있으며, 매 한 분의 부처님 전에서 우리는 공양을 닦는 것을 관상할 수 있다. 당신이 이렇게 관상하는 것을 **법계의 공양**이라고 한다. 법계의 공양은 또한 법계의 공덕을 성취할 수 있으며, 법계의 공덕을 성취하면 법계의 지혜를 얻을 수 있다. 법계의 지혜를 얻게 되면 법계의 과위를 원만하게 이룬다. 따라서 광수공양은 바로 그대의 역량을 다하여 불법승 삼보에 공양하는 것이다.

넷째, 참회업장(懺悔業障)

이전의 죄업과 허물을 고치고, 앞으로 죄와 허물이 생기지 않도록 하는 것이다. 이미 생긴 악은 끊고, 아직 생기지 않은 악은 생기지 않게 하며, 이미 생긴 선은 증장시키고, 아직 생기지 않은 선은 생기게 하는 것이다.

업에는 많은 종류가 있으며, 업장은 세 가지 장애 가운데 하나이다. 세 가지 장애는 업장(業障), 보장(報障), 번뇌장(煩惱障)이다. 지금 업장 참회를 말하는 것은 또한 보장 참회이고, 번뇌장 참회이다. 업장에는 신업(身業), 구업(口業), 의업(意業) 세 종류가 있다. 몸으로 짓는 업으로는 살생, 도둑질, 사음이 있다. 살생은 큰 생물을 죽이는 것에서 미세한 생물 즉 개미, 모기, 파리와 같은 것을 죽이는 것이다. 거친 살생과 미세한 살생 외에 생각으로 죽이는 살생이 있다. 마음속으로 살생을 생각하는 것은 비록 행동으로는 하지 않지만 성계(性戒: 자성의 계)에서는 이미 계를 범한 것이다. 자성 상에서도 마땅히 살생하지 않아야 하며, 마음속에서 살생의 염두가 움직였다면, 보살계에서는 이미 살생계를 범한 것이다.

도둑질도 이와 같이 크게 말하면 다른 나라를 훔치는 것이고, 작게 말하면 남의 물건을 훔치는 것이다. 더 작게 말하면 남의 바늘 하나, 실 한 올, 풀 한 포기, 나무 한 그루라도 훔치는 것이다. 어쨌든 남이 당신에게 주지 않은 것을 당신이 손에 넣으면 모두 훔치는 것이다.

사음의 업에도 큰 것과 작은 것이 있으며, 거친 것과 미세한 것이 있다. 나아가 마음속으로 사음의 한 생각이 움직였다면 이미 자성 상에서 청정하지 못한 것이다.

뜻에는 탐욕, 분노, 어리석음의 세 가지 악이 있다. 그리고 입으로 짓는 네 가지 악이 있다. 꾸미는 말[綺語], 거짓말[妄語], 나쁜 말[惡口], 이간질[兩舌]이다. 이전에 지은 갖가지의 죄업에 대해 우리는 지금 참회하는 마음을 내어야 한다. 이미 지은 것은 앞으로 다시는 짓지 않아야 하며, 아직 짓지 않은 것은 짓지 않도록 하는 것을 참회업장이라고 한다. 그럼 어떻게 참회하는가? 불전에서 통절하게 뉘우치고, 눈물을 흘리며 통곡하면서 진심으로 참회하면, 업장은 자연히 소멸될 것이다. 소위 "하늘에 가득한 큰 죄업도 한 번 참회하면 곧 소멸된다.[彌天大罪, 一懺便消]"라고 하였다.

다섯째, 수희공덕(隨喜功德)

남으로 하여금 자기가 짓는 공덕을 따라 기뻐하게 하는 것이며, 또한 자기가 타인이 짓는 공덕을 따라 기뻐하는 것이다. 그대가 업장을 참회하려고 생각하면,

반드시 수희공덕하여 갖가지 공덕을 지어야 한다. 당신이 자기의 업장을 참회하고, 혹은 일시에 업장이 다 소멸되지 않으면, 마땅히 공덕을 많이 지어야 한다. 수희공덕이 바로 참회업장이며, 참회업장도 또한 수희공덕이다.

왜 다섯 번째는 수희공덕인가? 왜냐하면 네 번째가 참회업장이기 때문이다. 당신이 업장을 참회하려면 반드시 수희공덕을 실행해야 한다. 수희공덕은 일체의 착한 일을 포함하며, 모든 착한 공덕은 함께 따라 기뻐해야 하며, 죄와 허물은 모두 짓지 않아야 한다.

어떻게 수희공덕하는가? 만약 어떤 사람이 남들에게 이로운 한 가지 일을 하기로 제안하는 것이다. 이것을 선(善)이라고 한다. 어떤 것을 공을 세운다[立功]고 하는가? 공은 공공의 일, 대중의 일을 많이 짓는 것이다. 보세요. 공(功) 자는 일하다의 공(工)에 힘 력(力) 자를 더한 것으로서 힘을 조금 더 내어 공공의 일을 하는 것을 말한다. 예를 들면 교량을 놓거나 도로를 만드는 일이다. 당신이 하는 일이 모두에게 이익이 되게 하는 것을 공을 짓는다[作功]고 한다. 공은 보존될 수 있으며 형상이 있어 일반인이 그것을 볼 수 있고, 사람마다 그 일을 누가 했는지를 알 수 있다. 예를 들면 당신이 어떤 학교에 건물을 지어주면 건물에 그대의 이름이 새겨질 수 있는데, 이것을 공을 세운[立功] 것이라고 한다.

덕(德)은 행하여 마음에서 얻는 것으로서 당신이 행한 일로 인하여 마음으로 기뻐하면, 그것을 덕이라고 한다. 이러한 덕행은 일반인이 반드시 알 수 있는 것이 아니다. 덕에는 드러난 덕[顯德]과 감춰진 덕[祕德]의 구분이 있다. 현덕은 그대가 한 일을 일반인이 모두 기뻐하고 매우 드러나 사람들이 모두 아는 것이다. 비덕은 그대가 한 일이 모두에게 이롭지만, 그러나 일반인은 모른다. 예를 들면 신통이 있어 보이지 않게 중생을 돕지만, 그러나 그들은 모른다. 이것을 비덕(祕德)이라고 한다.

수희공덕은 자기가 지은 좋은 일을 마땅히 다른 사람도 따라 기뻐하며 짓게 하는 것이다. 그리고 다른 사람이 지은 좋은 일을 당신이 안 후 또한 그대의 힘을 다하여 다른 사람을 돕는 것이다. 이것을 타인의 공덕을 수희한다는 것이다. 수희공덕은 자기를 수희할 뿐 아니라 타인도 수희하는 것이며, 나아가 법계의 모든 중생이 기뻐한 착한 공덕의 일을 수희하여 그대가 가서 그들이 짓도록 돕는 것이다.

어떤 것을 부처님의 공덕을 수희한다고 하는가? 예를 들면 경을 강의하고 법을 설하여 중생을 교화하는 것이 바로 부처님의 공덕을 수희하는 것이다. 사람들에게 육바라밀을 행하도록 제창하여 보살도를 행하는 것은 보살의 공덕을 수희하는 것이다. 12인연법 닦기를 제창하는 것은 연각의 공덕을 수희하는 것이며, 모든 사람에게 사제법(四諦法) 닦는 것을 알도록 하는 것은 성문의 공덕을 수희하는 것이다. 육도의 중생이 천상인의 공덕을 수희하여 오계(五戒)와 십선(十善)을 닦게 하는 것은 천인의 공덕을 수희하는 것이다. 따라서 수희공덕을 설명하자면 이와 같이 무궁무진하다.

여섯째, 청전법륜(請轉法輪)

무엇을 법륜이라고 하는가? 법륜은 천마외도를 꺾고 항복시키는 작용이 있어 정법을 오래도록 머물게 한다. 부처님께서 성불하신 후 사제법(四諦法)을 세 번 굴려 다섯 비구를 제도하였다. 법륜을 굴리는 것은 즉 법을 설하는 것이다. 부처님을 청하여 법을 설하게 하거나, 보살을 청하여 법을 설하게 하거나, 성문과 연각을 청하여 법을 설하게 하거나, 모든 법사를 청하여 법을 설하게 하는 것을 청전법륜이라고 한다. 마치 매일 경을 강의할 때 두 분의 거사가, 혹은 법사가 나와서 법을 청하는데, 이것을 청전법륜이라고 한다. 이것이 바로 보현행 가운데 하나이다.

법륜을 굴리면 어떤 이점이 있는가? 세상에 법륜을 굴리는 사람이 있으면 마왕은 감히 세상에 나타나지 못한다. 만약 법륜을 굴리는 사람이 없으면, 마왕이 세상에 나온다. 법륜을 굴리는 공덕은 그대가 법을 청함으로 인하여 성취되며, 그대에게 공덕이 있게 되며, 또한 이것도 수희공덕이라고 할 수 있다. 법륜을 굴리면 당신의 지혜를 열 수 있다. 그대가 법사를 청하여 모두를 위하여 법을 설하게 하면, 모두에게 이익이 있게 되는데, 이것이 바로 수희공덕이다.

따라서 열 가지 대원은 연결되어 있는 것으로서 마치 업장을 참회하려면 공덕을 수희해야 하며, 공덕을 수희하려면 법륜 굴릴 것을 청해야 한다. 청전법륜은 단지 경을 강의하고 법을 설하는 것뿐만 아니라 무릇 불교 안에서 하는, 불교와 관련이 있는 모든 일을 전법륜이라고 한다. 예를 들면 경의 강의와 설법의 녹음을 하고, 경전을 번역하며, 나아가 필기를 하여 기록하는 모든 일이 청전법륜이다. 왜냐하면 지금 분명하게 기록한 후 장래 다른 사람에게 들려줄 수 있기 때문에 이것은 법륜 굴리는 것을 준비하는 것이다. 그리고 경을 염송하고, 사경하며, 참선·좌선하는 것이 모두 청전법륜의 하나이다.

그러므로 청전법륜은 단지 하나의 일 뿐만 아니라 무릇 불교 안에서 행하는 모든 일이며, 불교에 유익한 일이면 청전법륜이 아닌 것이 없다. 단지 당신이 이해하기만 하면 바로 청전법륜이며, 만약 이해하지 못하면 이러한 일을 하는 것이 힘들게 느껴지고 매우 피로하게 느껴질 수 있는데, 그러면 이것은 법륜 굴리는 것을 두려워하는 것이라고 할 수 있다.

일곱째, 청불주세(請佛住世)

부처님은 세상에 출현하셔서 머무시다가 그런 연후에 열반에 드신다. 부처님이 세상에 머무실 때는 마치 이 세계에 태양이 나와 온 세상을 비추는 것과 같다. 부처님이 열반에 드시면 세상은 암흑과 같다. 그래서 보현보살은 대원을 발하여 부처님이 세상에 머무시도록 청하는 것이다. 부처님께 열반에 들어가지 마시고 항상 세상에 머무시기를 청한다.

부처님은 중생의 원을 만족시켜 주시는 분으로서 만약 모든 중생이 청불주세하면, 부처님께서는 열반하지 않으실 것이다. 만약 청불주세하지 않으면, 부처님은 마땅히 교화해야 할 중생을 다 교화하시면, 곧 열반에 드실 것이다.

여덟째, 상수불학(常隨佛學)

이것은 항상 부처님을 따라 불법을 배우는 것이다. 불법은 너무나 많다. 그러나 불법 배우는 데 있어서 많은 것을 두려워하지 않아야 한다. 많이 배울수록 지혜도 많아진다. 예를 들면 아난존자는 왜 그의 기억력이 그렇게 좋았는가? 소위 "불법은 대해와 같으며, 아난의 마음으로 흘러들어가네."라고 하듯이, 아난존자는 세세생생 다문(多聞: 많이 듣는 것)을 중시하였기 때문에 그의 기억력이 그렇게 좋은 것이다.

상수불학하려면 게으르지 않아야 하며, 나태하지 말아야 하며, 혼침(昏沈)하지 않아야 하며, 부지런히 계정혜(戒定慧)를 닦아 탐진치(貪瞋痴)를 소멸시켜야 한다. 그대가 부지런히 계정혜(戒定慧)를 닦아 탐진치(貪瞋痴)를 소멸시키는 것이 바로 상수불학이다.

아홉째, 항순중생(恒順衆生)

항은 항상 불변하다는 뜻이고, 순은 따르다는 뜻으로 항상 중생의 경계를 따른다는 것이다. 항순중생이라고 하는데 중생은 전도된 것으로서 당신은 전도된 중생을 항상 따를 것인가? 중생은 근본적으로 지식이 없으니, 그대가 만약 지식이 없는 중생을 항순한다면, 그대는 어찌 어리석음의 길을 가는 것이 아닌가? 항순중생은 중생의 습관을 따르며, 또 그들을 역류(逆流)하는 가운데 구제하는 것을 항순중생이라고 할 수 있다. 왜냐하면 중생은 모두 전도되어 있으며, 전도됨은 바로 역류하는 것이다. 당신이 만약 중생을 따르면, 성불할 수 없을 것이다. 그대가 만약 성불하려고 생각하면, 중생을 따르면 안 될 것이다.

그런데 보현보살은 왜 항순중생하려고 하는가? 그것은 바로 역류하는 가운데서 중생을 순류하도록 하여 그들을 역류 속에서 구출하려는 것이다. 이른바 "범부의 육진 흐름을 거슬러, 성인의 법성 흐름으로 들어가게 하네.[逆凡夫六塵流, 入聖人法性流]"라고 한 것이다. 이 것이 항순중생이다. 중생은 업을 짓기를 좋아하는데, 그대도 설마 업을 지으려고 하는가? 중생은 미혹을 일 으켜, 업을 짓고, 과보를 받는데, 그대가 만약 중생을 따라 그렇게 한다면, 그것은 바로 중생이 아닌가?

항순중생은 또한 항상 중생을 교화하는 번거로움을 싫어하지 않고, 중생이 미혹을 돌이켜 깨달음으로 돌아 가게 해야 한다. 이것은 또한 정진바라밀이라고 할 수 있으며, 죄업을 짓는 중생을 싫어하지 않고, 비록 어떤 중생이 많은 죄업을 저질러도 그를 싫어하거나 포기하 지 않으며, "그를 제도하지 않으면 그가 지옥에 떨어질 것이라는" 마음을 간직하지 말고, 마땅히 자비희사의 마음으로 그를 제도해야, 이것이 비로소 진정한 정진바 라밀이다.

석가모니부처님이 인지에서 도를 닦을 때 산에서 보 시와 정진바라밀을 수행하였다. 한 번은 여러 날 동안 큰 눈이 내려 산 위의 모든 것이 눈에 덮였다. 한 마 리의 어미 호랑이가 새끼를 데리고 먹을 것을 찾으러 나왔으나, 아무리 찾아도 찾지 못하여 곧 굶어 죽을 것 같았으며, 걸음도 제대로 걷지 못할 정도였다. 이때 석가모니부처님은 마음으로 생각하였다. '나는 내 몸을 저 호랑이에게 보시해야겠다. 그들이 먹은 후 보리심을 발하여 위없는 도를 이루기 원한다.' 이러한 원을 발한 후 부처님은 옷으로 머리를 덮고 호랑이의 옆으로 뛰어내렸으며, 몸을 버려 호랑이에게 먹이가 되었다.

이것이 항순중생의 하나이며, 동시에 보시바라밀이며, 또한 정진바라밀이다. 우리가 중생을 항상 따르는 것은 중생을 제도하려는 것이며, 중생을 미혹의 길에서 건져내어, 중생이 나를 따라 도를 닦게 하는 것이지, 중생을 따라가서 자기의 고향을 잃어버리는 것이 아니다.

열째, 보개회향(普皆廻向)

이것은 모든 일, 모든 공덕을 제불에게 회향하는 것이다. 회는 돌아온다는 뜻이고, 향은 나간다는 뜻이다. 회는 안으로 들어오는 것이고, 향은 밖으로 나가는 것이다. 먼저 돌아와야 하며, 그런 연후에 밖으로 나간다. 모든 것은 범부에서 성인(聖人)으로 향하고, 중생에서 부처로 회향한다. 범부를 되돌려 성인으로 향하는 것이 회향이다. 중생을 되돌려 부처로 향하는 것이 회향이다. 일(事)을 되돌려 이치(理)로 향하게 하는 것이 회향이다. 작은 것을 되돌려 큰 것으로 향하게 하는 것이 회향이다. 자리(自利)를 되돌려 이타(利他)로 향하게 하는 것이 회향이다.

일(事)을 되돌려 이치(理)로 향하게 하는 것은 지은 일은 비록 유형(有形)이지만, 무형의 이치로 돌리는 것이며, 유형의 공덕을 다함이 없는 법계로 회향하는 것이다. 작은 것을 되돌려 큰 것으로 향하게 하는 것은 지금 나는 비록 소승이지만 소승법을 닦지 않고 대승법을 닦는 것이다.

우리는 매일 경을 강의한 후 모두 회향게(廻向偈)를 염하는 것과 같다.

"원컨대 이 공덕으로 불국정토를 장엄하고,
위로는 네 가지의 무거운 은혜를 갚고
아래로는 삼악도의 고통을 구제하게 하소서.
만약 보거나 듣는 자가 있으면 모두 보리심을 발하고,
이 보신이 다하면 다함께 극락세계에 왕생하게 하소서."
　　願以此功德, 莊嚴佛淨土, 上報四重恩, 下濟三塗苦.
　　若有見聞者, 悉發菩提心, 盡此一報身, 同生極樂國.

경을 강의하는 것은 법보시이며, 가장 수승한 보시로서 칠보로써 삼천대천세계에 보시하는 공덕보다 더 크다고 말할 수 있다. 비록 공덕이 이렇게 크지만, 이 공덕을 나 스스로 바라지 않고, 이러한 공덕으로 시방 제불의 정토를 장엄하기를 원한다. 위로는 천지, 국왕, 부모, 스승의 갖가지 은혜를 갚으며, 아래로는 지옥, 아귀, 축생의 삼악도 고통을 제도하기를 원한다. 만약 경 강의의 법회를 만나 이 법을 들은 사람은 빨리 보리심을 발하기를 원한다. 우리의 지금 이 신체는 보신이며, 이 신체가 없어지면 모두는 함께 극락세계에 왕생하기를 바란다. 이것이 회향이다. 보현보살의 열 번째의 원은 보개회향이며, 그는 지은 모든 공덕을 제불에게 회향한다.

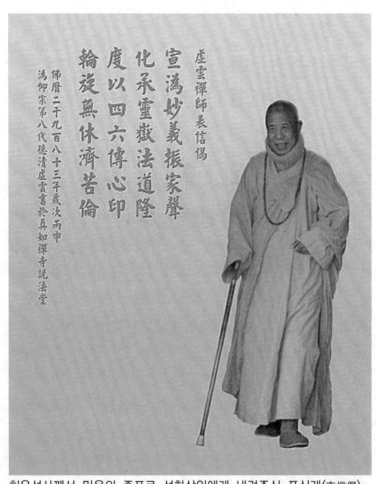

虛雲禪師表信偈

宣溈妙義振家聲
化承靈嶽法道隆
度以四六傳心印
輪旋無休濟苦倫

佛曆二千九百八十三年歲次丙申
溈仰宗第八代德清虛雲書於真如禪寺說法堂

허운선사께서 믿음의 증표로 선화상인에게 내려주신 표신게(表信偈).

봄날의 연꽃

春日蓮華

봄날의 연꽃

선화 상인

선지식의 가르침은 봄날의 햇볕처럼
모든 선한 법의 뿌리와 싹을 기르며,

선지식의 가르침은 밝은 보름달처럼
비추는 곳마다 맑고 서늘하게 하네.

선지식의 가르침은 여름날 눈덮인 산
모든 짐승의 타는 목마름을 없애주고,

선지식의 가르침은 향기로운 못의 햇볕
모든 착한 마음의 연꽃을 피우네.

수행

수행은 행함에 아무 일이 없는 듯이 해야 하며, 탐하는 마음이 있어서는 안 되며, 나는 깨달음을 얻고 싶고, 신통을 얻고 싶다는 등등, 어떻게 하고 싶다는 생각을 해서는 안 됩니다. 어디에 그렇게 빨리 이루어질 수 있겠습니까? 씨앗을 땅속에 뿌리더라도 그것이 싹을 틔워 자라기를 기다려야 하며, 시간이 이르면 그것은 자연히 성숙합니다.

수행이란, 그것을 각자의 본분(本分)으로 여겨야 합니다. 욕심낼 필요가 없고, 시간이 오래 지나면 공덕은 자연히 원만하게 되고, 보리(菩提)의 열매도 성취될 것입니다. 본래 마땅히 성공할 것인데, 욕심이 지나치면 도리어 잘 씹을 수 없는 것처럼, 밥은 한 입 한 입 먹어야지 한 공기의 밥을 전부 입속에 넣으면 입속에 조금의 빈틈도 없으면 어떻게 먹을 수가 있겠습니까? 씹으려고 해도 씹을 수가 없고 더욱 삼킬 수도 없습니다. 밥을 먹는 것이 가장 간단한 비유입니다. 이것을 일러 "욕심이 지나치면 씹을 수가 없다."고 말합니다.

내려놓아라

수도하는 사람은 우선 사사로운 마음[私心]을 가져서는 안 됩니다. 이것은 자기를 보호하기 위한 것일 뿐만 아니라, 전 세계를 유익하게 하기 위함이며, 자기를 내려놓아야[放下] 합니다. 내가 어떻게 위대한가를 생각하는 것이 아니라, 전체적인 대세를 고려해야 하는 것입니다.

생사를 잊지 말라

수도하는 사람은 시시각각 생사문제를 양미간에 걸어 놓아야 하며, 시시각각 생사윤회에서 벗어나려고 해야 합니다.

탐심으로 수행하지 말라

사바세계의 중생은 일거일동이 모두 탐욕스럽고, 화를 잘 내며, 어리석습니다. 세간법을 그들은 탐·진·치로 수행하며, 출세간의 법도 또한 탐·진·치로 수행하려고 합니다. 수행하면서 그는 깨달음에 탐착합니다. 이틀 반의 좌선으로 깨달으려고 하고, 이틀 반의 불법을 닦고 신통을 얻으려고 생각하며, 이틀 반의 염불로 곧바로 염불삼매를 얻으려고 생각합니다! 이러한 탐심이 얼마나 큰지를 보세요, 이 모두 탐심 귀신[貪心鬼]의 나타남입니다.

허물을 고치면서 수도하라

도를 닦으면서 만약 허물을 고칠 수가 없으면, 곧 수도하지 않는 것과 같습니다. 불법을 배우면서 잘못을 알고 반드시 고치지 않는다면 불법을 배우지 않는 것과 같습니다. 소위 "오십 년간 수행하면 사십구 년 동안의 잘못을 안다."라고 하듯이 이전에 행하고 지은 행위에 잘못된 점이 있었음을 알아야 하며, 무릇 이러한 감각을 지닌 사람은 바로 지혜가 있으며, 장래 앞길이 창창합니다. 만약 이전의 잘못을 알지 못하면, 이 사람은 흐리멍덩하게 한 평생을 보낼 것입니다. 헛된 이름을 도모하는 것은 곧 객진(客塵)에 미혹되는 것이며, 이러한 사람은 얼마나 가련합니까!

서원을 발하라

출가 수도자는 서원을 발해야 하며, 발원은 수도에 정진하는 것이며, 발원은 자기를 깨우쳐 나쁜 점을 고쳐 선(善)으로 바꿀 수 있게 합니다. 수도하면서 발원하지 않는 것은 꽃만 피우고 열매를 맺지 않는 나무와 같아서 옳지 않습니다. 만약 이미 서원을 발하였다면, 가장 좋은 방법은 매일 한 번씩 거듭하여 다시금 발원하는 것입니다. 왜냐하면 과거를 돌이켜 보고 새롭게 인식하듯이[溫故知新], 자기가 일찍이 어떠한 원을 발한 적이 있었던가, 마땅히 무슨 일을 해야 하는가를 상기하는 것입니다. 그래야만 비로소 헛된 원을 발하지 않게 되고, 자기와 남을 기만하지 않으며, 또한 발했던 원을 잊어버리지 않게 될 것입니다.

한 번 참회를 했으면 서원을 발해야만 합니다. "이전의 갖가지 죄업은 어제 죽은 것과 같고, 이후의 갖가지 일은 오늘 태어나는 것과 같네.[從前種種譬如作日死, 以後種種譬如今日生]" 이후로는 절대 두 번 다시 잘못을 범하지 않아야, 비로소 죄업을 소멸할 수가 있습니다.

마음의 종자를 청정히 하라

우리들은 자기 스스로 좋은 일을 하고 있다고 여기지만, 사실상 반드시 좋은 일은 아닙니다. 무엇 때문인가 하면 종자가 청정하지 않기 때문입니다. 당신이 탐심을 가지고 좋은 일을 하면, 이것을 '종자가 청정하지 않다'고 일컫습니다. 당신이 남을 이기려는 마음으로 좋은 일을 하는 것도 종자가 청정하지 않은 것입니다.

그러면 어떻게 하면 좋을까요? 즉 '행하는데 일이 없는 듯이 해야[行所無事]' 합니다. 무슨 일을 하더라도 모두 우리들의 본분으로 여기고, 바깥으로 치달려 추구하지 않아야 하며, 구하고 찾는 바가 있어서는 안 됩니다.

선정으로 마음을 청소하라

망상이 일면 어떻게 해야 좋을까요? 그때는 마음의 청소를 해야 합니다. 어떤 방법을 쓰면 될까요? 즉 선정을 사용하는 것입니다. 선정의 공부는 망상을 말끔히 씻어낼 수가 있습니다. 선정을 닦을 때는 정진과 인욕으로 도와야 합니다. 그런 연후에 보시와 지계로써 도와 사명을 완성하는 것입니다.

마(魔)를 호법으로 삼아라

수도할 때에는 이 생사의 문제를 상기해야 하며, 어떠한 마(魔)일지라도 전부 호법(護法)으로 삼아야 하며, 그들은 당신의 수도를 도우러 온 것입니다. 어떤 사람이 당신을 욕하고 때리더라도 그는 당신의 수도를 돕는 것입니다. 어떤 사람이 당신의 옳고 그른 점을 말하고 당신을 성가시게 굴더라도 이 또한 당신의 수도를 돕는 것입니다.

결론지어 말하면, 역경(逆境)이 와도 순경(順境)처럼 받고, 그들을 당신의 수도를 돕는 친구로 삼는다면, 번뇌는 곧 없을 것입니다. 번뇌가 없어지면 즉시 지혜가 생겨납니다. 진정한 지혜가 있게 되면, 그때에는 일체의 마구니는 모두 당신의 마음을 흔들 수가 없습니다.

탐심은 눈(眼) 속의 모래와 같다

수도하는 사람은 마치 눈[眼]과 같이 청정하여 한 알의 모래조차 용납할 수 없게 해야 합니다. 만약 눈 속에 모래가 있으면 반드시 편하지 못해서 뭔가 방법을 써서 그것을 제거하려고 들 것입니다. 그렇지 않으면 몸과 마음이 편안하지 못합니다. 도를 닦는 것도 이러한 상황입니다. 이 모래란 무엇일까요? 바로 '탐심'입니다. 탐하는 마음이 일면 모든 일마다 변화를 일으키며, 본래 청정한 것인데 탐하는 마음이 일어나 곧 화학작용을 일으켜 청정한 물을 더러운 물로 변하게 하고, 남들에게 이익을 주지 못하며 도리어 자기를 해치는 것입니다.

우리들이 수도하는 중요한 목적은 생사를 벗어나기 위함이지, 감응을 구하기 위하여 수도하는 것이 아닙니다. 잘 기억하십시오! 의도하는 바를 가지고 수도해서는 안 되며, 성취를 구하거나 감응을 구하기 위하여 수도를 한다면, 그것은 큰 잘못입니다.

명리를 위하여 수행하지 말라

옛 사람들의 공부는 이치를 밝히려고 하며[明理], 사람이 되는 도리를 이해하려는 것으로서 어떻게 하면 모든 악을 짓지 않고 온갖 선행을 받들어 행할 것인가를 생각하고, 효(孝), 제(悌), 충(忠), 신(信), 예(禮), 의(義), 염(廉), 치(恥)를 학습하였습니다. 요즘의 공부하는 이들은 모두 명리(名利: 명예와 이익)를 위함으로 '명리(明理)'와 '명리(名利)'의 두 단어의 음은 비슷하지만, 그러나 행하는데 있어서는 큰 차이가 있어 십만팔천 리나 서로 벌어집니다.

명예와 이익을 위해 공부하는 사람은 단지 어떤 책을 읽으면 큰돈을 벌 수 있을까를 생각합니다. 예를 들면 의학이나 과학을 공부하면 큰 돈을 벌 수 있지만, 이렇게는 생각하지 않습니다.

'나의 공부는 장래 대중의 행복을 도모하기 위한 것이며, 의학을 배우는 일은 세상을 구제하고 사람을 구하기 위함이며, 남을 이롭게 하고 자기도 이롭게 하기 위함이다.'

인욕으로 수행하라

인내는 가장 중요한 것으로서 즉 당신으로 하여금 당신이 참고 싶지 않은 일을 참게 하는 것입니다. 예를 들면 내가 욕을 얻어먹고 싶지 않아도 어떤 사람이 나를 욕하면 나는 기쁘게 받아들이는 것입니다. 나는 두들겨 맞고 싶지 않아도 어떤 사람이 나를 때리면 나는 더욱 기뻐합니다. 나는 남에게 살해당하고 싶지 않으며, 생명은 귀중한 것이지만, 그러나 어떤 사람이 나를 죽이려고 하면, 이것은 내 일생의 업장을 그치고 벗어나게 하는 것이며, 그는 나의 진정한 선지식이라고 생각하는 것입니다.

그러므로 여러분들! 불법을 배우는 것은 반대로 생각해서 배우고, 수도도 반대로 생각하면서 닦아야 합니다. 어떻게 반대로 생각하는가? 즉 당신이 원하지 않는 일도 원하는 것입니다. 그러나 당신이 원하지 않는 일을 또한 다른 사람에게 떠넘기라는 것이 아닙니다.

수행의 세 가지 비결

가장 진실한 수행법으로서 수행에 세 가지의 비결이 있습니다.

1. **진실함[眞]** : 거짓을 지녀서는 안 되며, 무슨 일이든 모두 진실되게 해야 합니다.

2. **성실함[誠]** : 매우 공손하고, 성실하며, 게으르지 않고, 건성으로 하지 않습니다.

3. **꾸준함[恒]** : 항상 변하지 않고, 영원히 변하지 않습니다.

무릇 일거일동, 한 마디 말이나 하나의 행동도 모두 진실되고, 성실하며, 꾸준한 세 가지의 마음을 가져야 합니다. 어떤 일을 하더라도 모두 이 세 가지의 마음이 있으면 장래 반드시 성취할 수 있습니다.

복과 지혜를 닦아라

공덕을 많이 짓고, 무릇 중생에게 이익 있는 일을 힘써 행하는 이것이 복을 닦는 것입니다. 경전을 독송하고, 경전을 연구하는 것은, 소위 "경장에 깊이 들어가 지혜가 바다와 같아진다.[深入經藏, 智慧如海]"라고 하듯이, 이것은 지혜를 닦는 일입니다. 복과 지혜는 심고 가꾸는데서 오는 것이며, 만약 심고 가꾸지 않으면 언제나 복과 지혜가 없습니다.

경계가 오더라도 번뇌를 내지 말라

수도인은 번뇌가 생기는 것을 가장 두려워하며, 따라서 "번뇌가 다함이 없으나, 모두 다 끊으리라.[煩惱無盡誓願斷]"고 말하는 것입니다. 번뇌를 끊는 일은 수행자에게 있어 가장 시급한 일입니다. 어떤 경계가 오더라도 번뇌를 내지 않으면, 이것이 정력(定力)이 있는 것입니다.

번뇌를 내지 않으면 그렇게 많은 사욕(私慾)이 없을 것이며, 사욕의 원천은 번뇌이며, 무명을 일으켜 이에 따라 병통이 생깁니다. 번뇌가 없다는 말은 결코 아무도 당신을 귀찮게 하지 않기 때문에 당신에게 번뇌가 없다는 뜻이 아니라, 어떤 이가 와서 당신을 어지럽히고 건드리고 때리더라도 당신은 모두 번뇌를 일으키지 않는 것을 뜻하며, 이것이야말로 진정으로 선정력이 있는 것입니다.

사심(私心)이 없는 것이 계율의 근본

계율의 근본은 단 하나로서 바로 사사롭지 않은 것입니다. 사람이 만약 사심(私心)을 가지면, 곧 계를 범하게 되며, 만약 사심이 없으면 계를 범하지 않을 것입니다. 같은 이치로, 사람에게 사심이 있으면 법을 범하게 되고, 사심이 없으면 법을 범하지 않을 것입니다.

계율은 수행자의 생명이다

계율은 바로 수행자의 생명입니다. 만약 계를 범하면 생명이 끊어진 것과 같이 슬픈 일입니다.

세존께서 열반에 드시려 할 때, 일찍이 아난존자에게 이르시기를 "계를 스승으로 삼아라."고 하셨습니다. 이것으로 비추어 보아 계율이 얼마나 중요한지를 알 수 있습니다.

수도인은 운명을 초월해야 한다

일반인은 운명에 일정한 정해짐이 있다고 생각하며, 소위 "운명이 팔 척(八尺)이라면, 일 장(一丈)을 구하기 어렵다"라고 합니다. 맞습니다. 그러나 이것은 보통 사람을 가리켜서 하는 말입니다. 만약 수도인이라면, 이러한 범주에 들지 않으며, 또 수도인은 주역[易經]에 묻지 않으며, 그것은 일반 범부가 사용하는 것입니다. 수도인은 생사조차 다해 마칠 수가 있는데 하물며 다른 운명은 무엇 하겠습니까? 더욱 마땅히 (운명을) 초월해야 할 것이며, 따라서 거들떠보지 않아야 합니다.

자기를 버리고 남을 위함이 불법이다

무엇을 불법이라고 부르는가? 불법은 바로 세간법입니다. 하지만 이것은 세상 사람들이 행하기를 원치 않는 법입니다. 세간의 사람들은 동분서주하며 몹시 바쁜데, 그 출발점은 사심(私心) 아닌 것이 없으며, 자기의 생명과 재산을 보호하기 위한 것입니다. 그러나 불법은 크게 공평하여 사사롭지 않으며[大公無私], 남을 이롭게 하기 위한 것입니다.

불법을 배움에 있어서는 일거일동이 모두 남을 위해 고려해야 하며, 자기를 가벼이 보고, 자기를 버리며 남을 위해야 하며, 남에게 번뇌를 일으키지 않도록 하는 이것이 바로 불법입니다.

남자는 아버지로, 여자는 어머니로 보라

부처님은 왜 중생을 제도하려고 하시는가? 왜냐하면 그는 "남자는 모두 나의 아버지, 여자는 모두 나의 어머니이다."라고 보기 때문입니다. 그의 부모가 육도 윤회 가운데서 고통을 받고 있으므로 어떻게 해서든지 그도 중생을 제도하여 그의 부모가 고통에서 벗어나 즐거움을 얻을 수 있도록 바라는 것입니다.

부처님의 마음과 원을 배워라

부처님은 위대한 지혜가 있으며, 우리들은 매우 어리석습니다. 따라서 우리는 불법을 배우고 부처님의 큰 지혜를 배우려고 하는 것입니다. 부처님의 마음을 자기의 마음으로 삼고, 부처님의 원을 자기의 원으로 삼아, 항상 자비희사(慈悲喜捨)의 사무량심(四無量心)을 학습하고, 시시각각으로 "참기 어려운 것을 참고, 행하기 어려운 것을 행하는[難忍能忍, 難行能行]" 법문을 닦아야만 합니다.

정직한 마음으로 수행하라

우리들이 불법을 배우는 데 있어서 수준이 높고 깊은 곳을 향해 배우려고 해서는 안 됩니다. 소위 "평상심이 도(道)이며, 정직한 마음[直心]이 도량이다."라고 하듯이 정직한 마음으로 수행해야 합니다.

인품을 기르고 덕을 쌓아라

불법을 배우는 사람은 마땅히 불교를 나날이 더욱 드날리고 빛나며 확대 발전되도록 해야지, 나날이 쇠퇴하게 해서는 안 됩니다.

어떻게 하면 더욱 드날리고 빛나며 확대 발전시킬 수 있는가?

우선 훌륭한 인품과 인격을 길러야 합니다. 지반을 견고히 하면 고층 건물을 짓더라도 무너지지 않습니다. 겹겹이 높이 세운 누각은 견고한 지반 위에 지어지지 않은 것은 하나도 없습니다. 수양(修養)방면에 있어서 지반을 잘 다지려면 먼저 돈후한 인품을 기르고 덕을 쌓아야 합니다.

자기의 습기와 결점을 제거하라

대승, 소승, 불승(佛乘)을 불문하고, 우선 모두 사람들로 하여금 습기(習氣)와 결점을 제거하고, 무명 번뇌를 없애며, 탐·진·치를 제거하는 것입니다. 당신이 만약 결점을 모두 제거할 수 있다면, 경전의 뜻과 자연히 부합될 것이지만, 결점을 제거할 수 없으면 언제나 경전의 뜻을 이해할 수 없습니다.

진심으로 염불하면 광명이 나온다

여러분 모두가 진심에서 우러난 염불을 하면, 가령 한 구절의 아미타불을 염해도 허공 중에 곧 한 줄기의 광명이 있을 것입니다. 간절하고 지극한 정성으로 염불할 수가 있으면, 이 광명은 즉시 삼천대천세계를 두루 비추어 삼천대천세계의 공기를 길상吉祥으로 변화시키고 오염, 난폭, 재난의 공기를 바꿀 수 있습니다.

중생의 마음을 보아야

우리들이 매일 관세음보살을 염하는데, 그러나 관세음보살이란 어떠한 의미입니까?

'관(觀)'은 세간의 모든 음성을 관찰한다는 뜻이며, '관'은 또한 '본다'는 것이지만, 밖을 향해서 보는 것이 아니라, 중생의 마음을 보는 것입니다.

용맹정진해야 한다

우리들이 관세음보살을 염할 때 머리를 숙여 염하지 말고, 머리를 들고 염해야 합니다. 이것은 일종의 용맹정진의 정신을 표시하며, 의기소침한 모습을 드러내서는 안 됩니다.

만약 당신이 불법을 배우려고 하면, 마치 한 마리의 호랑이가 높은 산에서 달려 내려와 자기의 업장을 집어삼키듯이, 반드시 용맹정진 해야 합니다.

분노와 원한의 마음을 내지 말라

명심하고 또 명심하세요! 불법을 배우는 첫걸음은 반드시 인욕을 닦아야 합니다! 비록 타인이 정말로 당신을 죽이더라도, 분노와 원한의 마음을 내어서는 안 됩니다.

타인의 잘못을 시비하지 말라

불법을 배우는 사람은 이렇게 해야 합니다.

"진실로 자신의 잘못을 인정하고,
 타인의 잘못을 시비하지 말라.
 남의 잘못은 곧 나의 잘못이며,
 서로 한 몸이므로 '대비'라고 하네."

자기를 속이지 말라

불법을 배우는 사람은 마땅히 자신에게 물어야 합니다. 나의 보시는 이름을 구하기 위한 것인가, 아니면 남을 돕기 위한 것인가? 내가 지계, 인욕, 정진, 선정, 지혜를 닦는 것은 사람들에게 보이기 위한 것인가, 아니면 진심으로 수행하기 위한 것인가?

수도(修道)는 가면을 쓰는 것이 아니며, 짐짓 수행의 티를 내어 오로지 사람들에게 보이기 위한 것이 아닙니다. 수도는 전부 자기의 공부에 의지합니다. 하나의 노력을 기울이면 곧 하나의 수확이 있고, 하나의 정성스런 마음을 내면 곧 하나의 감응이 있게 됩니다. 일체의 행위가 모두 진실되고 거짓이 없어야 하며, 결코 자신을 속이고 남을 속여서는 안 됩니다.

손해를 감수해야 한다

불법을 배우는 데에는 손해를 감수해야 합니다. 영가대사는 이렇게 말씀하셨습니다.

"나쁜 소리를 듣는 것은 공덕이며, 이는 모두 나의 선지식이다. 남의 조소나 비방으로 인해 증오심을 일으키지 않으면, 어찌 무생법인의 자비의 힘을 나타낼 수 있겠는가?"

모든 이를 평등하게 대하라

어떤 이가 당신을 욕한다면, 이것은 당신이 잘 되도록 도와주는 것입니다. 그러므로 순(順) 경계나 역(逆) 경계에서도 모두 정진하며, 비방하거나 칭찬하여도 마음이 움직이지 않아야 하는 것입니다. 비웃음을 사고 비방을 당하더라도 원한의 마음을 일으키지 않아야 하며, 마땅히 원수거나 친한 이나 차별하지 않고 평등하

게 대해야 합니다. 그렇지 않으면 어떻게 무생법인의
자비의 힘을 나타낼 수 있겠습니까?

자기를 잊어버리면 망상이 없어진다

어째서 우리가 수행에 열심히 노력하여도 상응하지
못하는가? 이것은 무량겁의 습기(習氣)가 너무도 깊은
까닭입니다. 따라서 마음속으로는 깨달음의 길을 가고
있다고 생각하지만 사실상 도리어 앞을 향하여 나아가
려고 원하지 않고, 언제나 뒷걸음치려고 하는 것입니
다.

습기가 무겁고 업장이 깊은 것을 안다면, 더욱 망상
을 놓아야만[放下] 합니다. 망상을 놓는 것은 결코 어렵
지 않으며, 단지 자기를 잊어버리면 곧 망상은 없어집
니다.

언제나 염불하라

염불 법문을 닦으려면 한 시도 잊지 않고 간단(間斷) 없이 '나무아미타불' 한 구절을 염해야만 합니다. 깨어 있을 때도 염하고 잘 때도 염합니다.

이 한 구절의 '나무아미타불' 여섯 자의 홍명(洪名)을 아무리 잡아 찢으려고 해도 찢어지지 않고, 검으로 끊으려고 해도 끊어지지 않게 되면, 그것의 힘은 다이아 몬드보다도 더 견고합니다. 당신이 어떤 방법으로 해도 이 한 구절의 '나무아미타불'을 파괴할 수가 없게 되어야 비로소 '염불삼매'라고 할 수 있습니다.

염불이 이와 같듯이, 경을 외는 것도 이와 같으며, 주(呪)를 염하는 것도 이와 같습니다.

사람의 몸은 잃기 쉽다

부처님께서 세상에 계실 때, 하루는 한 줌의 흙을 쥐고 제자들에게 물으셨습니다. "내 손 안의 흙이 많은 가, 그렇지 않으면 대지의 흙이 많은가?"

제자가 답했습니다. "당연히 대지의 흙이 많습니다.

세존의 손 안에 있는 흙은 매우 적습니다."

부처님은 계속해서 말씀하셨습니다. "사람의 몸을 얻는 자는 손바닥의 흙과 같고, 사람의 몸을 잃는 자는 대지의 흙과 같다."

사람의 몸을 잃는 자는 대지의 흙처럼 그렇게 많다는 것입니다.

돈오는 점수를 떠나지 않는다

선종의 이 한 문은 "곧바로 사람 마음을 가리켜서, 성품을 보아 부처를 이루는[直指人心, 見性成佛]" 법문으로서 또한 돈교(頓敎)입니다. 돈교는 점교(漸敎)로부터 부지런히 닦아서 성취하는 것으로 소위 "이치는 단박에 깨칠 수 있으나, 일은 모름지기 점차로 닦아야 한다.[理可頓悟, 事須漸修]"는 것입니다. 우리들이 지금 걷거나 머물거나 앉거나 눕는 것은 점수(漸修)입니다.

어느 날 하루, 정말로 밝게 이해하고 활연히 깨달으면 이것이 바로 돈(頓)인 것입니다. 돈(頓)은 또한 점(漸)을 떠나지 않고, 점도 또한 돈을 돕습니다. 일반 수행자는 그가 어떤 법을 수행하더라도 곧 어떠한 법이 가장 좋고 제일인가를 말하면서, 만약 제일이 아니면 그는 그 법문을 좋아하지 않고 또한 수행하려고 하지 않습니다. 당신이 만약 정말로 이해할 수 있다면, 일체의 법이 다 불법이며, 모두 얻을 수 없는 것이므로[不可得] 집착할 것이 아무 것도 없게 됩니다.

단박에 깨닫는 것[頓悟]은 평상시 열심히 수행하여 상응하게 되면, 비로소 활연히 깨달을 수 있는 것입니다. 만약 평소에 노력하지 않았다면 단박에 깨친다는 것은 있을 수가 없습니다. 마치 어린 아이가 출생 후에 매일 훈습하여 시간이 되면 말을 할 수 있는 것처럼 그가 맨 첫 마디의 말을 할 때가 깨달을 때와 비유할 수 있습니다. 그리고 때가 되어 첫걸음을 걸을 때가 또한 깨달을 때와 비유할 수 있습니다. 그가 어떻게 첫걸음을 내딛었는가? 왜냐하면 매일 어른들이 걷고 있는 것을 보고 이러한 환경의 훈습 하에서 자연스럽게 걸을 수가 있는 것입니다. 우리들의 공부도 이와 같아서 오늘 공부하고 내일도 공부하면서 노력하다보면, 공부가 상응하게 되어 일념도 생하지 않고, 망상이 없어져 곧 깨닫게 됩니다.

팔풍(八風)에 흔들리지 않아야 한다

우리들이 범하여 온 잘못은 곧 남들의 찬탄을 좋아하고, 자기를 추켜세워 주기를 좋아하는 것입니다. 만약 어떤 이가 남의 한 마디 찬탄으로 들떠서 어쩔 줄을 모른다면, 어떻게 성불할 수 있겠습니까?

이러한 사실에 대해서는 자신도 잘 모르며 또 분명히 하지도 못합니다. 만약 계율을 지키고 선정을 닦으면, 지혜가 생겨나 곧 "비난과 칭찬에도 마음이 움직이지 않을[毀譽不動心]" 것입니다. 누군가 당신을 비방하더라도 마음속에서 조금도 기분 나쁘지 않으며, 어떤 이가 당신을 찬탄하여도 마음속으로 조금도 기뻐하지 않습니다. 사실상 찬탄과 훼방은 세간에서 하나의 바람에 지나지 않습니다. 소위 "팔풍(八風)에도 움직이지 않는다."는 것입니다.

무엇을 여덟 가지 바람이라고 하는가? 즉 칭찬[稱], 비난[譏], 고통[苦], 즐거움[樂], 이익[利], 쇠망[衰], 훼방[毁], 명예[譽]가 그것입니다. 만약 여덟 가지 바람에 불려서 마음이 동요된다면, 그것은 당신의 지반이 굳건하지 않은 것입니다.

무엇을 지반이라고 말하는가? 즉 덕행(德行)입니다. 사람이 덕행이 모자라면 성미가 매우 크고, 무명이 아주 짙습니다. 만약 덕행이 있으면 성미도 없으며, 무명

도 사라져 지혜를 이룹니다. 그래서 우리들의 수행은
덕행을 심고 배양해야 합니다.

자기의 감정을 거두어 들여라

누군가 육근(六根), 육진(六塵), 육식(六識)의 이 십팔
계(十八界)를 항복시키고, 그들이 반역하지 않도록 할
수 있으면, 그 사람은 바로 보살입니다. 누군가 자기의
감정을 깨끗하게 거두어 들여 더러움이 없으면, 그 사
람은 바로 보살입니다. 보살은 울지도 않고 웃지도 않
으며, 언제 어디서나 자재하며, 구속되지 않고 걸리지
않으며, 번뇌가 없습니다. 또한 나지도 멸하지도 않으
며, 더럽지도 깨끗하지도 않고, 늘지도 줄지도 않습니
다. 불법을 배우는 사람은 이러한 방면에서 공부해야
합니다.

일곱 가지 감정(七情)을 없애야 한다

우리는 하나의 극락세계를 조성해야 하는데, 어떻게

하면 될까요? 우선 칠정(七情)을 없애야 합니다. 무엇을 칠정이라 하는가? 즉 기쁨[喜], 노여움[怒], 슬픔[哀], 두려움[懼], 좋아함[愛], 싫어함[惡], 욕망[欲]입니다. 이 일곱 가지 감정을 조복시켜 반란을 일으키지 않도록 하는 것입니다. 이때 마음속이 아무 일이 없듯이 태평하여 어떤 고통스런 일도 사라져 버립니다. 왜 고통이 있을까요? 그것은 마음속이 평안하지 않기 때문입니다. 만약 모든 고통이 없고 오직 갖가지 즐거움만 받게 된다면, 이것이 바로 인간의 극락세계입니다.

염불하면 극락세계에 자기의 연꽃이 자란다

염불을 하는 것은 극락세계에 전보를 치는 것입니다. 한 구절의 부처님을 염하면 한 번의 전보를 치는 것이며, 두 구절의 부처님을 염하면 두 번의 전보를 치는 것입니다. 날마다 아미타불께 전보를 치면, 아미타불의 극락세계에도 레이더도 있고 수신기도 있습니다. 수신기와 레이다는 무엇입니까? 바로 칠보로 된 연못의 연꽃입니다.

당신이 부처님을 염하면 연꽃은 조금씩 자라며, 당신이 생각 생각마다 아미타불을 염하면 연꽃은 수레바퀴처럼 커져, 당신이 서방극락세계에 왕생하기를 기다

리고 있다가, 당신의 신령스런 불성(佛性), 신령스런 참
된 성품[眞性]은 곧 연꽃 속에 화생하는 것입니다. 연꽃
이 피면 당신의 불성도 또한 나타납니다. 따라서 이렇
게 말합니다.

"원컨대 서방의 정토에 나게 하소서.
구품(九品)의 연화를 부모로 삼고,
꽃이 피면 부처님 뵙고 무생법인 깨달아
불퇴전 보살을 반려(伴侶)로 삼으리라."

도는 행하는 것이다

불법을 믿으면 우리는 상락아정(常樂我淨), 즉 궁극의
즐거움을 얻게 됩니다. 그래서 우리는 마땅히 불법을
믿어야 하는데, 단지 결코 믿기만 하면 되는 것이 아
니라, 또한 불법에 의거하여 수행을 해야 합니다. 만약
단지 믿기만 하고 수행을 하지 않으면, 마치 음식을
먹지 않고 말만 하거나 남의 보배를 세는 것처럼, 자
기 자신에게는 아무런 이익이 없습니다.

따라서 고인은 말합니다. "도(道: 길)는 행해야(걸어
가야) 하는 것이며, 행하지(걸어가지) 않으면 도가(길
이) 무슨 소용이 있겠는가? 덕(德)은 닦는 것이며, 만약

닦지 않으면 덕이 어디에서 오겠는가?"

그러므로 우리는 마땅히 몸소 실천하고, 항상 생(生)과 사(死)의 두 글자를 양미간에 걸어놓고, 도(道)와 덕(德)의 두 글자를 발밑에 놓아야 합니다.

도덕은 사람이 되는 근본이다

무엇 때문에 도(道)와 덕(德)의 두 글자를 발밑에 두어야 한다고 말하는가? 왜냐하면 도덕의 두 글자는 사람이 되는 근본이며, 마치 수목에 뿌리가 있는 것과 같아서, 도덕이 있어야만 우리는 비로소 자기 발을 딛고 설 수가 있습니다. 반대로 발밑에 뿌리가 없으면 설 곳이 없으며, 진퇴양난으로 아무것도 되는 게 없습니다. 만약 우리가 이 두 글자를 실천할 수 있으면, 인격은 곧 세워질 수 있으며, 모든 것이 또한 자연히 성공할 수 있습니다.

육도는 자기의 마음에 달려있다

업(業)은 일종의 가장 공평한 징벌로써, 타락하고 타락하지 않는 것은 즉 감정으로 분별되어집니다. 단지 정(情)이 있는 것만 알고 지혜가 있는 것을 모르는 사람은 장래에 반드시 삼악도 가운데 떨어질 것이며, 이것은 조금의 의문도 없는 것입니다. 당신이 어떠한 마음을 간직하느냐에 따라서 육도 가운데 어떤 세계로 가는지가 결정됩니다.

놓아버리지 못함이 업장이다

무릇 간파하지 못하고, 놓아버리지 못하는 이것이 바로 업장(業障)입니다. 이는 당신을 가로막아서 상승할 수 없게 하고, 더욱이 당신을 장애하여 삼계를 벗어날 수 없게 합니다.

무릇 경계에 대하여 일종의 집착을 내는 것이 바로 감정입니다. 경계를 만나 곧 집착을 내면 이것은 모두 감정의 작용입니다.

이해하지 못함이 무명이다

무엇이 무명인가? 간단히 말하면 바로 어두움으로서 아무것도 이해하지 못하는 것입니다. 왜냐하면 진리를 이해하지 못하여 마음을 자물쇠로 채워놓고 있기 때문에 깨달을 수 없습니다.

부처님은 중생에 따라 몸을 나투신다

중생에게는 선악(善惡), 미추(美醜), 시비(是非), 흑백(黑白)의 갖가지 문제를 분별하는 마음이 있으므로, 부처님께서는 중생의 마음에 수순하여 갖가지 몸을 나투어 중생들이 부처의 몸을 보게 하십니다.

소위 "천 개의 강물에 천 개의 달이 있고, 만 리의 하늘에 구름 한 점 없네.[千江有水千江月, 萬里無雲萬里天]" 라고 하듯이 부처님께서는 중생의 종류에 따라 몸을 변화시킵니다.

정법이 세상에 머물려면

무엇을 정법이 세상에 머문다고 하는 걸까요?

당신이 착실하게 수행하며, 헛된 명성과 이익을 좋아하지 않고 공양을 탐하지 않으면, 이것이 바로 정법이 세상에 머무는 것입니다.

마음의 땅에 보리심의 탑을 세워라

무엇이 보리심인가?

나에게 하나의 간단한 비유가 있습니다. 아직 보리심을 발하기 전에는 밀가루에 효모를 넣지 않은 것과 같습니다. 일단 보리심을 발한 후에는 밀가루에 효모를 넣은 후 시간이 지남에 따라 발효가 진행되어 밀가루가 부풀어 오르는 것과 같습니다.

만약 보리심은 무엇과 비슷하냐고 묻는다면, 본래 보리심은 형상이 없으며 다만 도를 깨닫는[覺道] 것입니다. 각(覺)이란 깨달음입니다. 즉 도리를 깨닫는다는 말입니다. 단지 도리를 아는 것에 그치지 않고 이 도를 닦아야 합니다.

또한 보탑(寶塔)을 써서 보리심을 비유할 수도 있습니다. 이 하나의 보탑은 그것이 얼마나 높고 큰가에 관계 없이 반드시 땅 위에서부터 세워야 합니다. 땅이란 곧 우리들의 심지(心地)입니다. 땅 위에서부터 이 보탑을 세우려면 한 층 한 층 쌓아가야 합니다.

보리심도 역시 마음의 땅[心地]에서부터 세워서 보리심을 발하면 발할 수록 커지고, 발하면 발할 수록 높아집니다. 원래는 매우 작은 것이지만 점차 팽창하여 커지며, 공덕이 원만해지면 최후에는 성불할 수 있습니다.

네 가지 상이 없으면 자재하다

소위 '자재하다[自在]'는 것은 바로 남도 없고, 나도 없고, 중생도 없고, 수명도 없는 경계입니다.

그렇다면 자재함은 어디에 있는가? 어떤 곳에서 자재하며, 어떤 곳에서 자재하지 못한가? 성인(聖人)의 지위에서는 자재할 수 있고, 범부의 지위에서는 자재하지 못합니다.

어리석은 사람은 인과를 알지 못한다

　어리석은 사람은 인과의 무서움을 알지 못하고, 함부로 인과를 그르치며, 심지어 인과를 믿지 않고 인과를 부인합니다.

　지혜 있는 사람은 인과응보의 무서움을 알므로 인과를 그르치는 일을 두려워합니다. 어떤 일을 하더라도 여러 번 거듭 생각한 다음에 실행합니다.

허물은 고쳐야 한다

　고인은 말하였습니다. "군자의 허물은 일식이나 월식처럼 사람들이 모두 볼 수가 있습니다. 만약 적시에 그것을 고칠 수가 있으면 사람들이 모두 존경하고 우러러보게 되는 것입니다.[君子之過, 如日月蝕, 人皆見之. 卽時更之, 人皆仰之]"

　총명한 사람은 잘못이 있으면 반드시 고칩니다. 어리석은 사람은 잘못이 있더라도 여전히 고치려고 들지 않습니다.

삼재는 삼독심으로부터 일어난다

삼재(三災)는 대소로 나눌 수 있으며, 큰 삼재는 즉 화재(火災), 수재(水災), 풍재(風災)이고, 작은 삼재는 즉 도병재(刀兵災), 기근재(飢饉災), 온역재(溫疫災: 전염병)입니다. 이것은 또한 재난[災劫]이라고도 합니다.

세 가지의 큰 재난이 발생하는 원인은 즉, 인간에게 탐하는 마음이 있으면 화재를 발생시키고, 인간에게 분노하는 마음이 있으면 수재를 발생시키며, 인간에게 어리석은 마음이 있으면 풍재를 발생하게 됩니다. 따라서 삼재는 삼독(三毒)의 마음으로부터 일어나는 것입니다. 우리 인간들은 모두 탐진치 삼독의 마음을 갖추고 있어서 이 마음이 하루하루 확대되어 일정한 한도의 시기에 이르면, 곧 큰 재난을 형성하여 인간세계에 닥쳐옵니다!

오욕의 그물

세간법은 마치 하나의 거대한 그물과 같이, 모든 사람을 한데 묶습니다. 명성을 좋아하는 자는 명예의 그물에 묶이고, 재물을 탐하는 자는 재물의 그물에 얽히며, 색욕에 미혹된 자는 색욕의 그물에 속박됩니다. 요컨대 재물(財), 색욕(色), 명예(名), 음식(食), 수면(睡)이라는 오욕의 그물에 지배되어 전도되고, 얽매이고 속박되어 숨을 쉴 수 없을 지경입니다.

다만 이해하지 못하는 일반의 가련한 사람은 비록 그물에 묶여 있으면서도 여전히 알지 못하고 느끼지 못합니다. 아는 사람은 비록 알기는 하지만, 오히려 벗어날 방법이 없어 다만 헛되이 탄식만 증가할 뿐입니다.

누구나 성불할 수 있다

부처님께서 일찍이 다음과 같이 말씀하신 적이 있습니다. "일체의 중생은 모두 불성이 있고, 모두 부처가 될 수 있다.[一切衆生, 皆有佛性, 皆堪作佛.]" 사람마다 모두 부처가 될 자격이 있고, 부처를 믿든 안 믿든 관계없이 장래 모두 성불할 수가 있습니다. 이것으로써 증명할 수 있는데, 불교는 독재의 종교가 아니라 민주의 종교입니다.

나는 모든 종교를 합병하여 한 집으로 삼으며, 따라서 나는 불교를 중생교라고 부릅니다. 왜냐하면 그 누구도 허공 법계 밖으로 벗어나지 못하면, 모두 중생이 기 때문입니다. 따라서 불교는 중생이 배우는 가르침입 니다.

나는 또한 불교를 인교(人敎)라고 고쳐 부릅니다. 왜 냐하면 모든 사람은 다 부처가 될 자격이 있기 때문입 니다. 단지 전일하게 수행을 하면, 최후에는 성불을 할 수 있습니다.

나는 또한 불교를 심교(心敎)라고 개명하는데, 왜냐하 면 사람마다 마음이 있기 때문입니다. 수행은 망심(妄 心)을 제거하고 진심(眞心)이 머물게 하는 것입니다. 망 심을 가지면 범부이고, 진심을 가지면 부처입니다.

불살생이 먼저다

불교는 유사이래로 전쟁을 발생시킨 적이 없습니다. 왜냐하면 불교 계율의 제일 첫째 조항은 바로 불살생 (不殺生)으로서, 사람을 죽이지 않고 다른 동물도 죽이 지 않을 뿐 아니라, 또한 방생을 하고 일체 동물의 안 전을 보호하려고 합니다. 그러므로 전쟁이 없는 것 입니다.

모든 병은 업장의 귀신이 수작을 부린다

학질, 암 등과 같은 모든 악질은 모두 귀신이 그 안에 지배하고 있으면서 인체 내의 오장(五臟)을 전도되게 교란시키고, 사대(四大)가 조화롭지 못하게 하는데, 이것은 모두 업장의 귀신이 수작을 부리는 것입니다. 왜냐하면 사람은 숙세의 업장이 있어서 때가 되면 귀신이 와서 빚을 독촉하러 오기 때문입니다. 또한 이 사람의 양기가 부족하여 음(陰)이 성하고 양(陽)이 쇠퇴하였기 때문에 귀신이 그 틈을 노릴 수 있게 됩니다.

당신이 만약 언제나 번뇌가 없으면 지혜가 현전하여, 귀신은 (그 사람의 몸에) 들어올 틈이 없습니다. 일단 욕념과 무명이 생기면 귀신은 곧 쉽게 뚫고 들어옵니다. 이로써 추측해 보건대, 팔만사천 종류의 질병은 모두 이전의 원인과 이후의 과보[前因後果]가 있는 것입니다. 심지어 모기가 당신을 문다거나, 벌이 당신을 쏘거나, 그리고 그밖에 만나는 일체의 일들은 모두 인과가 서로 날줄과 씨줄이 되어 이루어지는 것입니다.

사람들이 만약 이 도리를 이해하면 조금의 잘못된 일이라도 감히 저지르지 못할 것이며, 잘못을 저지르면 응보를 받아야 합니다. 더욱이 육바라밀의 보살행을 닦는 수행자는 더욱 착실하게 행할 것이며, 조금도 거짓을 행하여서는 안 될 것입니다. 소위 "인지(因地)에서 수행할 때 참되지 못하면, 과보를 받을 때 굽게 된다.
[因地不眞, 果招紆曲]"고 말하는 것입니다.

살생보다 깊은 원한은 없다

이 세상에서 가장 깊은 원한은 살생을 능가하는 것
이 없습니다. 이른바 "사람을 죽인 자는 목숨으로 갚
고, 빚을 진 자는 돈으로 갚아야 한다."라고 합니다.
당신이 만약 남의 부모형제를 죽인다면 그도 반드시
당신의 부모형제를 죽일 것입니다. 이렇듯 서로간의 잔
인한 살인은 영원토록 그칠 날이 없을 것입니다. 너무
도 많은 살생 때문에 과보도 매우 빨리 받게 됩니다.
소위 "현세에 바로 과보가 나타난다.[現世現報]"라고 말
하는 것입니다.

업장을 소멸하려면

오늘날 사람들에게 왜 괴상한 질병이 생기게 되는
것일까요? 한마디로 말하자면, 그것은 바로 살생으로부

터 오는 것입니다. 당신이 중생을 살해하면, 중생도 당신에게 목숨 빚을 요구하게 됩니다. 이러한 괴상한 병은 의사들도 속수무책입니다.

그러면 어떻게 해야만 좋을까요? 진심으로 참회하고, 잘못을 고쳐서 새사람이 되며, 중생들을 이익되게 하는 공덕을 많이 지어야, 비로소 과거와 현재의 악업을 소멸할 수 있습니다.

가정교육이 세상을 좌우한다

세계가 좋고 나쁘게 되는 관건은 가정에 있습니다. 가정교육이 좋으면 자녀의 앞길은 밝고, 가정교육이 나쁘면 자녀의 앞길은 어둡습니다. 비록 일률적으로 논할 수는 없지만, 대략 큰 차이는 없습니다. 그러므로 부모가 된 사람은 하나하나의 언행과 거동에 모두 신중해야 하고, 마음대로 해서는 안 됩니다.

인간 지옥에서 벗어나려면

어떤 이가 묻기를 "도대체 지옥이란 있는 걸까요?"
라고 하여, 나는 여러분에게 이릅니다.

사람이 살아 있는 동안에도 곧 지옥 가운데 있습니
다. 보세요! 일반인은 번뇌하고, 다툼에 휴식이 없고
멈추지 않으니, 이것이 지옥에 있는 것이 아닙니까?
이러한 인생이 무슨 의미가 있습니까? 그리고 수재(水
災), 풍재(風災), 전쟁 및 사람의 횡화도 역시 인간의 살
아있는 지옥입니다.

다시 보세요! 악질(惡疾: 나쁜 병)이 온 몸을 감싸서
고통은 이루 다 말로 할 수 없으며, 암이 발작하면 통
증으로 살고 싶지 않으니, 이것이 어찌 지옥이 아니겠
습니까?

그러나 사람들은 여전히 간파하지 못하고, 놓지 못
하며, 버리지 못하고, 연연해하고 집착하며, 또한 자비
심이 없고, 사리사욕에 눈이 어두워 의리를 저버리며,
남이 위급한 때를 틈타서 한 몫 보려고 드니, 최후에
는 여전히 윤회 속에서 돌고 돌며 멈출 기약이 없습니
다.

문답 속의 지혜 광명

즉문즉설(卽問卽說)

질문: 정말로 운명이라고 하는 것이 있습니까? 사람은 이 운명을 조종할 능력이 있는지요?

상인: "군자에게는 운명을 창조하는 학문이 있으며, 운명은 자기 스스로 세우고 복은 스스로 구하며, 재앙과 복은 문이 없으나 오직 사람 스스로 초래하며, 선악의 과보는 마치 그림자가 형체를 따르는 것과 같다."고 하였습니다. 따라서 군자는 자기의 운명을 창조하고 또한 바꿀 수가 있습니다. 일반 속인은 이것을 알지 못하고 모든 일이 다 하늘이 정하는 것이라고 굳게 생각합니다. 단지 당신이 믿음과 굳건한 힘을 갖고 나아가면 범부로부터 한 생각에 부처의 경지에 오를 수 있으며, 그러면 운명은 곧 바뀌는 것입니다.

질문: 동물은 죽은 후, 다시금 몸을 바꾸어 태어날 수 있습니까?

상인: 이것은 사람이 죽은 후, 그 영혼이 모태에 들어가 다시 태어나는 것과 같은 이치입니다. 금생은 중국인이 되었다가, 내생은 미국인이 되거나, 그 다음 생은 혹은 일본인이 되기도 하며, 모두 곳곳으로 이민을 갈 수 있습니다. 동물의 영성도 또한 이민을 갈 수 있습니다. 그렇지만 그가 가진 업력, 사상, 행위에 근거하여 각기 서로 차이가 있을 따름입니다.

질문: 관세음보살은 어디에서 오셨습니까?

상인: 당신은 자기가 어디서 왔는지 스스로 물어 보십시오.

질문: 사람을 구제하고, 귀신을 구제하고, 악마를 구제하는 일은 어떻게 다른 점이 있습니까?

상인: 이미 같지 않음이 없는데 어째서 당신은 다시 묻는 것입니까?

질문: 지금 유행하고 있는 일종의 '현대선(現代禪)'은 지도

교사로부터 수인(手印)을 받으면 매우 쉽게 감응한다
고 하는데, 이러한 현대선은 배워도 되는지요?

상인: 나는 매우 고리타분해서 현대의 문제는 알지 못
합니다.

질문: 유행가곡으로 부처님의 법음을 작곡하는 것은 여법
한 일입니까? 사람들의 비평을 받지는 않을까요?

상인: 사람들의 비평을 두려워한다면 아예 아무 일도
할 필요가 없습니다. 이 세상에서 남의 비평을 초
래하지 않는 무슨 좋은 일이 있는지 물어보세요.
그대는 남의 비평이 두려우면 하지 않아야 하며,
만약 남의 비평이 두렵지 않으면 힘써서 분발하세
요.

다시 질문: 그러나 어떤 사람이 비평하기를 불교에서 왜
스스로 작곡을 하지 않고 유행가곡을 채용하느냐고
말합니다.

상인: 팔만사천 가지 법문 가운데 각각의 법문은 모두
제일입니다.

질문: 세상에는 정말로 귀신이 있는 걸까요? 귀신이 사람
을 두려워합니까, 아니면 사람이 귀신을 두려워합니

까?

상인: 당신이 기왕 이러한 문제를 묻는 것을 보면, 이미 귀신의 존재를 알고 있는데, 어째서 다시 내게 묻습니까? 만약 사람의 마음속에 귀신이 있으면 바로 사람이 귀신을 두려워하는 것이고, 만약 사람의 마음속에 귀신이 없으면 곧 귀신이 사람을 두려워하는 것입니다.

질문: 어떻게 하면 집착과 망상을 깨뜨릴 수가 있습니까?

상인: 누가 그대로 하여금 집착하게 하던가요, 누가 그대에게 망상하게 하던가요?

질문: 미국 캘리포니아 대학 종교학과의 학생이 법계대학을 방문했을 때, 불교의 비구니 계율이 비구 계율과 비교하여 더욱 많다고 하면서, 상인께 "이것은 어찌 남녀 불평등이 아니냐?"라고 물었다.

상인: 나는 단도직입적으로 이 문제를 당신에게 답합니다. 근본적으로 말해서 비구니는 여인으로서 여인은 아이를 낳지만 남자는 그럴 수 없습니다. 당신은 이제 아시겠습니까?

질문: 이 사회의 여인은 어째서 모두 열세(불리한 위치)에

처해 있습니까?

상인: 누가 여인이 열세에 처해있다고 말하는가? 전 세계의 남자가 모두 여인을 사랑하고 있다. 그러나 나는 주장한다. 여자는 질투하지 않아야 하고, 남자는 몰래 딴 짓을 하지 않아야 한다. 이 두 가지 일은 본래 모두 탐함에 속한다. 여자가 질투하지 않고, 남자가 몰래 딴 짓을 하지 않으면, 부부는 반드시 화목하게 잘 지낼 수 있습니다.

질문: 불교의 계율은 매우 엄격합니다. 그러나 상인의 말씀과 같이 "사음하지 말고 남녀 간의 욕념을 일으키지 않아야 한다."라고 하면 아마도 일반인은 이것에 반대하여 말할 것입니다. "이러한 것은 인륜의 도를 다하지 않은 것이다."라고 말입니다. 상인의 가르침을 바랍니다.

상인: 당신이 부처의 도를 배우려고 생각하면 사람의 도를 다할 수 없습니다. 당신이 사람의 도리를 배우려고 하면 좋은 사람이 되어야 합니다. 결론지어 말하자면, 만일 수행을 하고자 원한다면, 바로 이렇게 하십시오.

질문: 사람이 병이 들어 의사에게 가서 진료하고 약을 먹는데 이 약이 세균을 죽이는 것이라면, 이것은 살생

하는 것이 아닙니까?

상인: 당신 자신의 병을 치료하기 위한 것으로서 이 약은 결코 그대 자신이 먹고 싶어서 먹는 것이 아니며, 당신에게 병이 있어 그 병을 치료하려고 의사가 당신에게 약을 준 것이므로, 이것은 그대 자신이 원한 것이 아니며, 당신이 그 세균을 죽이려고 생각한 것도 아니며, 그것이 당신을 침해한 것입니다. 그러나 이야기를 본래대로 돌리면, 세균이 신체에 머무르는 원인은 망상이 너무 많기 때문이며, 그래서 비로소 이 세균을 불러들인 것입니다. 당신은 오히려 먼저 회광반조(廻光反照)하여 자기 마음속의 세균을 우선 멸해야 할 것입니다.

질문: 신묘장구대다라니(대비주)에 관해, 책에는 다음과 같이 말합니다. "몸을 뒤덮은 악질(惡疾)은 즉시 소멸한다."그러나 어떤 이는 말하기를, "이것은 불가능하다. 설마 당신이 병이 났을 때, 대비주를 외우면 병이 낫습니까?"라고 하는데, 이러한 다른 견해에 대하여 상인께서 가르쳐주시기 바랍니다.

상인: 마음이 정성스러우면 영험이 있고, 마음이 만약 정성스럽지 않으면 경을 읽어도 영험이 없습니다. 당신의 마음에 성심성의가 있을 때 주문을 읽으면

선화상인 법문집

영험이 있습니다. 소위 "분노가 기쁨으로 바뀌고
죽은 자는 살게 된다. 만약 이것이 거짓이라고 말
한다면, 부처님이 거짓을 말씀하신 것입니다. 모
든 부처님은 거짓말을 하시지 않습니다." 따라서
믿는 마음을 내면 반드시 감응이 있게 마련입니
다. 대비주는 세간의 팔만사천 가지 병을 치유할
수 있습니다. 하지만 이것은 선근이 있는 사람에
한합니다. 선근이 없는 이는 염하려고 해도 염할
수가 없고, 그의 병을 치료하려고 해도 무엇 하나
효과가 나지 않습니다.

질문: 어떻게 하면 비로소 업장을 소멸할 수 있습니까?

상인: 사람이 만약 화를 내지 않으면 어떤 업장이라도
모두 소멸될 것입니다. 당신이 화를 내려고 생각
할 때, 먼저 잠시 인내한 후 자기에게 '일 분간만
기다리자.'라고 잠시 참으면, 바람이 멎고 파도가
잔잔하게 되며, 한 발 물러나면 가없이 넓은 바다
와 하늘이 펼쳐질 것입니다.

질문: 어떤 사람이 병이 났을 때, 이것은 윗대 조상의 죄
업으로 인하여 후손이 받는다고 말하는데, 이러한 업
장은 어떻게 소멸시켜야 합니까?

상인: "자신이 먹은 밥으로 자신의 배가 부르며, 자기

가 지은 죄업은 자기가 끝내야 한다."라고 말합니다. 윗대의 죄업을 당신이 짊어질 필요는 없으며, 당신이 계속해서 업을 짓지 않으면 됩니다. 이전의 갖가지 일은 어제 죽은 것과 같으며, 앞으로의 갖가지 일은 오늘 태어나는 것과 같습니다. 하늘은 잘못을 뉘우치는 사람을 벌하지 않으며, 단지 성심성의껏 참회하고 거듭 새로운 사람이 되면 옳은 것입니다.

질문: 유교에서 말하는 '인(仁)'과 불교의 '자비(慈悲)'는 어떤 관계가 있습니까?

상인: '인'이란 사람을 어질게 대하고 사물을 사랑하는 것을 가리키며, '자비'는 한걸음 더 나아가서 "인연이 없는 중생도 크게 사랑하고, 모든 중생을 자기와 같은 몸이라 생각하고 가엾이 여긴다.[無緣大慈, 同體大悲]"는 것으로서 이 가운데에 '인'이 포함되어 있습니다. '인'은 또 선(善)의 씨앗으로도 불리며, 천지간에 끊임없이 생하는 생기(生機)이며, 또한 불계(佛戒)의 씨앗이라고도 말합니다.

질문: 무엇이 '승(乘)'이며, 대승과 소승은 어떤 구별이 있습니까?

상인: 승이란 한 대의 수레와 같아서, 사람을 실을 수

가 있습니다. 대승은 사람을 많이 실을 수가 있
고, 소승은 적은 수의 사람을 실을 수 있습니다.
중생은 각기 근성(根性)이 다르며, 취향도 같지 않
기 때문에 대승과 소승의 구분이 생겨난 것입니
다. 사실 대승과 소승은 모두 일승(一乘)이며, 이
에 분별하는 마음을 일으켜서는 안 됩니다.

질문: 나한과 보살의 과위(果位)에는 어떤 차이점이 있습니
까?

상인: 나한과 보살은 모두 하나의 명사입니다. 이것은
사람의 지혜의 차이로서 보살은 남을 위하며, 나
한은 오직 자신을 닦을 뿐입니다. 이것은 수행의
단계로서 당신이 범부일 때에는 나한의 경계가 무
엇인지를 알지 못하고, 당신이 거기에서 계산하고
헤아리고 상상하면서 귀중한 시간을 낭비할 따름
입니다. 당신이 보살은 어떠한 모습이고, 나한은
어떠한 모습인가를 상상하는데, 당신이 아무리 생
각할지라도 그러한 경계에 도달할 수 없습니다.

이것은 마치 학교 공부처럼 당신이 아직 입학하지
않은 상태에서 "나는 입학하면 어떻게 공부할 것
이다. 또 중학교에서는 어떤 책을 읽고, 대학에서
는 또 어떤 책을 읽을까?"하고 단지 상상만 하고
노력하지 않으면 언제까지 생각해도 졸업할 수 없

는 것과 같습니다.

그러나 당신은 중학교에는 어떤 책을 읽을까, 대학에는 무슨 책을 읽을까를 생각할 필요가 없으며, 당신은 학교에 가서 매일 학업에 노력하기만 하면 당신이 그러한 경계에 도달했을 때, 그런 책을 읽게 될 것이고, 자연히 어떻게 된 일인가를 알게 될 것입니다. 지금 추측하는 것은 모두 정신의 낭비이며, 또한 마치 밥을 배부르게 먹고 아무것도 하지 않는 것과 같습니다.

질문: 사리에 관해서 상인의 가르침을 받고 싶습니다. 어떤 이는 그것은 돌이라고 말하며, 어떤 이는 그것의 한 알이 두 알로 바뀔 수 있다고 말하며, 또 어떤 이는 그것은 사라질 수 있다고 말합니다. 스님께서 설명해 주시기 바랍니다.

상인: 사리(인간이 죽은 후 화장을 했을 때, 보석과 같은 것이 나오는 것)는 인간이 수행하고 계를 지니면 생기는 것입니다. 살생하지 않고, 훔치지 않고, 중요한 것은 사음(邪淫)하지 않으면, 자기 본신(本身)의 귀중한 것을 잃어버리지 않게 됩니다. '귀중한 것'이 무엇인지는 여러분 자신이 모두 알고 있다고 나는 믿습니다. 무엇이 자기 생명의 근본인지는 더 이상은 얘기할 필요가 없을 것입니다. 만약 당신이

사음하지 않으면 사리는 자연히 찬란하게 빛날 것이고 다이아몬드보다도 견고할 것입니다.

일반인이 사리는 하나에서 두 개로 변한다고 하는 것은 즉 전설에 지나지 않습니다. 나는 화학을 공부한 적이 없고, 실험을 한 일도 없으며, 또한 사리가 어떤 것인가 하고 시험을 해본 경험도 없습니다. 단지 여러분에게 말할 수가 있는 것은 계율을 지키면 사리가 있고, 지키지 않으면 생기지 않는다는 사실입니다. 이것은 속일 수가 없고 거짓으로 빌릴 수도 없다는 것입니다. 이것이 제가 알고 있는 바입니다. 그러므로 중요한 말은 '계율을 지키는 것'에 있습니다.

질문: 사실이 이와 같다면, 사리가 생기게 하려면 자기 몸을 청정하게 해야 할 필요가 있겠군요!

상인: 맞습니다! 독신을 지키며 여인에게 접근해서는 안 됩니다. 여인에게 접근해도 사리가 있다고 한다면 아마도 그것은 유리일 것입니다.

질문: 그렇다면 여자도 남자에게 접근할 수가 없는지요?

상인: 맞습니다! 이것도 역시 그렇습니다. 그래서 불교에서는 결혼을 하지 않습니다. 출가인은 서로 감

독하며 난잡한 행위를 못하게 합니다. 난잡한 행위가 있다면 그것은 계율을 지키지 않는 것입니다. 수도하는 사람은 특히 남녀 문제에 대해 반드시 분명히 해야만 합니다. 만약 분명하지 않으면, 그것은 물고기의 눈알을 진주에 섞는[魚目混珠: 가짜로 속이는] 것처럼 엉망일 것입니다.

질문: 어떤 이들은 불교는 일종의 형식적인 소극적 종교로 생각하는데, 이러한 관점에 대해서 해설해 주시기 바랍니다.

상인: 불교가 소극적이라고 말하는 것은 잘못된 관점이며, 불교는 가장 적극적인 종교입니다. 하지만 이러한 적극적인 점을 일반인은 잘 이해하지 못합니다. 마치 이 어지럽고 영락하여 떠도는 세계에서, 일반인은 인생에 대해 아침에 저녁 일을 보장할 수 없고, 정신없이 종일을 보낼 수 없으며, 불교의 출가인은 이러한 정황에서도 여전히 태연하게 대처하며, 평소대로 수도하고, 평소대로 자기가 마땅히 해야 할 일을 합니다.

만불성성(萬佛聖城)을 일례로 들면, 불교 전통에 의거하여 매일 아침 세시 반 기상하여 네 시에 새벽 예불을 드린 후에 혹은 부처님께 절하거나, 혹은 좌선을 하거나, 혹은 경을 독송하거나 참회의 예배를 드리는 등, 각기 자기에게 필요한 수행의 일을 하고 있습니다. 여러분, 생각해 보세요. 이렇게 일찍부터 기상하여 신중하고 조심스럽게 맡은 일을 열심히 하고, 힘들게 수행하는데도 당신은 소극적이라고 말합니까? 새벽 세시 반에 기상하고, 밤에는 열시 반에 취침하며, 하루 종일 다른 휴식 시간은 따로 없습니다. 그들은 경전의 번역을 하고 있지 않으면 반드시 수업을 하며, 그들에겐 낮잠 자는 시간도 없습니다. 이러한 용맹정진은 하루 종일 모두 다 같으며, 이러한 행위를 일반인은 이해하기 어렵고, 또한 잘 볼 수도 없으므로 도리어 이것을 소극적이라고 여기는 것입니다.

질문: 무엇을 삼매(三昧)라고 말합니까?

상인: 삼매란 범어이며, 중국어로 번역하면, 즉 '정(定)'이며, '정정(正定)', '정수(正受)라고도 합니다. 정정은 곧 삿된 정(定)과 구별되며, 정수는 즉 삿된 수(受)와 구별됩니다. 바른 정이란 여여부동하고, 언제든지 항상 밝게 깨어 있는[了了常明] 것입니다. 정수는 받아들이는 모든 것이 올바르며, 반연으로 온 것이 아니고, 누림을 탐하는 것도 아니며, 마땅히 받아들일 것을 받아들이고 받아들여서는 안 될 것을 받아들이지 않는 것입니다.

이 정(定)은 바로 부동(不動)의 의미입니다. 당신의 마음이 움직이면 즉 정이 아니며, 고요한 것이 바로 정입니다, 따라서 "대학"에서는 이렇게 말합니다. "정(定)해진 뒤에야 고요할 수 있고, 고요한 뒤에야 편안할 수 있고, 편안한 뒤에야 사려할 수 있고, 사려한 뒤에야 얻을 수 있다. [定而後能靜, 靜而後能安, 安而後能慮, 慮而後能得]" 이 정(定), 정(靜), 안(安), 려(慮), 득(得)이 곧 공자학설의 의미입니다. 정은 곧 삼매입니다. 따라서 여러분이 불법을 배우려고 생각하면 우선 이 정을 충분히 이해해야 합니다.

질문: 국부 손중산(孫中山) 선생이 일찍이 말하기를 "불교는 세상을 구하는 인(仁)이며, 불교는 철학의 어머니이다. 불학을 연구하면 과학의 편향된 것을 보조할 수가 있다."라고 하였는데 국부(國父)는 어째서 이렇게 말한 것일까요?

상인: 불학은 진정한 과학입니다. 따라서 수천 년 이전, 그 당시는 과학이 발달하지 않았는데 부처님께서는 다음과 같이 말씀하셨습니다. "부처님께서 한 발우에 담긴 물을 관찰해보니, 팔만 사천 마리의 벌레가 있었다. 만약 이 주문을 지송하지 않으면, 중생의 고기를 먹는 것과 같다." 이런 점으로

보면, 부처님 당시에는 현미경도 없고 또 확대경도 없었는데 이 발우 속의 물에 팔만 사천 마리나 되는 벌레가 있음을 알았으며, 오늘날 일반인들은 비로소 이것이 정말이라는 사실을 실증하고 있습니다. 따라서 사람의 지혜와 부처님의 지혜는 그 차이가 너무나도 역력함을 알 수 있습니다.

국부는 말하기를, "불학은 과학의 편향된 것을 보조하는 것이다."라고 하였으나, 나의 견해는 "불학은 과학의 편향됨을 보조할 뿐만 아니라, 과학을 포괄하고 있다. 그러나 과학은 불학을 포괄할 수가 없다."는 것입니다. 과학은 불교의 일부분에 지나지 않으며, 삼장 십이부경을 펼치면 그 안에 어떤 과학도 다 들어 있습니다. 현재 과학에서 알지 못하는 것도 화엄경 속에는 이미 말씀해놓은 바 있습니다.

질문: 반야심경(般若心經)에는 이러한 문구가 있습니다. 즉 '색즉시공 공즉시색(色卽是空, 空卽是色)'인데 이것은 여색을 가리킵니까, 혹은 남색을 가리킵니까? 그렇지 않으면 단지 남색, 여색으로만 해석해서는 안 되는 것입니까? 상인의 가르침을 받고 싶습니다.

상인: 일체의 여색이나 남색 모두 다 그 속에 포괄되어 있습니다. 진공(眞空) 속에 묘유(妙有)가 있고,

묘유 속에 진공이 있습니다. 진공은 공하지 않은 까닭으로 묘유라고 하며, 묘유는 유(有: 존재)가 아니므로 진공이라고 부릅니다. 이 '색즉시공'은 즉, 밖을 향하여 구하는 것이 아니며, 당신 자신의 본성의 즐거움은 색에서 구할 필요가 없으며, 공 속에 진정한 즐거움이 있다는 것입니다. 따라서 '색즉시공, 공즉시색'이라고 하는 것입니다.

질문: 집안에서 오직 한 사람만이 불법을 배우는데, 어떻게 하면 다른 사람의 방해를 물리치고, 불교의 가정으로 변화시켜 가족들이 함께 불법의 이익을 얻을 수가 있습니까?

상인: 당신이 경건하게 정성을 다해 실천하면, 자연히 그들은 소문을 듣고 감화될 것입니다.

질문: 만약 부부가 이혼을 하면, 아이는 훌륭한 인재로 자랄 수 있을까요?

상인: 맞습니다! 그래서 어디든 문제 아동이 눈에 띄지 않습니까? 그 잘못은 부모가 책임을 다하여 가르치지 않은 데 있으며, 가정교육과 학교교육이 조화를 이루지 못한 채, 완전히 실패하여 아이들이 비로소 나쁘게 변한 것입니다. 그들은 텔레비전이나 컴퓨터에 끄달려 자유롭지 못합니다. 서양사회

에서는 곳곳에 자유를 제창하고 있는데, 내가 볼 때 이것은 자유를 맹신하고 자유를 오해하며, 이성적이지 못한 자유이고 완전히 부자유한 것입니다.

질문: 제가 어릴 때, 부모는 저에게 매우 난폭하였는데, 그래도 그들에게 여전히 제가 효순할 가치가 있는 걸까요?

상인: "사랑의 깊음에 책임의 절실함.[愛之深, 責之切]"라는 말이 있듯이, 일반적인 부모는 모두 자식이 장래 훌륭한 인재가 되기를 바라며, 그들은 당신이 좋아지기를 바라기 때문에 비로소 가혹한 수단을 쓴 것입니다.

질문: 집안에 바퀴벌레, 개미가 많은데, 불교에서는 살생을 금하고 있습니다. 어떻게 처리해야만 할까요?

상인: 집안을 깨끗하고 더럽지 않게 정리하면 바퀴벌레나 모기, 파리들이 없어집니다.

질문: 불교에서는 마땅히 종이돈을 태우는 관습을 행해야 합니까?

상인: 우선 모두는 반성해야 합니다. 귀신은 정말로 돈

이 필요할까요? 그는 돈을 받아서 무엇을 합니까? 군것질을 하는가? 옷을 사 입는가? 고층 빌딩에 사는가? 귀신이 만약 돈을 필요로 한다면, 중국의 귀신은 자주 사람들이 그를 대신하여 종이돈을 태워주지만, 서양인은 이러한 풍속이 없는데, 그렇다면 서양인은 모두 가난한 귀신이 되고 마는가? 이것은 분명히 일부 이익을 탐하는 무리들이 일반인이 미신을 신봉하는 무지한 심리를 이용하여 종이돈을 태우고 종이 비행기, 종이 마천루를 태우는 풍속을 만들어 내었을 것입니다. 사실상 이것은 비논리적일 뿐만 아니라, 불교 본래의 일부분은 아닙니다.

질문: 만약 한 사람의 생년월일을 삿된 도(邪道)를 행하는 곳에 방치하면 개인의 심신에 영향을 미칠까요?

상인: 당신의 마음이 올바르면 삿될 것이 없고, 당신의 마음이 삿되면 모든 곳이 삿됩니다.

질문: 저희 집안은 원래 마조(馬祖)를 섬기고 있었습니다만, 불법을 배우면서부터는 부처님을 섬기고 있습니다. 마조를 삼성(三聖)과 함께 공양해도 되겠습니까?

상인: 당신이 모든 신불(神佛)을 공양하기를 원해도 그들은 다투지 않습니다.

질문: 이 세상에는 매우 많은 일들이 가서 쟁취하지 않으면 얻을 수가 없습니다. 그런데 스님께서는 말씀하시기를 "다투지 말고, 탐하지 말고, 구하지 말라."고 하셨는데, 그 가운데에서 대체 어떻게 하면 취사선택을 할 수 있는지요?

상인: 식사 시간이 되면 당연히 밥을 먹고, 밥 먹는 시간이 아닐 때는 먹지 말아야 합니다.

질문: 어째서 불가(佛家)에서는 과욕(寡慾: 적은 욕심)을 강조합니까?

상인: 당신이 욕심이 적으면 지족(知足)하게 되며, 지족하면 항상 즐거우며, 항상 즐거우면 근심이 없겠지요!

질문: 부처님께서는 어떤 태도로 인생을 맞이하셨습니까?

상인: 자(慈: 즐거움을 준다), 비(悲: 고통을 제거한다), 희(喜: 타인이 즐거움을 얻는 것을 보고 기뻐한다), 사(捨: 타인에 대하여 사랑하고 미워하며 가깝고 멀리하는 마음이 없이 평등하다)의 마음을 갖습니다.

질문: 탐(貪), 진(瞋), 치(癡)의 근원은 어디에서 온 것입니까? 옛적으로부터의 모든 악업입니까? 혹은 금생에서 수행하지 않기 때문입니까?

상인: 전부 포함되어 있습니다. 요컨대 이것들을 모두 제거하면 좋습니다. 당신이 그 근원을 찾는다 해도 마음에서 제거하지 않으면 아무런 소용이 없습니다.

질문: 사람이 만일 탐(貪: 탐하는 마음)이 없으면 어떻게 향상할 수 있습니까? 사람이 만일 치(癡: 어리석음)가 없으면 어떻게 꾸준한 마음이 있을 수가 있고, 사람이 만일 진(瞋: 화내는 마음)이 없으면 어떻게 비분(悲憤)을 변화시켜 역량을 이룰 수가 있습니까?

상인: 당신은 착각을 해서는 안 됩니다. '진작(振作: 분발하다)'은 결코 탐함이 아니며, 그것은 노력해서 일을 하는 것이며, 결코 함부로 탐하거나 구하는 것이 아닙니다. 무엇을 치(癡)라고 하는가 하면, 즉 어리석은 일을 하는 것으로서, 예를 들면 도박, 계집질, 노름 등입니다. 진(瞋)은 성미를 부리며 화내는 것으로 이것은 모두 어리석은 행위입니다.

질문: 저는 양계장에서 일하고 있습니다. 지금 단시일 내에 일을 바꿀 수가 없습니다. 제가 어떻게 하면 양계장을 도량으로 변화시켜 그(닭)들을 천도할 수가 있겠습니까?

상인: 이것은 진퇴유곡(進退維谷)의 어려운 문제로서, 가
　　　장 좋은 방법은 당신이 양계장을 그만 두고, 사람
　　　을 양육하는 길로 걸어가는 것입니다.

질문: 가령 우리가 밖에서 모욕을 당했는데, 이에 대하여
　　　저항할 방법이 없다면, 우리는 불교에서 말하는 인욕
　　　의 공부를 응용할 수가 있습니다. 하지만 세상 사람
　　　들의 눈에는 우리가 바보같이 보일 것인데, 대체 우
　　　리는 어떻게 하면 좋을까요?

상인: 남의 시선에 따라서 움직일 필요가 없습니다. 남
　　　이 당신을 바보라고 하든 안 하든, 남이 무슨 말
　　　을 하기 때문에 비로소 당신 스스로가 인내하는
　　　것이 아니며, 그대는 자기의 주관을 가져야 할 것
　　　입니다.

질문: 자식이 효성스럽지 못하여 부모를 때리거나 꾸짖거
　　　나 할 때, 어떤 방법이 있을까요?

상인: 때리거든 받아드리세요! 누가 당신더러 금생에
　　　이런 자식을 낳으라고 했나요? 사람과 사람사이에
　　　는 모두 연대관계가 있는 법이며, 아마 당신도 전
　　　생에 부모를 때린 적이 있어서 금생에 이런 과보
　　　를 받는 것이니, 당신은 이렇게 생각을 하면, 그
　　　다지 많은 번민은 일어나지 않을 것입니다. 만약

이를 시정하고 싶으면, 관세음보살을 염하며 관세음보살께 당신의 원한을 풀어달라고 간청해보십시오. 하지만 매우 정성껏 염해야만 합니다. "나무관세음보살, 나무관세음보살, 나무관세음보살……" 성의가 있으면 반드시 감응할 것이며, 남에게 빚이 많으면 많이 갚고, 빚이 적으면 적게 갚는 것입니다.

질문: 캐나다에 살고 있는 중국인이 서양 사회의 미래에 대하여 염려하면서 물었다. "서양사회는 내리막으로 치닫는 걸까요?"

상인: 사회 구성원이 어떻게 하는가를 보아야 합니다. 가령 사람들마다 모두 좋은 일을 행하면 국운은 반드시 좋게 변하고, 사람들이 모두 나쁜 일을 하면 나라는 반드시 쇠퇴할 것입니다.

질문: 어떻게 하면 사회가 안정되고 상서롭게 될 수 있습니까?

상인: 교육으로부터 착수해야 합니다. 어린이들이 부모에게 효순하고, 국가에 충성을 다하도록 가르쳐야 합니다.

질문: 동성애, 미혼모, 낙태 등 갖가지 사회상의 비정상적인 현상은 사람들에게 우려와 근심을 피하지 못하게 하고 있는데, 어떤 이가 물었다. "이렇게 질서를 잃은 사회환경 가운데에, 부모가 된 사람으로서 마땅히 어떻게 자녀를 가르치고 기르며, 자기를 교육시켜야만 될까요?"

상인: 당신이 질문한 이 문제는 매우 좋습니다. 지금 사회가 이러한 것은 '아버지가 아버지답지 못하고, 어머니는 어머니답지 못하기' 때문입니다. 부모가 자녀를 낳아도 도리어 자녀를 중시하지 않고, 단지 환락을 탐하고 욕망을 마음대로 하기 위하여 낳기만 하고 가르칠 줄 모르기 때문입니다.

결혼을 했지만 서로 좋아하지 않고 걸핏하면 이혼을 하며, 이것이 아버지나 어머니가 없는 자녀를 만드는 것입니다. 일례로 미국법원에서 부모가 이혼 판결을 받고 나면, 자녀는 일주일에 3일은 아버지와 함께 살고, 4일은 어머니와 함께 삽니다. 아버지와 살 때는 아버지가 자주 어머니의 좋지 않은 점을 말하고, 어머니와 함께 있을 때는 또 아버지의 나쁜 점을 이야기합니다. 자녀는 마음속에서 부모 둘 다 나쁘다는 생각을 하게 되고, 그리하여 그도 또한 부모를 따라 나쁘게 됩니다. 어쨌든 아무도 그에게는 관심을 가지지 않으니까 그래서 그는 마약을 하거나, 나쁜 짓을 하게 됩니다.

남자는 여자에게 버림을 받고, 여자는 남자에게 버림받아 각자 극단으로 가게 됩니다. 남자도 여자도 모두 동성연애를 하여 이러한 망국(亡國), 멸종(滅種)의 비인도적인 행위를 하게 되는 것입니다.

나도 미국에서 같은 이야기를 한 적이 있는데, 이러한 문제는 모두 부부가 부부답지 못하고, 부모가 부모답지 못한 문제에서 비롯된 것입니다. 만약 부모로서 고대의 맹자 어머니가 세 번이나 집을 옮겨 간 것처럼 자녀에게 관심을 갖고 교육시키면 세상에 이런 문제가 일어나지 않을 것입니다.

낙태의 문제는 매우 엄중합니다. 지금 세상에 진단하기 어렵거나 치료가 어려운 병이 이렇게 많은 것은 낙태가 큰 원인입니다. 아직 세상에 태어나지 않은 이 생명은 이렇게 생각합니다. '당신이 나를 이렇게 빨리 죽게 하였으니, 나도 당신을 좋게 죽지 못하게 하겠다.' 그래서 이렇게 많은 복잡한 난치병이 발생하는 것입니다.

질문: 신문에서 때때로 '태아 영가 공양'이라는 광고를 보게 되는데 태아 영가에게 공양할 수가 있는 걸까요?

상인: 이것은 '공양'이라고 말할 수 없습니다. 왜냐하면 태아 영가는 삼보(불, 법, 승)가 아니기 때문입니다. 만약 '공양'이라고 말한다면 삿된 견해에 떨어지는 것입니다. 마땅히 천도(遷度)라고 말해야 하며, 하지만 이 원한은 너무 깊어서 천도하기가 어렵습니다. 왜냐하면 목숨을 빼앗은 빚은 반드시 목숨으로 갚아야 하기 때문입니다. 그러나 만약 재물을 탐하지 않는 진정한 수행자를 만난다면, 그들을 제도할 기회를 얻을 수가 있을 것입니다.

질문: 대만 사회는 원래 매우 소박하고 성실했는데, 요즘 사람들은 육합채(六合彩)라고 하는 복권이나 주식(증권)에 정신이 팔려 대만 사람들을 배금주의자로 바꾸어 버렸습니다. 스님께 여쭙겠는데 대만은 어떻게 하면 이러한 현상을 바꿀 수가 있겠습니까?

상인: 사람마다 어리석음을 조금씩 배우는 것입니다. 왜냐하면 육합채에 내기를 걸고, 주식을 가지고 노는 사람들은 모두 총명이 지나쳐서 일하지 않고 일확천금을 벌려고 생각하고, 씨앗을 뿌리지 않고 수확을 거두려고 생각하기 때문입니다. 이것은 비정상적인 풍조입니다.

질문: 만약 어떤 이가 닭과 오리를 살생하여 생활하고 있

다면, 어떤 방편 법문으로 그들에게 그것을 못하게 권유할 수 있을까요?

상인: 무릇 이전부터 잘못된 일을 하여 잘못을 안 연후에는, 마땅히 잘못을 고쳐야 합니다. 소위 "잘못을 바로잡으면 없는 것과 마찬가지이다."라고 하듯이, 보살은 일체 중생의 잘못을 보지 않으며, 계율은 당신 자신이 원하여 받고 수지하는 것입니다. 제불보살은 절대 고의로 함정을 파서 당신을 곤란하게 하여 지옥에 떨어지게 하지 않습니다. 이전에 만약 오계를 범하였다면, 지금 두 번 다시 범하지 않는 것이 좋습니다. "이전의 갖가지 일은 마치 어제 죽은 것과 같고, 이후의 갖가지 일은 마치 오늘 태어난 것과 같네.[以前種種, 譬如昨日死, 以後種種, 譬如今日生]"라고 하였습니다.

육식에 관하여, 어떤 사람은 '육(肉)'자를 해석하기를 "중생이 다른 중생의 고기를 먹으며, 자세히 생각해 보면 사람이 사람을 먹는다."라고 하는데, 어째서 반드시 살생에 의지하여 생계를 유지하려고 합니까?

질문: 한 여신도가 용감하게도 대중 앞에 자기의 잘못을 시인했습니다. "나는 이미 9년간이나 흉수(兇手: 살인자)를 해 왔는데, 죄의 무거움을 깊이 느끼고 있습니

다. 그러나 저는 수행을 하고 싶은데, 어떻게 하면 업장을 소멸할 수가 있겠습니까?"

상인: 가장 중요한 것은 큰 참괴심(慚愧心)을 발하여 부처님 앞에서 참회하는 것입니다. "죄는 서리와 같아서 부처님의 해가 녹일 수 있습니다.[罪如冰霜, 佛日消融]"

질문: 그녀가 다시 물었다. "제가 이렇게 큰 죄업을 저질렀는데, 어떻게 하면 가장 빨리 소멸시킬 수가 있겠습니까?"

상인: 부처님 앞에 절하면 항하의 모래알만큼 한량없는 죄일지라도 소멸됩니다. 진실한 마음으로 참회해야 합니다.

질문: 듣는 바에 의하면, 낙태는 불교에서 옳지 않은 걸로 알고 있습니다. 하지만 이전에 잘 알지 못하여 과오를 범하였는데, 이후 어떻게 구제될 수 있겠습니까?

상인: 허물은 고치는 것보다 더 좋은 것은 없습니다. 하늘에 가득 찬 큰 죄라도, 참회를 하면 곧 소멸될 수 있습니다.

질문: 집을 떠난 출가수행과 집 안에 머물면서 하는 재가

수행은 무엇이 다릅니까?

상인: 출가하면 즉 부처님의 권속이 되고, 집에 있으면 아직 정식으로 부처님의 권속에 들지는 않습니다. 재가인의 규율은 그렇게 엄격하지는 않으며 결혼이 가능합니다. 출가인은 독신을 요하며, 청정한 마음으로 욕심을 적게 하고[寡欲], 욕망을 제거하고 사랑을 끊지 않으면[去欲斷愛] 안됩니다.

질문: 재가 신도는 어떻게 수행을 하면 될까요? 더구나 바쁜 와중에 시간을 쪼개어 수행하는 가운데, 가장 좋은 방식은 무엇입니까?

상인: 가장 좋은 방식은 바로 화내지 않는 것입니다. 또한 자기와 자기가 싸움하지 않는 것으로서 마음 속에서 전쟁을 해서는 안 됩니다. 바깥으로 수행하는 척하면서 안으로는 수행할 마음이 없어서는 안 되며, 마음속에서 싸움하지 않아야 합니다. 이것이 바로 가장 좋은 수행입니다.

질문: 공자의 학생은 삼천 명으로서 그 가운데 72명이 육예(六藝)에 정통하였습니다. 현대 사회에서 무엇을 '완인(完人: 완전히 원만함을 구비한 사람)'이라고 말할 수 있을까요?

상인: "덕이 있는 것이 진정한 부귀이며, 덕이 없으면 진실로 가난한 것이다.[有德眞富貴, 無德眞貧窮]" 진정한 완인의 기초는 먼저 오계에서 시작해야 합니다. 즉 살생하지 않고, 훔치지 않고, 사음하지 않으며, 거짓말을 하지 않고, 술을 마시지 않는 것입니다.

다시 질문: 재가인도 완전한 사람을 이룰 수가 있을까요?

상인: 재가인이나 출가인을 막론하고, 모두 수행하여 완전한 사람을 이룰 수가 있습니다.

질문: 세간과 출세간의 법으로 들어가 닦는 데에는 어떠한 단계가 있습니까?

상인: 인간의 길[人道]이 원만하여질 때 비로소 부처의 도[佛道]를 닦아 이룰 수 있으며, 단계를 뛰어넘을 수는 없습니다. 인간의 길이 아직 완전하지 않으면 마치 집을 짓는 기초가 불안정한 것처럼 불도를 닦아 이루기가 쉽지 않습니다.

질문: 색즉시공(色卽是空), 공즉시색(空卽是色), 이 하나의 관문을 간파하지 못했습니다. 잘못된 방향을 시정해 주시기를 상인께 청합니다.

상인: 색(色)에서 나서 색에서 죽는다. 이와 같을 따름입니다. 당신이 간파하지 못하면, 당신은 색에서 나서 색에서 죽게 됩니다.

질문: 자기를 제도하는 것과 남을 제도하는 것 가운데 어느 것이 중요하며, 어느 것이 우선입니까?

상인: 둘 사이에는 경중이 없으며, 모두 같은 것입니다. 자기 스스로를 제도하는 것은 또한 남을 제도하는 것이고, 남을 제도하는 것은 또한 자기를 제도하는 것으로서, 당신이 그것의 경중을 분별한다면 잘못된 것입니다.

질문: 출가수행을 제외하고, 그 외에 현세에서 성불하는 다른 지름길은 없습니까?

상인: 아편을 피우면 즉시로 중독이 됩니다. 그러나 한 번 중독이 되면, 매우 참기 어렵습니다. 당신이 부처가 되려고 생각하면 반드시 착실하게 몸소 실천해야 합니다. 한 번에 많이 이루려고 교묘한 방법을 취하려는 것은 크게 잘못된 것입니다.

질문: 어떤 제자가 매우 혼란스러워 하며 사부님께 묻는다. "어떻게 하면 마음속의 생각을 포함하여 음란한

마음을 끊을 수 있겠습니까?"

상인: 당신이 생각하지 않으면 이미 끊어버린 것과도 같다! 당신이 언제나 마음속으로 생각하고 있으면 그것을 어떻게 끊을 수가 있겠는가? "(음란한) 생각이 일어날 때 즉시 깨달으며, 그것을 깨달으면 즉시 (음란한 마음이) 없어진다![念起卽覺, 覺之卽無]"

질문: 어떤 제자가 가르침을 구한다. "무슨 경을 염송하거나 혹은 어떤 법으로 수행해야 가장 빨리 성불할 수가 있습니까?"

상인: 당신은 화내지 않는 경을 염하고, 성미를 내지 않는 경을 염하며, 남을 욕하지 않는 경을 염하세요. 이 세 가지 경이 있는데, 매우 빨리 성불할 수 있습니다.

질문: 상인에게 여쭙겠습니다. 마땅히 어떤 방편법으로 수행해야 음욕심, 두려운 마음, 의심하는 마음을 통제하고 극복할 수가 있습니까?

상인: 육식(肉食)을 하지 않고 파, 마늘 등 일체의 자극성 있는 음식을 먹지 않으며, 그리고 "남자는 모두 나의 아버지요, 여자는 모두 나의 어머니이

다."라고 관상하면, 음욕심이 일어나지 않을 것입니다.

근심, 걱정이 있으면 두려움이 있으며, 근심, 걱정이 없으면 어떤 두려움도 없습니다. 사사로운 마음이 없어도 두려워하는 마음도 없을 것입니다. 다투지 않고, 탐하지 않고, 구하지 않고, 사사롭지 않고, 이기적이지 않으며, 거짓말을 하지 않는다면 무서워할 필요가 없습니다.

어째서 의심하는 마음이 있는가 하면, 즉 믿는 마음이 없고 반신반의하기 때문에 비로소 의심하는 마음이 있게 됩니다. 화엄경에 이르기를 "믿음은 도의 근원이며, 공덕의 어머니이다[信爲道源功德母]"라고 하듯이, 일체 중생이 본래 갖추고 있는 지혜를 믿는 것이 바로 의심하지 않는 것입니다. 그리고 날마다 진실한 말을 하고 거짓말을 하지 않는 것입니다. 누군가 나를 때리거나 욕을 하더라도 두려워하지 않고 곧은 마음[直心]으로 진실한 말을 하며, 누군가 나를 죽일지라도 나는 두려움이 없는데, 무엇 때문입니까? 진정한 해탈을 하면 마음에 걸릴 어떤 것도 없으며, 두려워할 만한 어떤 것도 없습니다.

질문: 수행 중에 거역하는 마음이 생기며, 이로 인하여 장

애가 발생하게 되는데 어떻게 대처해야 합니까?

상인: 호랑이가 와서 당신을 잡아먹으려고 할 때, 당신
도 역시 호랑이를 먹으려고 생각합니까? 이것이
저항이며, 당신은 이렇게 해도 되는가?

질문: 사람들이 정좌할 때에 때때로 뇌리 속에 소위 일반
인이 말하는 환상이 출현합니다. 당신께서는 정좌하
는 중에 출현하는 현상을 설명해 주실 수 있겠습니
까?

상인: 이런 현상들은 모두 허망한 환상으로서 진실하지
않은 것이며, 당신이 본 것은 모두 능엄경 가운데
의 오십 가지 변화이며, 당신이 이것을 성취했다
고 생각하면 정말로 가련하기 짝이 없습니다.

질문: 우리는 어떻게 하면 자기 자신의 본성을 회복할 수
있습니까?

상인: 이것을 이야기하자면 매우 간단합니다만 하지만
또한 아주 어려운 것입니다. 본성의 지혜광명을
회복하려면, 우선 욕념(欲念)을 줄여야 하는데, 바
로 욕심을 적게[寡欲]해야 하는 것입니다. 욕념이
줄어들면 지혜가 현전하고, 욕념이 그렇게 많으면
진정한 지혜는 나타나지 않을 것입니다. 곧 "마음

을 청정하게 하고 욕심을 적게 하며, 욕심을 줄이고 만족할 줄을 안다.[淸心寡欲, 少欲知足]"는 이것이 첫걸음인 것입니다. 마음을 맑게 하고 욕심을 적게 할 수 있다면, 당신이 본래로 지닌 지혜광명이 나타날 것입니다.

질문: 불가에서 말하는 육근청정(六根淸淨)이란 어떻게 설명되어질 수 있습니까?

상인: '육근청정'이란 눈이 형색을 볼지라도 색진(色塵)에 동요되지 않고, 귀가 성진(聲塵: 소리)을 듣더라도 성진에 동요되지 않으며, 코는 향진(香塵)으로 인해 동요되지 않고, 혀는 미진(味塵)으로 인해 동요되지 않으며, 몸은 촉진(觸塵)으로 인해 동요되지 않고 마음은 법진(法塵)으로 인해 동요되지 않습니다. 경계에 동요되지 않을 수가 있으면 이것을 삼매라고 부르며, 또한 '정(定)'이라 부릅니다. 정은 반드시 좌선을 해야만 비로소 생기는 것이 아니며, 걷고 머물며 앉고 누울 때 모두 다 정 가운데 있는 것입니다. 정 가운데 있다고 하는 말은 나무 막대기나 진흙처럼 아무 것도 모르는 상태가 아니라, 그는 선정 속에서 모든 것을 알지만 그것들에 의해 움직이지 않습니다. 이것이 즉 사람이 환경을 움직이는 것이며, 환경에 의해 움직이지

않는 것입니다. 이것을 "사람이 경계를 움직이고
경계는 사람을 움직일 수가 없다"라고 하는 것입
니다.

질문: 하와이에 살고 있는 중국인이 이렇게 물었다. "몸은
해외에 거주하는 화교이지만 중국인의 운명을 보니
정말로 슬프지만, 도리어 언제나 마음으로는 도움을
주려고 해도 능력이 미치지 못하는 한스러움이 있는
데, 도대체 어떻게 하면 중국 동포를 도와줄 수 있겠
습니까?"

상인: 힘써 선한 일을 하고 자기의 마음을 다하면 됩
니다. 마음속으로 단지 중국인 혹은 어떤 사람을
돕고자 하는 좁은 생각을 가져서는 안 됩니다. 무
릇 고통스럽고 곤란한 사람들은 모두 힘을 기울여
서 서로 도와야 합니다. 더욱 중요한 것은 성질을
내지 않는 것입니다. 당신 스스로를 좋게 바꿔어
좋은 사람이 되는 것이 바로 중국을 돕는 것입니
다. 왜냐하면 당신은 중국인의 한 구성원으로서
당신의 품행이 바르면 곧 중국을 위해서 하나의
바른 기운[正氣]을 증가시키는 것이기 때문입니다.

질문: 상인께서 말씀하신 것을 듣건대, 중국인의 운명은
극도로 나빠진 연후에 다시 호전된다고 하는데, 도대

체 얼마의 시간이 지나야 합니까?

상인: 모든 것은 오직 사람들의 마음에 달렸으며, 중국인이 어떻게 하는가를 봐야 합니다.

질문: 미국에 살고 있는 화교는 중국과 대만에 동일한 관심을 갖고 있습니다. 어떤 이가 미연에 방비하듯이 상인에게 물었다. "대륙과 대만은 그렇게 오랜 기간 분열되었으며, 지금 매우 많은 사람들이 중국 공산당이 무력으로 대만을 통일하거나, 아니면 대만이 독립하는 일에 대해 염려하고 있습니다. 일단 중국인들 간에 서로 죽이는 전쟁이 발생한다면, 이것은 중국인 모두가 희망하지 않는 일입니다. 비교적 나은 방법은 없을까요?"

상인: 만약 양쪽의 사람들이 모두 자상한 마음으로 화목할 수 있다면 일은 곧 해결됩니다. 전쟁을 할 필요가 없으니 매우 간단합니다. 내가 처음으로 대만에 도착했을 때, 대만은 마침 민감한 시기라, 대만 사람이 나에게 묻기를 "장래 대만은 좋은지 나쁜지, 뭔가 위험은 없는지요?"

그때 한 거사가 내가 혹시 잘못 대답하여 감옥에 들어갈까 봐서 말했다. "당신은 어째서 이런 문제를 묻는가?"

이 문제를 꺼낸 사람은 매우 기분이 언짢았다. 그

래서 내가 말하였다. "매우 간단합니다. 이것은 아무 일도 아니며, 이것은 매우 쉬운 문제입니다. 만약 대만인의 마음이 선량하면 대만에는 문제가 없습니다. 대만인의 마음이 교활하여 분수를 넘고 도리를 벗어나는 일을 저지른다면, 대만은 위험합니다. 즉 대만인이 어떻게 하는가를 봐야 합니다."

질문: 매번 경을 염송하거나 부처님의 명호를 염할 때, 몸이 달아오르고, 심지어 전신이 붓고 팽창하는 느낌을 받습니다. 이러한 현상은 자성의 벌레가 살아나는 까닭이 아닙니까?

상인: 자성(自性)의 벌레란 어떤 모양입니까? 검은 것인가, 흰 것인가, 누런 것인가? "무릇 형상이 있는 것은 다 허망하다[凡所有相 皆是虛妄]"고 하였는데, 당신은 그것에 집착하여 무엇 하려고 합니까? 당신은 너무 긴장하였기 때문에 비로소 이러한 정황이 나타난 것입니다. 긴장하지 않고 억지로 꾸미지 않으면 이러한 번뇌가 생기지 않을 것입니다.

질문: 산란한 마음으로 염불할 때, 마땅히 어떻게 조복을 받으면 되겠습니까?

상인: 염불을 많이 하면 마음이 산란하지 않습니다!

"만일 하루, 이틀, 사흘, 나흘, 닷새, 엿새, 이레 동안을 일심불란하라."고 했듯이, 당신은 항상 염불을 많이 하지 않기 때문에 당연히 마음이 산란한 것입니다.

질문: 원을 발하는 것과 망상을 하는 것은 어떤 차이점이 있습니까?

상인: 좋은 망상이라면 생각을 해도 무방합니다! 그러나 좋지 않은 망상은 소멸시켜야 할 것입니다! 남을 이롭게 하고자 하는 원은 망상을 해도 관계없지만, 만일 자신을 이롭게 하기 위한 원이라면 좋지 않습니다.

질문: 불교는 왜 채식을 제창합니까?

상인: 육식을 하는 사람은 욕념이 무겁고, 채식을 하는 사람은 욕념이 가볍습니다. 어떤 일부 종교에서 말하기를, 모든 생령(生靈)은 다 인류를 위해 준비된 것이므로 사람이 고기를 먹는 것은 지극히 당연하다고 합니다. 그러나 불교에서는 '동체대비(同體大悲)'의 정신을 주장하므로, 일체의 중생은 다 불성이 있고, 모두 부처가 될 수 있다고 봅니다. 따라서 살생을 금하고 생명을 보호할 것을 주장하는 것입니다.

질문: 불교는 왜 복을 누리는 것을 제창하지 않습니까?

상인: "고통을 받아들이는 것은 고통을 끝내는 것이며, 복을 누리는 것은 복을 소멸시키는 것이다[受苦是了苦, 享福是消福]."라는 말이 있듯이, 은행의 예금을 당신이 써버리지 않으면 돈은 영원히 당신 것입니다. 그러나 만약 먹고 마시며 유희를 즐기면 매우 빨리 예금을 다 써버리게 될 것입니다.

질문: 어떤 사람이 말하기를 능엄주(楞嚴呪)는 오직 재계(齋戒)하는 기간에만 염송할 수가 있다고 하고, 또 어떤 사람은 오직 오전 일곱 시 이전에만 염송하는 것이라고 하는데, 도대체 어느 것이 정확합니까?

상인: 능엄주는 시간에 관계없이 언제라도 염송할 수가 있습니다. 시간상으로 분별심을 내어서는 안 됩니다. 예를 들면 말레이시아의 아침은 미국에서는 저녁인데, 어떻게 하나의 절대적인 경계를 나눌 수가 있겠습니까? 불교를 배우는 것은 집착을 깨뜨리는 것이며, 일체의 법을 쓸어내고, 일체의 상(相)을 떠나는 것이므로 배우면 배울 수록 미혹하지 않아야 하며, 그것은 곧 재주 피우려다 일을 망치는 격입니다.

질문: 어떤 스님의 말을 듣기로는, 임신을 한 여자가 능엄

주를 독송하면 유산한다고 하는데 믿어도 되는지요?

상인: 허튼소리입니다.

질문: 저는 세 가지 경전, 즉 능엄경, 화엄경, 법화경을 암송하고 또 이해하고 싶습니다만, 어느 경부터 시작해야만 합니까?

상인: "이 법은 평등하여 높고 낮음이 없습니다[是法平等, 無有高下]." 어떤 경부터 시작해도 상관없습니다. 당신이 어떤 경부터 착수해야 할지 모른다고 생각하는 것이 바로 하나의 망상입니다.

질문: 불법은 세간법을 떠나지 않는다고 하는데, 어떻게 하면 불법을 원만하게 우리들의 일상생활에 융합시킬 수 있겠습니까?

상인: 다투지 않고, 탐하지 않고, 구하지 않고, 사사롭지 않고, 이기적이지 않으며, 거짓말을 하지 않으면 됩니다.

질문: 경을 염송한 후, 반드시 회향할 필요가 있습니까?

상인: 회향은 곧 상(相)에 집착하는 것이며, 회향하지 않는 것도 상에 집착하는 것입니다. 무릇 집착하는 것이 있으면, 모두 불법과 상응하지 않은 것입

니다.

질문: 불법은 본래 청정한데, 무명(無明)은 어디로부터 온
것입니까?

상인: 무명은 애정에서 발생한 것이며, 무명은 즉 어리
석음의 별명입니다.

질문: 누가 진정한 눈 밝은 스승인지 어떻게 변별할 수
있습니까?

상인: 누가 진정한 눈 밝은 스승인가 하는 것을 변별
하려면 즉 그에게 다투는 마음과 탐내는 마음이
있는지를 보아야 하며, 그가 사사롭고 이기적인
사람인지 아닌지를 보아야 하며, 그가 항상 방편
어와 거짓말을 하면서, 오히려 그것이 권교방편인
양 변명하지는 않는지를 보아야만 합니다. 만일
그가 이와 같은 사람인데도 여전히 그를 선지식이
라고 말한다면, 그것도 옳고 그름을 알지 못하는
것입니다.

질문: 불보살은 중생의 업장을 떠맡을 수가 있습니까?

상인: 당신이 허물을 고칠 수가 있으면 불보살은 이러
한 힘이 있어 당신을 사면하여 죄가 없게 할 것

입니다. 그러나 만약 잘못을 고치지 않고, 당신이 오로지 불보살에게만 의지하여 당신의 죄업을 떠맡긴다면 그것은 불가능합니다.

질문: 경에 이르기를, "스스로 부처님께 귀의하오니, 모든 중생이 대도(大道)를 깊이 이해하여 보리심을 발하기 원하옵니다. 스스로 불법에 귀의하오니, 모든 중생이 경장(經藏) 가운데 깊이 들어가 바다같은 지혜 얻기를 원하옵니다. 스스로 스님들께 귀의하오니, 모든 중생이 대중을 거느리는데 일체의 장애가 없고 성스러운 대중에게 경례하기를 원하옵니다."라고 하였습니다. 한 사람의 출가 승려가 되면 대중을 거느려야 하며, 그가 행하는 일체의 일은 불도와 부합되어야만 행합니다. 그러나 사람은 완전무결하지 않고, 사람은 사람이므로 만약 그 자신이 본래의 청규도 완전히 지키지 못한다면, 이렇게 대중을 거느리는 것은 곧 중생을 그른 방향으로 인도하는 것이 아닐까요?

상인: 세간에는 좋은 이가 있는가 하면 나쁜 이도 있고, 수행을 하는 이도 있는가 하면 수행하지 않는 이도 있습니다. 진정으로 불교를 행하고 지니는 이도 있는가 하면, 가사를 두르고 밥을 먹기 위하여 불교를 장사로 여기거나 기업으로 여기고 장난치는 것은 바로 가짜로 속이는 것입니다. 각자 법

을 간택하는 안목이 있는지 없는지를 보아야 하며, 안목이 있으면 누가 옳고 그른지를 알 수가 있습니다. 만약 법을 간택하는 안목이 없으면 도적을 자식으로 알고, 고통을 즐거움으로 여기며, 흑과 백을 전도(顚倒)하게 됩니다.

질문: 집안에 봉안하는 불상은 점안[開光]의식을 행하지 않고 예배해도 됩니까?

상인: 불상을 점안하고 안 하고는 문제가 안 됩니다. 다만 당신의 마음 가운데에 집착이 있는지 없는지를 보아야 합니다. 당신의 마음속에 집착이 없으면 불상은 언제나 점안한 것입니다. 만약 당신이 마음속에서 집착하고 있으면 불상을 점안했어도 점안하지 않은 것과 같습니다.

질문: 불경에 이르기를 "자성이 부처로서 사람마다 모두 성불할 수 있다."라고 하는데, 이미 자기 자신이 본래 부처라면 무엇 때문에 우리들은 항상 부처님께 절하러 가는 것입니까? 모쪼록 상인의 가르침을 부탁드립니다.

상인: 일반인이 이야기하는 자기 자신이 부처라는 말은 자기의 몸을 말하는 것이 아니고 자성(自性)이 부처라는 말입니다. 그러나 당신이 성불을 하려고

생각한다면, 반드시 수행을 해야 하며, 반드시 이러한 도리를 이해하고, 어떻게 하면 성불할 수 있을지를 이해해야 하며, 결코 자기 자신이 바로 부처라고 말하는 것이 아닙니다. 예를 들면 당신이 공부하여 박사학위를 얻으려고 생각하면 곧 박사학위를 얻을 수 있는 것이 아닙니다. 반드시 초등학교, 중고등학교, 대학교를 거쳐서 다시 박사학위를 수학해야 비로소 얻을 수가 있는 것입니다.

마찬가지로 나 자신이 부처라고 말한다고 바로 부처가 되는 것이 아닙니다. 당신이 이렇게 되려고 하여도 그것은 마치 당신이 자기를 황제에 봉하면 바로 황제가 되는 것이 아닌 것과 같습니다. 이런 것이 아닙니다.

마치 진흙으로 만든 보살이 바다를 건너는 것과 같이 자신조차 몸을 보전할 수 없는데 어떻게 남을 교화할 수가 있겠습니까? 반드시 자기 수행의 토대를 굳건히 다져야만, 비로소 물에 들어가도 빠지지 않고, 불속에 들어가도 타지 않으며, 그런 연후에야 비로소 사람들을 교화할 수가 있으며, 또한 명리(名利)에도 흔들리지 않습니다.

무엇을 물이라고 부르는가? 즉 금전입니다. 무엇을 불이라고 하는가? 즉 이름입니다. 명리의 두 글자는 즉 물과 불입니다. 명예를 보면 매진하던

발걸음이 멎고, 이익을 보면 잠을 이룰 수 없다면, 이렇게 하여서는 성불을 논할 수 없으며, 성불은 불가능한 것입니다. 부처님 가운데 명예를 좋아하는 분은 한 분도 없고, 또한 이익을 좋아하는 부처도 없습니다. 내가 하는 말을 어떤 사람들은 듣기 싫겠지만, 나는 정말로 이런 말을 하고 싶습니다.

질문: 당신은 일찍이 이렇게 말씀하신 적이 있습니다. "우리들이 지금 자성을 명백히 깨달을 수가 없는 까닭은 우리가 이 사바세계의 번뇌 오욕(五欲)에 오염된 탓이며, 따라서 자기 마음을 깨달을 수 없고 자기 본성을 알 수 없다." 이것은 어떠한 뜻입니까?

상인: 소위 오염이라고 하는 것은 곧 잡념이 마음속에 있는 것입니다. 당신이 돈을 벌려고 생각하는 것이 오염이며, 당신이 명예를 구하려고 생각하는 것이 오염이며, 당신이 이성(異性)을 추구하려고 생각하는 것이 오염이며, 당신이 좋은 음식을 먹으려고 생각하는 것이 모두 오염으로서 이 모두는 청정한 것이 아닙니다.

자성은 본래 청정한데 이러한 것들이 더해졌기 때문에 오염된 것들에 묶여서 자성이 본래 갖춘 지혜광명이 나타나지 않는 것입니다. 사람마다 모두

불성을 가지고 있으며 사람마다 모두 성불할 수
있습니다. 성불할 수 없는 중생은 아무도 없으며,
그러므로 당신이 어떤 종류의 중생 가운데 속해
있는지를 불문하고, 모두 성불의 기회가 있으며,
바로 당신이 수행하느냐 마느냐에 따라 수행을 하
면 성불하고, 수행하지 않으면 성불할 수 없는 것
입니다.

질문: 제가 불경을 보니 "서방극락세계에 왕생하려면 발원
을 해야 한다."라고 되어 있는데, 어떻게 발원을 해
야 합니까?

상인: 원(願)이란 의지가 견고하지 못할까 봐서 발하는
것이므로, 발원은 자기의 의지를 돕는 것입니다.
뜻을 성현(聖賢)에 두면 곧 성현이 되고, 뜻을 영
웅호걸에 두면 곧 영웅호걸이 되며, 뜻을 불보살
에 두면 즉 불보살이 됩니다. 우리들이 뜻을 세우
기는 세우지만, 혹시 의지가 견고하지 못할까 걱
정하여 그래서 발원해야 합니다.

발원은 즉 자신은 반드시 이렇게 하겠다는 것을
표시하는 것이며, 후회하지 않고, 마음을 물러나
지 않는 것입니다. 나는 생각에서 물러나지 않아
서[念不退], 자나깨나 나의 원력에 의거하여 행해
야 하고, 행위에서 물러나지 않아서[行不退] 나의

행위도 나의 원력에 의거하여 행하여야만 합니다. 그런 연후에 과위를 얻게 되면, 이것 역시 지위에서 물러나지 않는[位不退] 것으로 초과, 이과, 삼과, 사과(四果)의 아라한을 얻게 됩니다. 따라서 발원은 곧 자기의 의지를 돕는 것입니다. 부처님 앞에 발원을 해도 좋고, 스스로 의지를 굳혀도 무방하며, 겉으로만 하는 체해서는 안 되고, 정말로 참되게 몸소 실천해야 합니다.

질문: 어떤 스님이 사람을 즉시로 깨닫게 하여, 이 한 생에서 해탈을 할 수가 있다고 공언하는데, 그가 전수하고 있는 인심법문(印心法門)은 정확한 것입니까?

상인: 많은 사람이 미혹되는 것은 모두 탐하는 마음이 있기 때문입니다. 사람에게 탐하는 마음이 없으면 그 사람은 미혹되지 않습니다!

질문: 관세음보살'의 성호(聖號: 성스러운 명호)를 염하는 것과 '아미타불'의 성호를 염하는 것은 어떤 구별이 있습니까? 효과가 다른 것이 아닙니까?

상인: 당신이 이렇게 분별하면, 효과는 근본적으로 없습니다.

질문: 어떤 경전이 입문에 적합합니까?

상인: 어떤 경전도 모두 적합합니다.

질문: 아미타경에 이르기를, 중생이 능히 아미타불의 명호를 수지할 수 있으면, 업을 지닌 채로[帶業] 극락세계에 왕생할 수가 있다고 하였습니다. 그러나 또한 불교에서는 사람은 자립할 것을 강조하고, 자력갱생(自力更生)에 의해서만 비로소 성불할 수가 있다고 합니다. 이 두 가지의 도리는 서로 모순되지 않습니까?

상인: 당신이 염불하여 일심불란의 경지에 이르렀을 때, 나는 당신에게 묻겠습니다. "이것은 부처님이 염하는 것입니까, 아니면 사람이 염하는 것입니까?" 이것은 그래도 당신 개인이 하는 노력에 달려있다고 나는 믿습니다. 염불은 한편으로 염하면서 다른 한편으로는 망상을 하는 것이 아니라, 마음과 부처가 계합할 때까지 염하여 육근과 바깥경계 모두 사라져서 도(道)와 합일이 되어야, 비로소 정토에 왕생할 수 있습니다. 반 시간의 공부도 안 하고 바로 부처가 될 수 있다는 말이 아니라, 성불은 여전히 자기 자신을 의지해야 합니다.

질문: 영국에서 남전(南傳)불교의 비구스님이 상인에게 물었다. "염불법문은 남전불교에서는 비교적 적게

쓰입니다. 상인께 여쭙겠습니다. 마땅히 어떤 법문을 닦아야 신앙심을 일으킬 수 있습니까?"

상인: 신앙은 다섯 가지의 맛[五味]에 비유할 수 있습니다. 부처님께서 설하시는 각종 법문도 또한 맛과 같아서 시고 달고 쓰고 맵고 짭니다. 당신은 신맛이 제일이라고 말할 수 없고, 또한 단맛이 제일이라고도 말할 수 없으며, 또한 쓴맛이 제일이라거나 매운맛, 혹은 짠맛이 제일이라고 말할 수 없습니다. 이것은 마치 각자의 기호가 다르듯이 신맛을 좋아하는 이는 신맛이 그에게 좋다고 하고, 단것을 좋아하는 이는 단맛이 그에게 좋다고 느끼며, 쓴맛을 좋아하는 사람은 쓴맛이 그에게 좋다고 느끼고, 매운맛을 좋아하는 사람은 매운 것이 없으면 밥을 먹을 수가 없다고 합니다.

우리가 어떤 법문을 신앙하든지 간에 만약 자기에게 적당한 것을 이용하면 자연히 상응하고, 적당하지 않는 것을 이용하면 상응할 수가 없는데, 이것은 각자의 근성(根性)에 달린 것입니다. 마치 각자에게는 각각의 인연이 있듯이, 어떤 법문이든지 만약 당신이 전일(專一)하게 이룰 수 있으면, 모두 감응이 있고 바로 상응하게 됩니다. 당신이 어떤 법문을 수행하든, 가령 염불의 경우 시간을 덜고, 돈이 들지 않으며, 또한 다른 일을 장애하지 않고 행주좌와에 전부 염불할 수 있으므로 많은 사람들

이 다 수행할 수가 있으며, 따라서 이 법문은 일
반인에게 상응하는 것입니다.

그러나 당신이 만약 전일하지 않으면 상응하지 않
을 때가 있는데, 이른바 "입으로만 아미타불을 염
하고 마음이 산란하면, 목구멍이 터지도록 아미타
불을 불러도 헛수고네."라고 하였듯이, 그러므로
어떤 법문을 닦더라도 모두 신심(信心)이 우러나야
만 합니다. "믿음은 도(道)의 근원이요, 공덕의 어
머니로서 일체의 선근을 기른다."고 하였는데, 우
리는 왜 신심이 견고하지 못합니까? 그것은 바로
믿음의 뿌리를 얕게 내려서, 불교에 깊이 들어가
지 못하기 때문이며, 이때는 어떻게 해야 하는가?

바로 공을 세우고[立功], 덕을 쌓으며[立德], 말을
세워야[立言] 합니다. 공을 세운다는 것은 타인을
돕는 것입니다. 덕을 쌓는다고 함은 조용히 남을
도우며, 반드시 다른 사람이 알도록 하는 것이 아
닙니다. 입언(立言)이란 "자비로운 말, 상황에 적당
한 말을 하는 것은 돈이 있든 없든 덕을 행한다."
고 하는데, 우리가 진실한 말을 하고 거짓말을 하
지 않으며, 말하는 것이 실재적이어야 합니다. 이
렇듯 온갖 시련을 다 겪으며 자기를 단련하여 이
런 도리를 이야기한다면, 어떤 사람도 이 도리를
뒤집을 수 없을 것입니다.

왜냐하면 진리는 변하지 않으면서 인연을 따르고, 인연을 따르면서 변하지 않기 때문인데, 이것이 바로 진리와 거짓의 도리가 같지 않은 점입니다. 당신이 만약 진리를 인식하려면, 매일 이 진리를 연구해야 하며, 그러면 자연히 믿는 마음이 생겨날 것입니다.

번뇌를 벗어나는 지혜의 말씀
出 塵

평화

세계는 왜 평화롭지 못한가?
바로 사람마다 탐심(貪心)이 너무 크기 때문이네.
큰 인물은 큰 탐심이 있고,
작은 인물은 작은 탐심이 있으며,
각 개인마다 개인의 탐심이 있다.
한 국가에 얼마의 사람들이 있으면
곧 얼마의 탐심이 있네.
따라서 만약 사람마다 평안한 사람으로 변하게 하려면
먼저 마음속으로부터 탐심을 없애고,
투쟁을 없애고
분노와 원한을 없애고
어리석은 마음을 없애면
세계는 평화로울 것이다.

세계에 왜 전쟁이 일어나는가?
바로 우리의 마음속에서 매일 전쟁이 일어나기 때문이며,
매일 자기를 못살게 하니,
이것은 정말로 모순된 행위이다.
마음속의 질투, 장애, 원한, 번뇌, 분노를 소멸하면,
이것은 바로 마음속의 원자탄, 핵폭탄을 없애는 것

이다.
그래서 세계의 큰 전쟁은 우리 마음속의 작은 전쟁
으로부터 일어난다는 것을 우리는 알아야 한다.
그러므로 우리는 반드시 먼저 자기의 작은 전쟁을
잠재워야,
큰 전쟁이 일어나지 않을 것이네.

선함

어떤 사람은 세계가 나쁘다고 말한다.
이것은 잘못된 견해이며, 세계는 근본적으로 나쁨이
없다.
어떤 사람은 또 세계가 이미 나쁨이 없으면, 사람
이 나쁘다고 말한다.
이것도 잘못된 견해로서 사람도 나쁨이 없다.
그럼 무엇이 나쁜가?
사람의 마음이 나쁘다.
사람의 마음이 나쁘므로 세계를 나쁘게 만들고,
사람도 나쁘게 만든다.
마음이 나쁘면 곧 악업을 짓고, 악업을 지으면 나
쁜 과보를 받으며,

나쁜 과보를 받으면 세계가 평안하지 못하게 된다.
따라서 사람을 좋게 하고 세계를 좋게 하려면,
먼저 사람의 마음으로부터 시작해야 한다.
사람의 마음이 좋으면, 세계에 전쟁이 없을 것이다.

무명

근본적인 성미는 먹는 것으로부터 오는 것이 아니
고,
또한 하늘과 땅으로부터 오는 것도 아니며,
무슨 기후로부터 오는 것도 아니고,
바로 자기의 무명(無明)으로부터 오는 것이다.
무명은 어디에서 오는가?
바로 이기심이 뒤에서 수작을 부린다.
모든 번뇌는 이기심이 뒤에서 지지하기 때문에
많은 성미와 많은 번뇌가 있는 것이다.
자기가 손해 보는 것을 두려워하고,
나에게 손해가 되는 것이 있을까를 겁내기 때문에
화를 내려고 하며, 다투려고 한다.
만약 당신이 다투지 않고[不爭],
탐하지 않고[不貪], 구하지 않고[不求],

사사롭지 않고[不自私], 이기적이지 않으면[不自利],
어떤 성미도 없을 것이다.

마음

각 개인은 모두 일백 개의 마음을 가지고 있으며,
이 일백 개의 마음속에는
단지 하나의 나쁜 마음이 있고,
99개의 마음은 모두 좋은 마음이다.
그런데 모든 좋은 마음의 밑바닥에는
그 하나의 나쁜 마음이 위로 올라오려고 한다.
그러므로 사사롭고 이기적이며,
손해를 보지 않으려고 하며,
남을 이롭게 하지 않으려고 하며,
중생을 대신하여 괴로움을 받으려고 하지 않는다.
우리가 이러한 나쁜 마음을 뒤집어
위로 올라오지 못하게 해야 한다.
이것이 바로 보살의 마음이다.

보시

보시는 진심을 가지고 해야 하며
그대가 버릴 수 없는 것을 버려야 한다.
이른바 돈을 보시하기를 살을 베는 것같이 생각하
면,
일반인은 보시의 마음을 내기가 어렵다.
만약 진정한 힘으로 보시할 수 있으면,
버릴 수 없는 것을 보시할 수 있으니,
그것이 바로 진심(眞心)의 보시다.
그대가 만약 버릴 수 있는 것을 보시하는 것은
참된 마음으로 보시하는 것이 아니니,
이것도 공덕이 없다고는 말할 수 없지만,
순수한 보시가 아니며,
그 보시의 힘도 그렇게 크지 않다.

가난

"덕 있음이 진정한 부귀이며, 도 없음이 가난이네."
有德眞富貴, 無道是淸貧
일반인은 금은보화가 부귀라고 생각하지만,
사실 그렇지 않으며, 이것은 바깥의 재보(財寶)이며,
언제나 남에게 빼앗길 수 있다.
고덕(古德)이 말하였다.
"부유함은 집을 윤택하게 하고, 덕은 몸을 윤택하게
한다."
富潤屋, 德潤身
사람에게 도가 없으면,
바로 그것이 진정한 빈궁이다.
이 "빈(貧)"자는 "탐(貪)"자로부터 오는 것이며,
탐하는 것이 한도(限度)가 없으면,
그 결과로 빈궁하기 때문이다.

괴로움

이 세상에는 즐거움이 있으면 괴로움이 있다.
즐거움은 괴로움의 원인이고,
괴로움도 즐거움의 원인이다.
따라서 나는 항상 말하기를
"괴로움을 받는 것은 괴로움을 그치게 하는 것이며,
복을 누리는 것은 복을 소멸시키는 것이다."
예를 들면, 십년 동안 가난의 고통을 겪다가,
하루아침에 공명을 이루어
천하 사람이 알게 되는 것과 같다.
이것이 이른바 "괴로움이 다하면 즐거움이 온다[苦
盡甘來]"는 것이며, 하지만 이러한 즐거움은 고뇌로
부터 바꾸어 온 것이다.
그리고 마치 밭을 경작하는 농민과 같이,
지금 기계를 사용하여 밭을 가는데,
그렇게 많은 힘을 들이지 않고 경작하지만,
기계를 돌리는데 석유가 필요하다.
만약 에너지가 결핍되면,
아마도 기계를 사용할 수 없고,
다시 돌아가 인력을 사용해야 할 것이다.
이 세상 모든 일은 고뇌가 무량하며,
얼마나 많은 고뇌를 겪어야 할지 모른다.

누에고치

중생은 오욕을 탐하며,
언제나 오욕은 괜찮은 것으로 느끼는데,
마치 어린이가 사탕을 먹는 것과 같이,
하나를 먹고 나면 다시 하나를 요구한다.
사람이 재물, 색욕, 명예, 음식, 수면이라는 오욕을
대하여도
이러하여 이것도 놓지 못하고,
저것도 간파하지 못한다.
그리하여 마침내 자기 스스로를 마치 누에가 고치
를 만들 듯이
스스로 자기의 몸을 묶어 나오지 못하게 한다.
이것은 누가 당신으로 하여금
해탈을 얻지 못하게 하였는가?

어두움

우리가 본래 갖춘 자성(自性)은 청정하나,
탐욕, 애욕, 재물욕, 색욕으로 인하여
청정한 자성을 더럽게 만들었다.
이렇게 한 번 오염되면 캄캄한 밤으로 변하여
지혜가 없고, 광명이 없어
언제나 암흑의 세계 속에서 빛을 보지 못한다.
생사의 피로는 이것으로 인하여 일어난다.
따라서 많은 욕망이 생사를 만든다.

지혜

진정한 지혜는 어디로부터 오는가?
청정한 마음으로부터 나온다.
그럼 어떻게 하면 청정심이 나타날 수 있는가?
바로 부지런히 계정혜(戒定慧)를 닦아
탐진치(貪瞋痴)를 소멸하는 것이다.
당신이 만약 이렇게 할 수 있으면,
당신의 청정한 본원의 묘한 진여자성이 나타날 것
이다.

인과

세상에서 무슨 기괴한 일들이 생기는 것은 무엇 때
문인가?
처음에 기괴한 원인을 심었기 때문에 지금 기괴한
결과를 맺게 된다.
그대가 만약 그러한 원인을 심지 않으면,
그러한 결과는 생기지 않을 것이다.
우리가 만약 인과의 도리를 이해하면,
모든 악은 짓지 않고, 많은 선을 행해야 할 것이다.
세상의 사람은 인과와 나눌 수 없으며,
그러나 사람마다 모두 원인은 보지 않고 단지 결과
만 본다면,
과보가 도래할 때 당황하여 어찌해야 좋을지를 모
른다.
이 모두 당초 원인을 심을 때 조심하지 않으니,
기괴한 과보를 받게 될 때
비로소 어찌된 영문인지를 모른다.

자비

사람은 자비심을 가져야 하며,
사람과 일을 대함에 화목하게 지내고
진심으로 상대해야 할 것이며,
모든 일에서 남의 입장에서 생각하고,
악랄한 수단으로 남을 압박해서는 안 될 것이다.
불법을 배우는 사람은 인과를 부정하면 안 되며,
인과의 일에 대하여 특별히 주의해야 한다.
가령 어떤 사람이 당신에게 무리한 공격을 하거나,
혹은 말이나 글로 훼방하고,
행동으로 압박하고 해를 가하면,
태연하게 대처하고 반격을 하지 않으며,
마땅히 자비심으로 그를 감화시켜야 할 것이다.

자애[仁]

우리는 시시각각 언제나 자애(慈愛)의 마음으로
모든 사람을 사랑하고 보호해야 할 것이다.
일을 하는데 있어서 신중하게 하고,
자기에게 유리한 일을 그렇게 많이 해서는 안 될
것이며,
남에게 해로운 일은 더욱 해서는 안 된다.
우리가 만약 "인의도덕충효(仁義道德忠孝)"
이 여섯 자를 넓히고 확장하면,
이것이 바로 사람됨의 기초를 세우는 것이다.
이렇게 하면 그대의 일생은 건강할 것이며,
이미 신체가 건강하면 정신도 유쾌할 것이다.
근심과 번뇌로 머리가 희고, 눈이 침침하고,
귀가 멍멍하지 않을 것이다.
그러나 자기 스스로 여전히 깨닫지 못하면,
어찌된 영문인지를 모르고,
일생 흐리멍덩하게 보낼 것이다.

효도(孝)

사람됨의 기초는 무엇인가?
바로 인의도덕충효(仁義道德忠孝)이다.
우리 각자는 출생한 이래로 항상 보고 들어서
익숙하고 습관이 되어 응당 주의해야 하는 것은
즉 효(孝)이다.
그대가 만약 효도를 다하면,
천주(天主)가 그대를 좋아할 것이며,
그대가 만약 효도를 다하면,
보살이 그대를 좋아할 것이며
그대가 만약 효도를 다하면,
부처님이 그대를 좋아할 것이다.
그대가 만약 효도를 다하면,
부모는 반드시 그대에게 화를 내지 않을 것이며,
그대가 만약 효도를 다하면,
반드시 형제자매와 이익을 다투지 않을 것이다.
효도는 천지의 영혼이며, 사람됨의 기초이다.

빚

각 사람의 얼굴이 같지 않고, 그 인과도 다르다.
사람마다 과거 세세생생 진 빚도 다르다.
어떤 사람은 진 빚이 너무 많아 이 세상에 와서
갚으려고 해도 다 갚을 수 없으니,
이른바 "빚더미가 높이 쌓였네"라고 한다.
이것은 또한 업장의 더미가 하루하루 높아지고,
하루하루 깊어지며,
빚 위에 다시 빚이 가해져
뒤엉큄이 분명하지 못하다.
이것은 무엇 때문인가?
바로 과거에 전문적으로 고리대금(高利貸金)으로
이자 위에 이자를 더하여, 탐함에 한도가 없이
공짜로 이익을 취했기 때문이다.
그리하여 결국에는 자기 스스로 손해를 보게 된 것
이며,
업장이 하루하루 무거워지고,
마침내 발을 뺄 수 없게 된다.

꿈

인생은 마치 연극과 같네.
극 중에서 황제의 배역을 맡으면 부귀영화의 즐거
움을 누리고
극 중에서 거지의 배역을 맡으면 곤궁함의 근심을
받게 된다.
황제의 배역을 할 때는
거지일 때의 괴로움을 모르고
거지의 배역을 할 때는
황제일 때의 즐거움을 모른다.
슬픔과 기쁨이 모였다가 흩어지는 경계는
순식간에 한바탕의 꿈이다.
자기의 업장이 얼마나 늘어났는가? 모른다.
자기의 덕행은 얼마나 배양되었는가? 모른다.
모르는 것이 바로 무명(無明)이며,
무명은 바로 생사의 근본이다.

연극

연극을 보는데 볼 줄 모르는 사람은
단지 연극의 프로그램이 어떠하다고만 보고,
슬픔과 기쁨이 모이고 떠나는 것을 보며,
또한 기쁨, 분노, 슬픔, 두려움, 사랑, 싫어함, 욕망
이 있으면,
그런 것을 보지만,
깨달은 사람은 한 번 보면,
알고 보니 이 모든 것은 환화(幻化)와 같으며,
인생은 그러할 따름임을 안다.
"모든 유위의 법은
마치 꿈, 환상, 거품, 그림자와 같고
이슬과 같으며 또한 번개와 같으니,
응당 이와 같이 관해야 하리."
一切有爲法, 如夢幻泡影
如露亦如電, 應作如是觀.

스승

모두는 나의 스승이며, 나도 다른 사람의 스승이다.
즉 모두는 나의 교수이고, 나도 모두의 교수이다.
피차 상호간에 배우고, 서로 절차탁마(切磋琢磨) 한
다.
자기 스스로도 항시 자기를 스승으로 삼아
매일 간단하게 점검해야 할 것이다.
오늘 한 행위가 적당한지를 보아야 한다.
도리에 부합하는가?
도리에 부합되지 않은 점이 있는가?
이렇게 항상 반성해야 할 것이다.

인내

나보다 지위가 높은 사람이
나에게 잘못 대하는 점이 있으면,
내가 참는 것은 인내라고 할 수 없다.
왜냐하면 그것은 그에게 권세가 있어
그대를 압박하기 때문에

그대는 참지 않으려고 해도 참아야 하므로
그것은 참된 인내가 아니다.
참된 인내는 그대보다 지위가 낮은 사람이
그대에게 잘못하고 모욕을 주며,
갖가지로 거스를 때
그대가 참을 수 있는 것이
참된 인내라고 할 수 있다.

기쁨

사람이 되어 성미를 가져서는 안 되며,
불같은 노기를 내어서는 안 된다.
이른바 "옛날부터 신선이 되는 것은 다른 방법이
없고, 널리 기쁨을 내고 근심을 내지 않음이네."라
고 하였다.
그대가 만약 근심하면,
지옥으로 달려가 노는 것이며,
그대가 만약 웃으면,
늙음을 젊음으로 되돌릴 것이며,
그대가 만약 울면,
지옥이 그대에게 작은 검은 집을 준비하는 것이며,

그대가 만약 즐거워하면,
천당에 머물 곳이 생기는 것이다.
진정한 도리가 있는 말이다.

생각(念)

우리는 매 한 생각을 조심해야 한다.
매 한 생각이 선하면 광명이 더욱 많아지며,
그러나 한 생각이 악하면 더욱 어두워진다.
선한 사람은 흰 광명이 있으며,
악한 사람은 검은 기운이 돈다.
따라서 선을 짓고 악을 지으면,
자연히 그에 따라 형상이 나타나올 것이다.
그대는 남을 속일 수는 있지만,
귀신과 불보살을 속일 수 없다.
따라서 수행은 행동거지에 자기를 관리하고,
행주좌와에 집을 떠나지 않는다.
생각 생각이 청정하고, 생각 생각이 밝아야 하며,
생각 생각이 오염되지 않고,
생각 생각이 어둡지 않아야 한다.

병(病)

오고 감이 자유롭지 못하고,
생사가 자유롭지 못하면,
이것이 병이다.
자기가 주인이 되지 못하고
장생불로를 통제하지 못하면,
이것도 병이다.
자기가 주인이 되면,
신체가 건강하여 눈이 나쁘지 않고,
귀가 멀지 않고, 머리가 희지 않으며,
이빨이 빠지지 않게 할 수 있는가?
만약 이러한 자신이 없으면, 바로 병이다.
무엇 때문인가? 그대의 마음에 병이 있기 때문이다.
무슨 병인가?
탐하는 병, 성내는 병, 어리석은 병이다.
그리하여 만족할 줄 모르고 탐하여 얻지 못하면,
곧 화를 낸다.
이때 이성적인 지혜는 감정을 통제할 수 없으며,
어리석어진다.
심지어 살인과 방화(放火)를 하는 것은
모두 이것으로 말미암아 생긴다.
그러므로 이것은 병이 아니고 무엇인가?

20세기 위대한 선지식

선화상인의 일생과 가르침

선화상인의 일생

출생과 중국대륙에서의 홍법

선화상인(宣化上人)의 법명은 안자(安慈), 자는 도륜(度輪)이다. 허운(虛云)선사의 법맥을 이어 중국 위앙종(潙仰宗)의 제9대 법손(法孫)이 되었으며, 사호(賜號)는 선화(宣化)이다. 상인은 일생동안 명예와 이익을 구하지 않고 더욱 다른 사람과 승부 다투기를 원하지 않았다.

상인은 중국 길림성 쌍성현(雙城縣) 출생으로 민국(民国) 7년 1918년 음력 3월 16일 태어나셨다. 부친의 성은 백(白)씨이고 모친은 호(胡)씨이며, 부친은 근검하고 성실한 사람으로 농사를 지었으며, 모친은 일생동안 채식하며 염불하였다. 사남삼녀(四男三女)를 낳은 후 밤에 아미타부처님께서 큰 광명을 놓고 천지를 비추는 꿈을 꾸고 아들을 낳았다.

상인은 어릴 때부터 어머니를 따라 채식하며 염불하였다. 나이 열한 살이 되었을 때 우연히 황야에서 죽은 아기를 보고 생사(生死)의 무상함을 느끼고 출가수행의 뜻을 가지게 되었다. 상인은 부모에 대한 효가 지극하여 인근에 널리 알려져 사람들은 "백효자(白孝子)"라고 칭하였다.

15세 때 상인은 부모님을 떠나 사방으로 선지식을 찾다가 마침내 하얼빈시 교외의 삼연사(三緣寺) 상지(常智) 노스님께 귀의하여 삼보의 제자가 되어 선정(禪定)을 닦았다. 선정수행으로 득력을 한 상인은 책을 한번 훑어보면 외울 수 있었으며, 능엄주(楞嚴呪)를 6시간 만에 다 외우셨다고 한다.

16세에 발심하여 불경을 강의하고 불법을 널리 펴는 것을 자기의 임무로 삼고, 불법을 배우려고 하나 글을 모르는 사람들을 도와주었다.

17세에 유가(儒家)의 사서오경(四書五經), 제자백가(諸子百家), 의학·천문·점술 등 일체의 세간법에 통달하였다. 그리고 쉬지 않고 정진하고 참선하며 경전을 연구하여 출세간법에 투철하였다.

18세에 모친께서 병이 들어 집으로 돌아와 노모를 극진히 보살폈다. 아울러 집에 자원봉사학교를 열어 집이 가난하여 학교에 가지 못하는 학생들을 가르쳤다.

또한 만국도덕회 등 자선단체에 가입하여 가난한 사람들을 도와주었다.

19세 때 모친이 왕생하자 모든 인연을 놓아버리고, 사월초파일 불탄일(佛誕日)에 삼연사(三緣寺) 상지(常智) 노스님께 청하여 삭발 출가하였다. 사미계를 받은 후 모친의 묘 옆에 초막을 짓고 3년간 묘를 지켰으며, 하루 한 끼만 먹고 저녁에는 눕지 않고, 화엄경(華嚴經)에 절하며 정토참법(淨土懺法)으로 참회하였다.

선정의 공부가 날로 순일해지고 자비의 마음이 날로 깊어졌다. 어느 날 하루 좌선을 하는데 육조(六祖) 혜능대사(慧能大師)께서 초막으로 찾아와 말씀하시기를 "장래에 너는 서방으로 가서 무수한 사람들을 만나 항하사 같은 많은 중생을 교화할 것이다. 이것은 서방세계에 불법이 일어날 징조이다." 라는 말씀을 마치고는 홀연히 보이지 않았다. 그 후 백두산 지맥인 미타동(彌陀洞) 안에서 선정을 닦았다. 그런 연후 삼연사로 돌아와 사미로서 수좌(首座)가 되었다.

19세, 그해 6월 19일 관세음보살 성도일(成道日)을 맞이하여 불전에서 18대원(大願)을 발하였으며, 원에 따라 독실하게 실천하고 일체중생의 질병과 고난을 구제하시고자 발원하였다. 중생의 무명, 번뇌 등 모든 업장을 자신의 몸이 떠맡고 짊어지고자 발원하였다. 그리고 수많은 용과 뱀, 여우, 귀신들을 감화시켜 삼보에 귀의하게 하고, 계를 받게 하여 악을 고치고 선을 닦게 하였다. 상인은 일생동안 단지 중생을 도울 줄만 아시고 자기를 위하는 것은 하시지 않았으며, 힘써 실천하여 열여덟 가지 대원(十八大願)을 원만히 하려고 노력하였다.

28세 때인 1946년, 상인은 남쪽으로 행각하면서 선지식을 참방하였다. 1947년 보타산에서 구족계를 받았으며, 1948년 만리길을 걸어 광동성 남화사(南华寺)에 도착하여 당시의 선종의 태두이신 허운 노스님을 참례하였다. 허운 노스님과 만날 때 일찍이 마음으로 마음을 전한 담화가 있다. 스님은 그에 따라 게를 지었다.

  허운 노스님이 나를 보고 이와 같다고 하시니
  나는 노스님을 뵙고 이와 같음을 증하였네.
  노스님과 내가 모두 이와 같으며
  중생도 모두 이와 같기를 두루 원하네.
  虛公見我云如是　我見雲公證如是
  雲公與我皆如是　普願衆生亦如是

당시 109세의 허운 노스님은 선화스님이 용상의 법기임을 아시고 율학원의 감학(監學)을 맡기고 아울러 삼단대계의 증명아사리로 삼았다. 허운 노스님께서는 선화스님을 "이와 같다! 이와 같다!(如是! 如是!)"라고 인가하였다.

1949년 봄철수계를 원만히 마치고 허운 노스님을 작별하여 홍콩으로 가서 널리 교화하면서 평등하게 불교의 다섯 종파(선종, 교종, 율종, 밀종, 정토종)를 선양하면서 문호와 파벌을 타파하였다. 아울러 고찰을 중건하고 불경을 인쇄하고 불상을 조성하였다.

홍콩에서의 홍법

1948년 만리의 길을 걸어 육조 혜능대사께서 주석하셨던 광동성(廣東省) 남화선사(南華禪寺)로 와서 허운대사께 심법(心法)을 인가받고, 그곳에 머물다가 중국의 정세가 전쟁으로 혼란하여 1949년 처음으로 홍콩에 와서 동보타사(東普陀寺)에 방부를 들였다. 7월에 홍콩으로부터 광주(廣州)로 돌아왔는데, 추석 후 운문(雲門)의 대각사(허운대사가 그 당시 계신 곳)로 돌아가려고 하였으나, 8월에 광동성 소관(韶關: 육조 혜능대사가 주석한 남화선사가 소재한 곳) 지역이 공산당에게 점령되어 돌아갈 수 없었다. 그리하여 다시 어떤 거사의 도움을 받아 배표를 사서 홍콩으로 돌아갔다.

1950년 초에 상인은 중국불교율학원이 주관하는 유학(留學) 승단에 참가하여 태국으로 가서 4개월간 남방불교를 시찰하고 돌아와서 중국불교의 낡은 관습을 개혁하기로 결심하였다. 홍콩으로 돌아온 후 손에 돈 한

푼 없이 지내다가 어떤 거사의 소개로 부용산(芙蓉山) 관음동(觀音洞)에 거주하게 되었다. 그 동굴 안은 매우 습기가 많아서 좌선하다가 다리가 마비되는 현상이 생겨 다른 곳으로 가려고 해도 갈 곳이 없었다. 그래서 '이 동굴 속에서 죽어도 나가지 않겠다'고 결심하고 머물게 되었는데, 몇 년을 지내게 되었다. 관음동은 원래 물이 부족한 곳인데, 상인께서 주석하신 후로 감로의 맑은 물이 솟아 나왔으며, 상인이 다른 곳으로 옮겨간 후에는 물도 고갈되었다.

관음동은 습기가 너무 심해서 사람이 살 수 있는 곳이 아니었지만, 상인은 모든 어려움을 극복하였으며, 동굴 밖의 큰 바위를 옮겨 그 위에 작은 오두막집을 지으려고 하였다. 그러나 그 바위가 너무 커서 건장한 인부 두 사람이 와서도 옮기지 못하였다. 그러나 상인은 바위 밑의 작은 틈을 이용하여 옮겼으며, 그 위에 오두막을 지어 이사하였다.

관음동에 오두막을 짓고 거주하자 많은 사람들이 상인의 이렇게 힘들게 수행하는 모습을 보고 음식을 보내거나, 공양비를 보내오자, 옆에 거주하던 스님이 질투하기 시작하였다. 그래서 찾아오는 사람에게 말하기를 "이곳은 내가 주인이니, 당신이 가지고 오는 것은 모두 나에게 전해주시고, 돈도 나에게 주시오." 그리하여 찾아오는 사람들이 상인에게 가지 못하게 막았다. 심지어는 상인을 도와주던 죽림선원에 헛소문을 내어 말하기를 "그에게 공양하지 마시오, 그는 집을 지을 돈도 있는데, 어찌 밥 먹을 돈이 없겠습니까?"

그래서 그 절에서도 그의 말을 진짜로 믿고, 다시는 상인을 공양하지 않고, 밥도 보내주지 않았다. 그렇게 약 보름 정도 지나도록 밥을 못 먹고 좌선만 하였다. 그러나 상인은 어떤 사람에게도 그러한 사정을 말하지 않고 나가지도 않았다. 동굴에 보관해둔 건조식량을 다 먹은 후 앉아서 죽기를 기다렸다.

당시 60세 가까운 유관성(劉寬盛)이라는 부인이 개에 물려 상처가 났는데, 아무리 의사에게 치료를 해도 낫지 않았다. 어느 날 저녁 꿈을 꾸었는데, 위타(韋馱: 중국에서 수행자를 돕는 보살이라고 함)보살이 꿈에 나타나 그녀에게 말하였다. "당신이 이 발의 상처가 낫기를 바란다면, 부용산 뒤편 관음동에 가서 공양하시오. 그곳에 안자(安慈)법사라는 분이 있으니, 당신이 그에게 공양하면 괜찮을 것이요. 빨리 가시오. 그 법사는 그곳에 먹을 것이 없으니, 공양할 밥을 보내면, 개에 물린 발의 상처는 곧 좋아질 거요."

꿈속에서 위타보살은 상인의 사진을 그 부인에게 보여주었으며, 그녀는 한 번 보고 기억하였다고 한다. 이렇게 연속 3일을 이러한 꿈을 꾸자, 그녀는 그 꿈이 참되다 생각하고, 여러 곳에 가서 화연(化緣)하여 70여 원의 홍콩 돈을 모으고, 자기도 30근의 쌀을 사서 직접 메고 관음동에 가게 되었다. 그녀는 키도 작고 발도 개에게 물려 불편했지만, 그곳까지 갔으니 정성이 대단하였다.

이웃의 법사는 시주가 오는 것을 보고 빨리 나가 영접하였다. 그녀가 물었다. "이곳에 안자법사가 계십니까?" 그 법사는 입구에서 그녀를 막고 말하기를 "내가 이곳의 주지스님이니, 무슨 물건이 있으면 나에게 주시면 됩니다."

그러나 그녀는 말하였다. "내가 꿈을 꾸기를, 위타보살이 그분은 안자법사라고 하였는데, 당신같은 모습이 아니니, 나는 당신에게 줄 수 없습니다."

그래서 이 스님은 화가 나서 그녀와 싸우기 시작하였다. "무슨 모습이 내가 아니란 거요! 내가 이곳의 주인이며, 그는 근본적으로 주지가 아니니, 당신이 공양하는 모든 물건은 나에게 주어야 합니다."

그 부인은 말하였다. "당신은 아니야, 당신은 아니라는데, 어째서 당신에게 줄 것인가?"

상인은 두 사람이 싸우는 소리를 듣고 밖으로 나가 보았다. 그러자 두 사람은 싸우기를 그쳤으며, 무슨 일인지를 물었다. 유관성이 말하였다. "아, 바로 그분이군요! 바로 그분이야! 이 스님이야, 무슨 이름인지 나도 알아요." 이웃의 스님은 화가 나서 말하였다. "다시는 당신이 산에 오는 것을 허락하지 않아요." 그녀는 물건을 상인에게 건네주었다.

상인이 말하였다. "좋습니다, 그도 당신이 오는 것을 알았으니, 반반씩 나누죠." 그녀가 말하였다. "저는 그에게는 주고 싶지 않습니다."

상인이 말하였다. "내가 그에게 주죠. 당신이 그에게 주지 않는다는 것을 알면, 그는 불쾌할 것입니다." 이렇게 하여 반반씩 나누었으나, 그 스님은 여전히 승복하지 못하고 즐겁지 못하였다.

그 후 유관성 거사는 각지로 다니면서 자기의 상처가 나은 일을 말하자, 자주 상인에게 공양하게 되었으며, 상인은 항상 그 반은 이웃의 스님에게 나누어 주었다.

1940년대 말기 중국대륙이 전쟁으로 인하여 혼란스럽게 되자 많은 중국의 스님들이 홍콩으로 건너오게 되었으며, 1951년 상인은 홍콩으로 넘어온 스님들의 숫자를 조사하고 도와주는 책임자가 되어, 많은 스님들에게 도움을 주었다.

상인께서는 관음동에 은거하여 일심으로 수도하며, 세상의 일에 관여하지 않았다. 그 당시 홍콩에서 이름난 사업가였던 진서창(陳瑞昌)의 생질녀가 정신병이 걸려 의사에게 치료를 받았으나 효과가 없어 7명의 스님을 청하여 독경하여 병을 치료하고자 하였다. 그런데 이상하게도 스님들이 독경하면 생질녀의 몸에 붙은 귀신도 따라 경을 독송하는 것이었다. 7명의 스님은 그런 불사(佛事)로서 생활을 유지하는 스님이었는데, 그들이 7일을 독경해도 속수무책으로 치료할 방법이 없었다. 그 중 한 명의 스님이 상인과 인연이 있었는데, 그 스님이 진서창에게 말하기를 "그녀의 병을 치료하려면 나의 사숙이신 도륜법사에게 부탁하면 방법이 있을 것입니다." 그래서 진서창은 관음동으로 달려와 부탁하였다. 처음에 와서 부탁해도 응하지 않고, 두 번째에 와서도 허락하지 않았으며, 세 번째에 와서 무릎을 꿇고 간절히 부탁하니, 상인께서는 그 분의 성의를 생각해서 허락하였다.

선화상인이 병자에게 가서 보니, 스님이 경을 읽으면 그녀도 읽고, 스님이 다라니를 염송하면 그녀도 다라니를 염송하였다. 상인은 단지 말없이 그녀의 침대 옆에 앉아있기를 10분 정도 지나자, 환자는 침대에서 내려와 상인의 앞에 무릎을 꿇는 것이었다.

그래서 상인이 물었다. "당신은 누구입니까?"

"나는 귀신입니다."

"당신은 왜 이 사람을 괴롭힙니까?"

"숙세에 그녀와 인연이 있기 때문입니다."

그러고는 상인의 목에 걸치고 있던 염주를 환자의 목에 걸어주자, 그녀는 즉시 일어나 말하였다. "아이구, 법사님, 저를 용서하십시오, 저는 다시는 그러지 않겠습니다."

"당신 왜 그러시오?"

"저는 이 염주에 타 죽겠습니다."

"나는 목에 걸어도 안 타는데, 당신은 어째서 타 죽겠다고 합니까?"

"스님, 자비를 베푸셔서 저를 놓아주십시오! 저는 정말 견딜 수 없습니다!"

"당신은 무엇을 하려고 합니까?"

"저는 당신에게 귀의하려고 합니다."

"당신이 나에게 귀의한다고요? 이 일곱 분의 스님이 당신을 위해서 독경하기를 7일이나 하였는데, 당신은 어째서 귀의하지 않습니까? 당신은 나에게 귀의해서 무엇 하려고 합니까?"

"그들은? 그들이 나에게 귀의하려고 해도 나는 원하지 않으며, 나는 그들이 냄새가 나 싫습니다."

그 귀신은 그렇게 자부심이 대단하였다. 그녀는 또 어떤 노스님을 안다고 하였다. 그래서 상인이 말하였다. "당신이 이미 그 노스님을 안다면, 그분에게 귀의하면 안 됩니까? 나는 지금 머물 곳도 없는데, 나에게 귀의해서 무엇 합니까?"

"저는 그분을 알지만, 그분에게 귀의하기 싫습니다. 그분도 나의 스승이 되기에는 자격이 부족해요."

"그럼 나는 자격이 됩니까?"

"저는 몇 년 동안 당신을 찾았습니다."

"나를 찾아 무엇을 하려고?"

"당신에게 귀의하려고 합니다."

"나에게 귀의하면 무슨 좋은 점이 있습니까?"

"당신의 원력이 큽니다. 무릇 당신에게 귀의한 제자를 당신은 모두 부처를 이루게 하려고 합니다. 당신은 이러한 원력이 있기 때문에 저는 당신을 찾은지 오래 되었으며, 저는 반드시 당신에게 귀의하려고 합니다."

"그럼 좋습니다. 당신이 나에게 귀의하면 이 환자의 병은 좋아질 수 있습니까?"

"즉시 좋아질 것입니다."

그리하여 이 귀신이 상인에게 귀의한 연후에 그녀의 병은 좋아졌다. 이러한 일을 그 현장에 있던 일곱 명의 스님은 모두 친히 보았다. 진서창 사장은 생질녀의 병이 좋아진 후 온 가족이 불교를 믿게 되었으며, 아이가 출생하면 곧 삼보에 귀의하게 하고, 사람들을 청하여 채식을 공양하였다. 이러한 일로 인하여 선화상인은 "귀신 잡는 스님"으로 이름이 알려지게 되었다.

홍콩은 상인에게 도광회적(韜光晦跡: 빛을 감추고 자취를 숨기다) 하신 곳이다. 그곳에서 상인은 서락원사(西樂園寺), 자흥선사(慈興禪寺)와 불교강당(佛敎講堂)을 건립하였다. 전후 10여 년간 상인은 인연따라 중생을 제도하고 교화하였고, 지장경, 금강경, 아미타경, 능엄경, 관세음보살보문품 등 많은 경전을 강의하였으며, 또한 불칠(佛七: 염불정진법회), 선칠(禪七: 참선정진법회)을 열고, 심법(心法)이라는 잡지를 만들었다.

1951년 홍콩 통선당에서 상인을 초청하여 지장경을 강의하게 하였으며, 매일 백여 명이 경을 들으려고 왔다. 음력 12월 초순, 경의 강의를 마친 후 많은 신도들이 상인을 위하여 절을 짓기를 제의하였다. 그때 어떤 기자가 상인에게 말하기를 산 위에 공유지가 있는데 작은 절을 지을 수 있을 것이라고 하면서 단지 그곳은 가난한 사람들이 사는 지역이며 물이 없다고 하였다. 그래도 상인은 한번 가서 보고 결정하자고 하여 가본 결과 절을 지을 수 있는 곳이라고 하여 임차대금을 지불하고 사용권을 얻었다.

1952년 1월 절이 낙성되어 상인은 서락원사로 이름지었다. (그 후 1984년 8월 홍콩 정부는 그곳을 개발하기 위하여 토지를 수용할 때 상인은 아무런 조건없이 정부에 넘기고, 불상과 왕생위패는 자흥선사로 옮겼으며, 지금 그곳에는 높은 건물이 세워졌다고 한다.)

서락원사 부근에는 물이 나오는 곳이 없어 도로에서

물을 받아 300여 개의 계단으로 짊어지고 와야 했으니, 그 당시의 고생을 알 수 있을 것이다. 그래서 물 문제를 해결하는 것이 가장 급선무였다. 상인은 그곳 절로 이사를 온 후 불전에서 감로의 샘을 내려주실 것을 기도하였다. 얼마 후 상인은 절 뒤편 바위벽이 갈라지면서 물이 나오는 것을 발견하였다. 그곳에서 물이 졸졸 흘러나오면서 많은 사람들이 법회에 참석할 때에도 물이 충분하였다. 어느 해 홍콩에 반년 동안 비가 내리지 않아 도처에 물이 부족하였으나, 그곳의 물은 계속 나왔다고 한다.

서락원사는 정토법문을 닦는 도량으로 만들기 위하여 아미타불을 모셨다. 그 당시 상인은 돈이 생기면 경전을 대량으로 인쇄하여 배부하였다. 먼저 법화경과 능엄경을 인쇄하여 불법을 홍양하였으며, 그리고 비용을 들여 일본으로부터 대장경을 청하여 절에 비치하였다.

상인은 서락원사를 건립한 후 많은 스님들을 수용하여 수행할 수 있는 도량을 건립할 것을 발원하였다. 당시 시국은 매우 불안하여 중국 내의 승려들이 많이 홍콩으로 들어왔다. 왜냐하면 몸을 편안히 정착할 적당한 곳이 없었기 때문이다. 그래서 상인께서 홍콩에 많은 승려를 수용할 수 있는 도량을 건립하는 것은 조금도 미룰 수 없는 일이 되었다.

1953년 가을, 동과기(董果耆)거사는 상인에게 귀의한 후 큰마음을 내어 대서산 서남쪽 만장폭포가 있는 영회산(靈會山)에 있는 2층의 별장을 부처님께 공양하면서 도량으로 사용할 것을 제안하였다. 공교롭게도 이 별장 옆에 태평양전쟁으로 인하여 폐허가 된 국청선원이 있었는데, 이 선원은 오래도록 수리를 하지 않아 풀만 무성하여 상인은 그 선원과 관련이 있는 사람의 동의를 얻어 상인이 처리하기로 하였다.

사실 영회산은 산이 깊어 뭇 산들이 둘러싸고 있으며 산의 기세가 힘찼다. 상인은 이곳의 성지(聖地)를 얻어 매우 기뻤으며, 선원의 부지와 별장을 합하여 총림으로 만드는 공사를 시작하였다. 별장도 이미 오랫동안 사용하지 않아 폐허와 다름이 없어서 다시 개조하였다. 그러나 재력에 한계가 있어 상인은 먼저 별장을 수리하여 임시로 불전으로 사용하고, 나중에 새 건물을 짓기로 하였다. 1954년 봄 수리를 완공하여 "자흥선사 영회도량"이라고 이름지었다. 이 절은 국청선원 쪽은 동원(東院)으로 비구스님들의 수행처로 하고, 별장 쪽은 서원(西院)으로 비구니스님들의 수행처로 삼았다.

자흥선사를 건립하기 위하여 상인은 주야로 침식을 잊고 사방으로 분주하게 자재와 식량을 마련하려고 노력하였다. 상인은 초기에 매번 배를 타고 나가서 5,

60근의 무거운 쌀과 밀가루, 식용유와 소금 등을 지고 2시간이나 걸리는 산길을 걸어왔으며, 비구니 항익(恒益)법사가 황무지를 개간하여 벼를 심고 나서야 비로소 쌀은 사올 필요가 없었다. 이렇게 하면서 2년 반 동안 3곳을 건립하였다.

그리하여 1954년 봄 자흥선사 좌원(左院)의 수리를 마친 후, 음력 3월 16일 준제보살 성탄일에 서방삼성(西方三聖: 아미타불, 관세음보살, 대세지보살)의 점안식을 열었다. 당시 각계인사와 신도 일천여 명이 참석하였다. 그후 우원(右院)은 1955년 연말에 대략적으로 준공하여 내부공사를 진행하고 불상을 안치하였다. 그 다음해인 1956년 여름에는 우원 1층에 대웅보전과 조사당을, 2층에는 장경루와 요사채를 낙성하고, 관세음보살 성도일에 낙성식과 세 부처님의 불상점안식을 열었다.

수년에 걸쳐 서락원사와 자흥선사를 건립하였지만, 그 두 곳은 교통이 불편하였다. 서락원사는 산비탈에 돌계단이 300여 개나 있어 노인들은 올라오기가 힘들었으며 장소가 협소하여 많은 신도를 수용하기에는 부족하였다. 자흥선사는 홍콩시내에서 아주 먼 대서산(大嶼山) 만장폭 산허리에 있어서 왕복하는데 수 시간이 걸렸다. 그래서 신도들은 상인이 불법을 널리 펴는데 더욱 편리한 곳에 도량을 마련하여 법을 듣고 수행할 수 있게 도왔다. 그리하여 1956년 홍콩시내에 있는 건물을 매입하여 도량을 세웠는데, 그것이 바로 불교강당이다.

이곳 도량이 설립된 후 상인은 자주 이곳에서 법문하였으며, 주말이면 제자들에게 돌아가면서 불법의 강의를 훈련시켰다. 그리하여 이곳은 경을 강의하고 법을 설하는 명실상부한 도량이 되었다.

많은 대승경전을 강의하고 염불정진(佛七), 참선정진(禪七), 참회정진(拜懺) 등의 법회를 거행하면서 종일 불법의 큰 법을 널리 펴는데 동분서주 하였다. 그 기간 태국, 미얀마 등 지역을 방문하여 남전불교(南傳佛敎)를 시찰하여 대승과 소승불교의 회통에 뜻을 두었다.

1956년 4월 9일 허운 노스님께서 특별히 운거산(云居山)에서 내려오셔서 위앙종 조사맥의 원류를 선화스님께 맡기고, 석가모니부처님께서 전승하신 법의 제46대, 중국 위앙종 제9대의 사법인(賜法人)으로 임명하고 "선화(宣化)"라는 이름을 내렸다.

미국에서의 홍법

1962년 인연이 성숙하자 요청에 응하여 미국으로 갔으며, 몇 년간 인연을 기다리다가 후에 샌프란시스코 시에서 불교강당을 설립하여 정법을 서방세계에 전하였다.

1968년 시애틀 워싱턴대학 학생의 요청에 응하여 "능엄경 하계연수반"을 만들어 96일간 능엄경을 강의하였으며, 연수를 마친 후 스님의 감화를 받고 많은 사람들이 귀의하여 수계를 받았으며, 그 중 5명의 미국인이 발심 출가하여 미국불교사상 처음으로 스님이 되는 기록을 세웠다.

미국 홍법의 근본도량이 된 만불성성(万佛聖城).

1974년 선화스님은 미국 캘리포니아주 유키아시에 만불성성(万佛聖城)을 건립하였다. 만불성성이란 이곳에서 만분의 생불(生佛)을 기른다는 뜻이 담겨있다. 원래 이곳은 캘리포니아주 정부가 공립요양원을 건립한(70여 동의 건물이 있던) 곳이었으나, 물이 부족하여 싸게 팔려고 하였다. 불가사의한 것은 스님께서 산 후 곧 수원(水源)을 찾은 것이다. 그 후 계속하여 미국 각지에

절을 세워 많은 도량을 건립하였으며, 북미불교의 깊고
두터운 기초를 다지게 되었다. 그 후 캐나다, 대만, 말
레이시아에도 도량을 건립하여 전세계에 20여 개의 도
량을 만들었다.

만불성성의 법회 모습.

상인은 일생동안 계율을 엄정하게 지키고 부처님의
제도를 준수하였으며, 좌선참선과 염불예참, 경전연구,
엄정계율, 대중화합 등을 특히 강조하였다. 이러한 스
승의 정신을 이어받아 만불성성에 출가한 제자는 "하
루 한 끼만 먹고 가사가 몸을 떠나지 않는다(日中一食,
裂裟不離身)"는 스승의 가르침을 이어받아 수행에 정진
하면서 부처님의 수행가풍을 지켜나갔다.

스님의 제자들은 노스님이 세운 육대종지 즉 "다투
지 않고(不爭), 탐하지 않고(不貪), 구하지 않으며(不求),

사사롭지 않고(不自私), 이기적이지 않으며(不自利), 거짓말을 하지 않는다(不打妄语)"를 수행의 지표로 삼고, 쉬지 않고 정진하여 정법이 세상에 상주하게 하였다.

또한 선화상인은 역경(譯經)은 천추만세에 썩지 않는 성스러운 사업이라고 하면서 1973년 국제역경원을 설립하여 역경의 인재를 배양하였으며, 지금까지 백여 종의 영역본 불경과 불서를 출판하였으며, 서반아어, 베트남어로 불경을 번역하여 출판하였다.

상인은 일찍이 "모든 공양 중 법공양이 제일이다"고 하시면서 평생을 홍법(弘法)에 노력하였으며, 수십 년을 하루같이 하였다. 또한 "나의 원력은 한숨이라도 숨 쉴 힘만 있어도, 경을 강의하고 법을 설할 것이다."하시면서 미국을 위시한 영국, 폴란드, 프랑스 등 서방세계뿐만 아니라 대만, 홍콩, 인도, 싱가포르, 베트남, 말레이시아, 태국 등지를 다니면서 홍법하였으며, 귀의한 자가 수만 명이나 되었다.

상인께서 서방에 법을 펴신 30여 년 동안, 서방의 윤리도덕이 무너지고 물욕이 횡류(橫流)하고, 인심이 들떠있어 교육이 파괴되고 인문이 자취를 찾아보기 어렵고 세계의 위기가 날로 깊어지는데 상심하였다. 그리하여 적극 교육혁신을 제창하여 중국의 전통의 여덟 가지 덕(八德) - 효(孝) 제(悌) 충(忠) 신(信) 예(禮) 의(義)

염(廉) 치(恥)로 세계의 인심(人心)을 구제하려고 하였다.

상인께서 일찍이 말씀하시기를 "가장 철저하고 가장 근본적인 국방은 바로 교육이다. 교육이 잘 되지 않으면 어떤 국방도 소용이 없다."고 하였다. 그래서 초등학교에서는 효도를 제창하고, 중고등학교에서는 애국충정을 강조하고, 대학에서는 충효인의를 제창하였다. 전문기능 외에 고상한 인격을 배양하여 국가의 동량이 되며 사회에 이바지하고 중생을 이롭게 하고자 하였다.

상인께서는 일생동안 위법망구하고 힘든 괴로움도 사양하지 않고 부지런히 국내외로 다니면서 보살의 자비원력으로 중생을 구제하시다가 1995년 양력 6월 7일(음력 5월 10일) 오후 미국 로스엔젤레스에서 원적(圓寂)하였으며, 세수(世壽) 78세였다. 7월 28일 만불성성에서 거행한 다비식에서 사천(四千)여 과(顆)의 사리가 나왔다. 하지만 상인께서는 어떤 사리탑이나 기념관도 만들지 못하게 하시면서 "나는 허공에서 와서 허공으로 돌아간다"는 스님의 말씀과 같이 약간의 사리만 남겨두고, 기타 사리를 포함한 모든 유골과 재는 허공에 뿌려졌다.

선화상인의 18대원(十八大願)

1. 진허공, 변법계, 시방삼세 일체 보살(菩薩) 등이 만약 하나라도 성불하지 못하면, 나는 정각(正覺)을 취하지 않겠습니다.

2. 진허공, 변법계, 시방삼세 일체 연각(緣覺) 등이 만약 하나라도 성불하지 못하면, 나는 정각을 취하지 않겠습니다.

3. 진허공, 변법계, 시방삼세 일체 성문(聲聞) 등이 만약 하나라도 성불하지 못하면, 나는 정각을 취하지 않겠습니다.

4. 삼계의 모든 천인(天人) 등이 만약 하나라도 성불하지 못하면, 나는 정각을 취하지 않겠습니다.

5. 시방세계의 모든 인간 등이 만약 하나라도 성불하지 못하면, 나는 정각을 취하지 않겠습니다.

6. 하늘, 인간, 모든 아수라 등이 만약 하나라도 성불하지 못하면, 나는 정각을 취하지 않겠습니다.

7. 일체의 축생계 등이 만약 하나라도 성불하지 못

하면, 나는 정각을 취하지 않겠습니다.

8. 일체의 아귀계 등이 만약 하나라도 성불하지 못하면, 나는 정각을 취하지 않겠습니다.

9. 일체의 지옥계 등이 만약 하나라도 성불하지 못하면, 나는 정각을 취하지 않겠습니다.

10. 무릇 삼계의 모든 하늘, 신선, 인간, 아수라, 날고 기는 동식물, 영계의 용과 축생, 귀신 등의 무리, 일찍이 나에게 귀의한 자들이 만약 하나라도 성불하지 못하면, 나는 정각을 취하지 않겠습니다.

11. 내가 마땅히 누릴 일체의 복락(福樂)을 모두 법계의 중생에게 회향하며 널리 베풀기를 원하옵니다.

12. 법계중생의 모든 고난을 나 한 사람이 대신 받기를 원하옵니다.

13. 무수한 영(靈)을 나누어 불법을 믿지 않는 일체의 중생의 마음에 들어가, 그들로 하여금 악을 고쳐 선으로 나아가게 하며, 허물을 뉘우쳐 자신을 새롭게 하고, 삼보(三寶)에 귀의하여 구경에는 부처가 되기를 원하옵니다.

14. 일체 중생이 나를 보거나 나의 이름을 들으면, 모두 보리심을 발하고 속히 불도(佛道)를 이루기를 원하옵니다.

15. 부처님의 제도를 철저히 준수하고, 하루 한 끼 먹는 것을 실행하기를 원하옵니다.

16. 모든 유정들을 깨닫게 하고 모든 근기의 중생을 널리 섭수하기를 원하옵니다.

17. 이 생에서 오안육통(五眼六通)을 얻고 비행자재(飛行自在)하기를 원하옵니다.

18. 일체의 구하는 원이 반드시 이루어지기를 원하옵니다.

결론지어 이르기를:
　무변한 중생 모두 제도하기를 서원하며
　다함이 없는 번뇌 모두 끊기를 서원하며
　무량한 법문 모두 다 배우기를 서원하며
　위가 없는 불도를 이루기를 서원합니다.
　衆生無邊誓願度, 煩惱無盡誓願斷
　法門無量誓願學, 佛道無上誓願成

선화상인의 가르침을 실천하는
법계불교총회

　　법계불교총회(法界佛敎總會: 이하 법총으로 칭함)는 불법의 연구, 수행, 교화와 실천을 적극적으로 추진하기 위하여 선화상인께서 창립한 국제적인 종교 및 교육조직이다. 법총은 모든 사부대중의 지혜와 자비의 역량을 응집하여 불법을 홍양하고 경전을 번역하며, 도덕교육을 제창하고 유정중생을 이롭게 하는 것을 임무로 하며, 개인, 가정, 사회, 국가 나아가 세계로 하여금 모두 불법의 훈습을 받아 점점 지극한 진선미(眞善美)의 경지로 나아가게 하려는 것이다.

법총에 참가하는 각각의 사부대중들은 뜻을 세워 상인께서 제창하신 육대종지(六大宗旨)를 봉행해야 한다.

다투지 않고[不爭], 탐하지 않고[不貪], 구하지 않으며[不求], 사사롭지 않고[不自私], 이기적이지 않으며[不自利], 거짓말을 하지 않는다[不打妄語].

출가한 승려는 부처님께서 제정하신 일중일식(日中一食)과 가사가 몸에서 떨어지지 않게 하는(衣不離體) 규칙을 엄격히 준수하고, 아울러 계를 지니면서 염불하고(持戒念佛), 교학을 배우고 참선하며(習教參禪), 대중들은 화합하여 함께 거주하고(和合共住), 불교에 헌신해야(獻身佛教) 할 것이다.

법총은 1959년 설립한 이래로 샌프란시스코 북부에 세운 만불성성을 주축으로 하여 미국, 아시아, 호주, 대만, 베트남 등지에 20여 곳의 도량을 세웠다. 각 지부의 도량은 상인께서 세우신 엄격한 가풍을 다함께 지켜나가야 한다.

얼어 죽어도 반연(攀緣)을 구하지 않으며, 굶어 죽어도 화연(化緣)을 구하지 않으며, 가난하여 죽어도 인연을 구하지 않는다.

우리는 다음의 삼대(三大) 종지를 가슴에 품는다.

목숨을 바쳐 부처의 일(佛事)을 하며, 운명을 개척하여 본분의 일(本事)을 하며, 운명을 바르게 하여 승려의 일(僧事)을 한다.

일에 임하여 이치를 밝히고((卽事明理), 이치를 밝혀 일에 임하면서(明理卽事) 조사(祖師)께서 전하신 이심전심(以心傳心)의 법맥을 널리 이어간다.

법총의 교육기구로는 국제역경원, 법계종교연구원, 승가거사훈련반, 법계불교대학, 배덕(培德)중고등학교, 육량(育良)초등학교 등이 있다. 이곳에서는 홍법, 번역 및 교육의 걸출한 인재를 적극적으로 배양하는 외에 아울러 각 종교 간의 교류와 대화를 넓혀나가서 종교 간의 단결과 협력을 촉진하여 세계평화의 중대한 대임을 공동으로 힘써 나간다.

법총 산하의 도량과 기구는 문호를 개방하여 나와 남, 국적, 종교를 구별하지 않으며, 무릇 각국의 종교 인사가 인의도덕(仁義道德)을 실천하고, 진리를 추구하며(追求眞理), 마음을 밝혀 성품을 보는데(明心見性) 주력하기를 원하면, 모두 와서 수행하고 공동으로 연구하는 것을 환영한다.

법계불교총회 홈페이지 : www.drba.org

www.drbachinese.org

歷史傳記等等

取之不盡 用之不竭

歡迎您深入其中

當代高僧 宣化上人
講經說法數十年如一日

大慈

悲

본래의 자기 집을 찾아라

1판 1쇄 펴낸 날 2021년 5월 12일
법문 선화상인 **편역** 각산 정원규
발행인 김재경 **편집** 김성우 **디자인** 최정근 **영업** 권태형 **제작** 경희정보인쇄
펴낸곳 도서출판 비움과소통
　　　　경기 평택시 목천로 65-15 송탄역서희스타힐스 102동 601호
　　　　전화 031-667-8739 팩스 0505-115-2068
홈페이지 blog.daum.net/kudoyukjung **이메일** buddhapia5@daum.net
출판등록 2010년 6월 18일 제318-2010-000092호